Bankrechtstag 2021

BrV 43

Schriftenreihe der Bankrechtlichen Vereinigung

Herausgegeben von
Markus Artz
Andreas Früh
Christian Grüneberg
Katja Langenbucher
Peter O. Mülbert

Band 43

Bankrechtstag 2021

DE GRUYTER

Zitierweise: *Autor* in: Bankrechtstag 2021

ISBN 978-3-11-079009-2
e-ISBN (PDF) 978-3-11-079019-1
e-ISBN (EPUB) 978-3-11-079051-1

Library of Congress Control Number: 2022940531

Bibliografische Information der Deutschen Nationalbibliothek
Die Deutsche Nationalbibliothek verzeichnet diese Publikation in der Deutschen Nationalbibliografie; detaillierte bibliografische Daten sind im Internet über http://dnb.dnb.de abrufbar.

Druck und Bindung: CPI books GmbH, Leck

www.degruyter.com

Vorwort

Der Bankrechtstag 2021 der Bankrechtlichen Vereinigung – Wissenschaftliche Gesellschaft für Bankrecht e.V. musste am 25. Juni 2021 aufgrund der Coronapandemie und den dadurch bedingten Unsicherheiten mit 190 Teilnehmern als reine Online-Veranstaltung stattfinden. Bei aller Freude über die gelungenen Vorträge, die sich auch in den anschließenden Diskussionen zeigte, wurden doch die Möglichkeiten zur persönlichen Begegnung und zum gesprächsweisen Austausch vor Ort vermisst. Nach dem pandemiebedingten Ausfall des Bankrechtstags 2020 und der reinen Online-Veranstaltung des Jahres 2021 sollte jedenfalls beim Bankrechtstag 2022 wieder die Möglichkeit einer auch persönlichen Teilnahme an einer Präsenzveranstaltung bestehen.

In der morgendlichen Abteilung behandelte eingangs *J. Koch* „Aktuelle Fragen der Prospekthaftung". Im breiten Zugriff skizzierte er zunächst die vielfältigen, auch unionsrechtlich bedingten Ausweitungen der Tatbestandsseite, also des Prospektrechts, um sodann die Entwicklungen auf der Haftungsseite näher zu beleuchten. Besonderes Augenmerk richtete er dabei auf die kurz zuvor ergangene Telekom III-Entscheidung des BGH vom 15. Dezember 2020 (Z 228, 133), in der der Senat sowohl die Anforderungen an die haftungsbegründende als auch die haftungsausfüllende Kausalität in Anknüpfung an den Gesetzeswortlaut neu interpretierte, was – so sein kritischer Einwand – die Abwälzung des allgemeinen Markt- oder Spekulationsrisikos auf den Emittenten begünstige. Folgerichtig beschäftigte er sich daher auch mit den noch verbleibenden Verteidigungsmöglichkeiten des Emittenten. Sodann stellte *B. Gsell* unter dem Titel „Europäische Verbandsklagen zum Schutz kollektiver Verbraucherinteressen" die Eckpunkte des von der Richtlinie (EU) 2020/1828 über Verbandsklagen zum Schutze der kollektiven Interessen der Verbraucher etablierten Rechtsregimes vor und verband dies mit weiterführenden Anregungen zur Umsetzung ins deutsche Recht. *D. Poelzig* beschloss den Vormittag schließlich mit Überlegungen zur „Durchsetzung von Verbraucherrechten durch Private, BaFin und BkartA". In einer fernnervigen Analyse konstatierte sie neben Schwachpunkten einer privaten Rechtsdurchsetzung vor allem auch ein Vordringen behördlicher Verbraucherrechtsdurchsetzung, womit sich die Gefahr von Konflikten zwischen der zivilgerichtlichen und der behördlichen Rechtsdurchsetzung deutlich erhöht. Hieran knüpfte sie erhellende Überlegungen dazu, wie sich diese Konflikte durch eine effektivitätswahrende Koordinierung der beiden Durchsetzungsmechanismen auf der Verfahrensebene oder schon auf der Ebene der jeweiligen Gesetzesauslegungen vermeiden oder jedenfalls minimieren lassen.

https://doi.org/10.1515/9783110790191-001

In der nachmittäglichen Abteilung beleuchtete zunächst *D. Zetzsche* umfassend „Digitale Anlagen“. Nach einer bis heute gebotenen Einführung in die technischen Grundlagen von Krypto-Emissionen – DLT, Blockchain, Smart Contracts – und den DeFi-Stack als auf den jeweiligen Kryptowert ausgerichtete Plattform befasste er sich erst mit der aufsichtsrechtlichen Taxonomie digitaler Anlagen, um anschließend die EU-Regulierung von Kryptowerten – Investment Tokens, Payment Tokens, Utility Tokens – im ausführlichen Überblick vorzustellen und schließlich die nach seinem Verständnis sich stellende Kernfrage digitaler Anlagen wie folgt zu formulieren: Ledger oder Node-Perspektive? Im Anschluss teilte *M. Parmentier* diese EU-Perspektive unter dem Titel „Green Finance – EU-Gesetzgebung für Nachhaltigkeit in der Finanzierung“. Ausgehend von der herausragenden Bedeutung des Nachhaltigkeitsthemas in der EU-Finanzmarktregulierung – die Europäische Kommission sieht die Finanzindustrie als zentralen Transmissionsriemen für den Umbau der europäischen Wirtschaft hin zu einer nachhaltigen Wirtschaft – gab sie zunächst einen konzisen Überblick über die insoweit relevanten Rechtsakte dreier Bereiche: Taxonomie, Transparenz für Anleger, Nachhaltigkeitsberichterstattung des Emittenten, gefolgt von einem Ausblick auf zahlreiche weitere, in Vorbereitung oder jedenfalls in Planung befindliche Rechtssetzungsaktivitäten betreffend die Förderung nachhaltiger Finanzierungsformen und -praktiken. Den Abschluss der nachmittäglichen Vortragsreihe bildete *D. Bliesener* mit seinen Überlegungen zu „ESG Governance für Banken“. Dabei standen in diesem durch aufsichtsrechtliche Vorgaben umfassend durchnormierten Bereich der internen (Corporate) Governance naturgemäß die entsprechenden Anforderungen an das Risikomanagement ganz im Mittelpunkt, beginnend mit der Geschäftsstrategie über die Risikostrategie hin zu Geschäftsorganisation und dem Risikomanagement. Zur Abrundung warf er schließlich noch einen Blick auf die im massiven Aufwuchs befindlichen ESG-Offenlegungspflichten.

Der Tagungsbericht und das Stichwortverzeichnis wurden dankenswerter Weise von *Johannes Schmal*, Universität Mainz, erstellt. Allen, die zum Gelingen des Bankrechtstages 2021 beigetragen haben, allen voran Frau *Sylvia Mahler*, sei besonders gedankt.

Bielefeld, München, Karlsruhe,
Frankfurt a.M., Mainz
Im Dezember 2022

Artz, Früh, Grüneberg,
Langenbucher, Mülbert

Inhalt

Univ.-Prof. Dr. Jens Koch, Universität zu Köln

Aktuelle Fragen der Prospekthaftung

Dr. iur., Universitätsprofessor und geschäftsführender Direktor des Instituts für Arbeits- und Wirtschaftsrecht (Abteilung Gesellschaftsrecht) an der Universität zu Köln. Die vorliegende Schriftfassung des Referats auf den Bankrechtstag entspricht im zweiten Teil den Ausführungen des Verfassers in BRK 2022, 271ff.

https://doi.org/10.1515/9783110790191-002

1 Einleitung: Charakteristika der Prospekthaftung

Seit vielen Jahren schon wird im Schrifttum darüber geklagt, wie schwierig es geworden ist, in dem sich stetig wandelnden Kapitalmarktrecht den Überblick zu bewahren. Dieser Allgemeinbefund über das Kapitalmarktrecht gilt für das Prospektrecht noch einmal in verstärktem Maße. Zwar reichen die Anfänge des Prospektrechts mittlerweile 125 Jahre zurück,[1] doch hat diese lange Tradition nicht dazu geführt, dass man sich auf dem Boden dieser Materie souverän zu bewegen weiß. Vielmehr ist sie tatsächlich auch für Experten nur noch schwer zu erfassen und im Hörsaal allenfalls in Grundzügen zu vermitteln.

Die Gründe dafür sind vielfältig. Es beginnt damit, dass sich dieser Rechtsbereich in einer permanenten gesetzlichen Neuordnung auf nationaler und europäischer Ebene befindet. Sie hat dazu geführt, dass kaum eine BGH-Entscheidung zum Prospektrecht veröffentlicht wird, deren Gegenstand Vorschriften sind, die zu diesem Zeitpunkt aktuell im Gesetz stehen. Die Rechtsprechung wird von Altfällen dominiert, deren höchstrichterliche Ausdeutung der Exeget dann gedanklich mühsam auf die neue Rechtslage transponieren muss. Am Ende der gesetzlichen Neuordnung steht ein recht unübersichtliches Normenkonvolut, das teils auf nationaler, teils auf europäischer Ebene angesiedelt und in der Rechtsanwendung eigentümlich verwoben ist.[2] Auf europäischer Ebene teilt sich die Rechtsmaterie in die EU-ProspektVO, Delegierte Verordnungen und weitere Rechtsakte auf. Auf nationaler Ebene muss im Ausgangspunkt zwischen dem Wertpapierprospektgesetz, dem Kapitalanlagegesetzbuch und dem Vermögensanlagegesetz unterschieden werden. Weitere Einzelheiten müssen zusätzlichen

1 Und zwar auf das Börsengesetz von 1896, das eine Haftung für irreführende Börseneinführungsprospekte statuierte.

2 Beispielhaft zu unterschiedlichsten Rechtsfragen infolge der Neuordnung auf europäischer Ebene etwa *Lenz/Heine*, AG 2019, 451 ff. (zum Nachtrag zum Wertpapierprospekt unter der neuen Prospektverordnung); *Poelzig*, BKR 2018, 357 ff. (zu Erleichterungen der Prospektpflicht zur Anpassung an die EU-ProspektVO).

Gesetzeswerken entnommen werden (vgl. allein zu den Ergänzungen aus neuerer Zeit die Ausführungen unter 2).

Neben dieser gesetzlichen Prospekthaftung besteht eine bürgerlich-rechtliche Prospekthaftung, die nach herrschender (aber auch keinesfalls unumstrittener) Auffassung auf dem besonders diffusen und schwer greifbaren dogmatischen Fundament der Vertrauenshaftung beruht[3] und in zwei verschiedene Ausprägungen aufgeteilt ist (im weiteren Sinne, im engeren Sinne). Die Existenzberechtigung dieser Ausprägungen und ihr Verhältnis zur spezialgesetzlichen Vertrauenshaftung sind bis heute ungeklärt. Ihr Hauptanwendungsgebiet liegt heute bei Altfällen, wobei zwischen alten und ganz alten Fällen zu unterscheiden ist, weil auch hier noch unterschiedliche Regime gelten (vgl. dazu die Ausführungen unter 5). Zudem wird die höchstrichterliche Entschlüsselung auf drei verschiedene Zivilsenate (II., III. und XI.) verteilt, deren Rechtsprechung nicht immer einheitlich verläuft (vgl. zur Veranschaulichung dieses Befundes die Ausführungen unter 5.3). Für die prozessuale Aufarbeitung schließlich steht eine hochkomplizierte verfahrensrechtliche Einkleidung in Gestalt des Kapitalanleger-Musterverfahrensgesetzes bereit, die die Rechtsanwendung weiter erschwert (vgl. dazu noch die Ausführungen unter 6).

2 Ausweitungen auf Tatbestandsseite

2.1 Gesetzgeberische Aktivitäten

Die wissenschaftliche Auseinandersetzung mit dem Prospektrecht ist daher zwar mühsam, aber doch dringend geboten, weil es ein Rechtsgebiet ist, dessen Bedeutung stetig wächst und das gerade aufgrund seiner ständigen Veränderung immer wieder dazu zwingt, sich über die Neuerungen auf dem Laufenden zu halten. Diese Neuerungen zeigen sich zum Teil auf der Tatbestandsseite, wo das Prospektrecht variiert und auf neue Erscheinungsformen ausgedehnt wird. Beispielhaft sei nur auf die seit Juli 2019 geltende Variante des EU-Wachstumsprospekts nach Art. 15 ProspVO verwiesen, der gerade kleineren und mittleren Unternehmen durch einen verkürzten Inhalt und eine standardisierte Aufmachung den Zugang zum Kapitalmarkt erleichtern soll.[4] Noch neueren Datums ist der EU-Wiederaufbauprospekt nach Art. 14a ProspVO, der im Februar 2021 eingeführt wurde, um vor dem Hintergrund der COVID 19-Pandemie die Kapitalbeschaffung

3 Vgl. zu den dogmatischen Grundlagen *Köndgen*, AG 1983, 85 ff., 120 ff.

4 Vgl. dazu etwa *Möller/Ziegltrum*, BKR 2020, 161 ff.

zu erleichtern (zeitlich beschränkt bis zum 31.12.2022).[5] Im Juni des Jahres 2021 haben das Gesetz zur Einführung von elektronischen Wertpapieren[6] und das Schwarmfinanzierungs-Begleitgesetz[7] weitere Neuerungen im Prospektrecht gebracht. Das erstgenannte Gesetz hat für elektronische Wertpapiere neue Regeln zum Wertpapierinformationsblatt eingeführt (§ 4 WpPG), das letztgenannte Gesetz sieht die Erstellung eines Anlagebasisinformationsblatts nach Art. 23, 24 VO 2020/1503 vor. Für dieses Informationsblatt wird eine zivilrechtliche Haftung statuiert, die sich ausweislich der Regierungsbegründung an den „bewährten Haftungsnormen im Prospektrecht" orientiert,[8] allerdings – vor diesem Begründungshintergrund eher überraschend – schon bei einfacher Fahrlässigkeit greifen soll (vgl. § 32c WpHG nF).[9] Im Folgemonat Juli wurde durch das Gesetz zur weiteren Stärkung des Anlegerschutzes vom 9. Juli 2021[10] eine weitere Neuerung eingeführt, nämlich in Gestalt des § 5b Abs. 2 VermAnlG, der Anlagen für unzulässig erklärt, bei denen zum Zeitpunkt der Prospekterstellung die konkreten Anlageobjekte noch nicht feststehen.[11]

2.2 Entwicklungen jenseits des Gesetzes

Aber auch aktuelle rechtstatsächliche Entwicklungen zwingen dazu, das Prospektrecht neu zu denken und seine Anwendung gewandelten Erscheinungsphänomenen anzupassen. Generell war das Jahr 2021 ohnehin durch ein sehr dynamisches Emissions- und Börsengeschehen geprägt, das dem Prospektrecht automatisch wieder zu größerer Sichtbarkeit verholfen hat. Als neues rechtstatsächliches Phänomen sind dabei etwa die SPACs zu nennen, die grundsätzlich dem Prospektrecht unterfallen, aber doch eine modifizierte Anwendung erforderlich machen, bei der es vornehmlich gilt, die Erwerbsstrategie und abstrakte Charakteristika möglicher Targets zu umschreiben, während die sonst üblichen Informationen über das operative Geschäft und historische Finanzdaten nicht gegeben werden können.[12]

---

5 Vgl. dazu *Buck-Heeb*, BKR 2021, 317, 323; für eine Einordnung als unzulässige EU-Wirtschaftspolitik *Brauneck*, WM 2021, 912 ff.

6 Veröffentlicht im Bundesgesetzblatt I 2021, 1423 vom 9. Juni 2021.

7 Veröffentlicht im Bundesgesetzblatt I 2021, 1568 vom 10. Juni 2021.

8 RegBegr. BT-Drs. 19/27410, S. 55.

9 Vgl. zu dieser eigentümlichen Diskrepanz bereits *Buck-Heeb*, BKR 2021, 317, 324.

10 Veröffentlicht im Bundesgesetzblatt I 2021, 2570 vom 16. Juli 2021.

11 Vgl. zu den Hintergründen *Buck-Heeb*, BKR 2021, 317, 323.

12 Vgl. zu diesen Fragen *Hell*, BKR 2021, 26, 29 f.; *Swalve*, NZG 2021, 909 ff.

Weitere neue Herausforderungen stellen sich im Bereich des Crowdlending und des Crowdinvesting,[13] aber auch im Bereich der Initial Coin Offerings[14], die Gegenstand einer Entscheidung des LG Berlin vom 27. Mai 2020 waren. Dort wurde in einem besonders gelagerten Fall eine spezialgesetzliche Prospekthaftung nach dem WpPG mit der sehr umstrittenen Begründung verneint, dass es sich bei den streitgegenständlichen Token nicht um Wertpapiere handelte.[15] Eine Haftung nach dem Vermögensanlagegesetz wurde abgelehnt, weil die Token nicht „im Inland öffentlich angeboten" wurden.[16] Um dennoch einen hinreichenden Anlegerschutz zu gewährleisten, hat das Berliner Gericht die oft totgesagte bürgerlich-rechtliche Prospekthaftung im engeren Sinne aus der Mottenkiste geholt (dazu noch ausführlich unter 5.2), um die im konkreten Fall offenbar gewordenen Schutzlücken zu schließen.[17] Künftig wird es eines solchen Vehikels nicht mehr bedürfen, sondern die geplante Verordnung über Märkte für Kryptowerte (MiCAR) wird hier für eine entsprechende Primärmarktpublizität sorgen.[18]

Schließlich begegnen auch innovative rechtswissenschaftliche Konzepte, die um die Prospekthaftung kreisen oder sie in neue Dimensionen weiterdenken. Beispielhaft kann hier etwa an den Vorstoß gedacht werden, auch den Fahrzeugprospekt beim Kfz-Kauf der bürgerlich-rechtlichen Prospekthaftung im engeren Sinne zu unterstellen, um so eine Prospektverantwortliche (in concreto: die VOLKSWAGEN AG im Rahmen des Abgasskandals) für typisiertes Vertrauen in Anspruch zu nehmen.[19] Das OLG Stuttgart hat diesem Vorstoß eine verdiente Absage erteilt und die Prospekthaftung auf den Bereich der Kapitalanlage beschränkt. Eine Ausdehnung würde zu einer uferlosen Ausweitung der (vor-)vertraglichen Haftung eines am Kaufvertrag nicht beteiligten Herstellers führen und die Systematik der deliktischen Haftung aushebeln.[20]

13 Ausführlich dazu *F. Schäfer/Eckhold* in Assmann/Schütze/Buck-Heeb, Handbuch des Kapitalanlagerechts, 5. Aufl., 2020, § 16a Rn. 11 ff., 20.

14 Vgl. zur Begrifflichkeit *F. Schäfer/Eckhold* in Assmann/Schütze/Buck-Heeb, Handbuch des Kapitalanlagerechts, 5. Aufl., 2020, § 16a Rn. 24 ff.

15 LG Berlin BKR 2021, 170 Rn. 84; vgl. dazu auch die Anm. von *Mock*, BKR 2021, 178, 179; zur umstrittenen Frage nach der Einordnung als Wertpapier vgl. *F. Schäfer/Eckhold* in Assmann/Schütze/Buck-Heeb, Handbuch des Kapitalanlagerecht, 5. Aufl., 2020, § 16a Rn. 47 f.; *Bialluch-von Allwörden/von Allwörden*, WM 2018, 2118, 2122 f. – jew. mit weiteren Nachweisen; zur Einordnung sog. Stock Token vgl. *Rennig*, BKR 2021, 402 ff.

16 LG Berlin BKR 2021, 170 Rn. 87.

17 LG Berlin BKR 2021, 170 Rn. 84 ff.; zust. *Mock*, BKR 2021, 178 f.

18 Vgl. dazu *Zickgraf*, BKR 2021, 196 ff., 362 ff.

19 Vgl. dazu *Harke*, VuR 2017, 83 ff.

20 OLG Stuttgart AG 2021, 119, 121.

3 Stolperfallen der Europäisierung

Diese vielfältige Bewegung führt zu besonderen Herausforderungen für den Rechtsanwender, und zwar sowohl auf Tatbestands- als auch auf Rechtsfolgenseite. Speziell auf Tatbestandsseite liegen besonders hartnäckige Stolperfallen weiterhin in der stetig fortschreitenden Europäisierung verborgen. Mit dem erst kürzlich vollzogenen Wechsel vom Richtlinien- in ein Verordnungsregime haben diese Unsicherheiten noch einmal neue Nahrung erhalten. Auch wenn es im Jahr 2022 etwas eigentümlich klingen mag, wenn man feststellt, dass der Umgang mit dem europäischen Recht fortdauernde Probleme bereitet, begegnen in der wissenschaftlichen ebenso wie in der praktischen Rechtsanwendung doch zahlreiche Beispiele, wie wenig parkettsicher sich die Rechtsanwender auf diesem Boden auch weiterhin noch bewegen.

Als Beleg für diesen Befund sei nur auf den Umgang mit der Wissenszurechnung im Rahmen der Ad-Hoc-Publizität verwiesen. Hier hat mehr oder weniger eine gesamte Community über Jahre hinweg im Rahmen des Art. 17 MAR eine Wissenszurechnung nach den Regeln vorgenommen, die der deutsche Bundesgerichtshof im Kaufrecht entwickelt hatte, bevor ganz langsam erst die Erkenntnis durchsickerte, dass ein solcher Transfer in das europäische Recht sich vielleicht doch nicht in dieser Selbstverständlichkeit vollziehen lässt.[21] Gerade bei solchen allgemeinen Rechtsinstituten ist der Rückgriff auf altbewährte nationale Modelle gleichermaßen naheliegend und nachvollziehbar, und zwar insbesondere dann, wenn sich – wie bei der Wissenszurechnung – ein europäisches Alternativmodell noch nicht konturenscharf abzeichnet. Dennoch bleibt ein solcher nationaler Rückgriff methodisch unzulässig.

Auch im Prospektrecht muss diese europäische Neuausrichtung in den kommenden Jahren geleistet werden, wobei man sich stets des subtilen Zusammenspiels zwischen europäischem Pflichten- und nationalem Haftungstatbestand bewusst sein muss. Die Aufteilung des Normenbestands auf ein europäisch-nationales Mehrebenensystem wird zusätzlich dadurch erschwert, dass auf der europäischen Ebene ebenso wie auf der nationalen Ebene erneut eine verwirrende Vorgabenvielfalt herrscht, die dann noch durch so eigentümliche Erscheinungsformen wie ESMA-Q&A oder BaFin-FAQs flankiert wird. Diese dürfen grundsätzlich nicht zur Auslegung des Gesetzesrechts herangezogen werden, doch kann der Rechtsunterworfene sie als Ausdeutung der zuständigen Aufsichtsbehörden auch keinesfalls unbeachtet lassen. Die ansonsten tatsächlich für

21 Vgl. zu diesem erstaunlichen Diskussionsverlauf die Zusammenfassung bei *J. Koch*, AG 2019, 273 ff.

die Gesetzesinterpretation maßgeblichen Erkenntnisgewinne der Rechtsprechung verlieren dagegen durch die kontinuitätsbrechende Verlagerung auf die europäische Ebene zumindest teilweise ihre Aussagekraft und Verbindlichkeit.

Ein Beispiel für die daraus erwachsenden Unsicherheiten bietet etwa die Frage, welche Informationen im Sinne des Art. 6 Abs. 1 ProspVO für den Anleger wesentlich sind, um sich ein fundiertes Urteil über die Anlage zu bilden. Hier begegnet in Kommentaren, Hand- und Lehrbüchern auch weiterhin noch verbreitet die vom XI. Zivilsenat geprägte Formel, wonach sich dieser Maßstab nach einem durchschnittlichen Anleger bestimmt, der zwar eine Bilanz zu lesen versteht, aber nicht unbedingt mit der in eingeweihten Kreisen gebräuchlichen Schlüsselsprache vertraut zu sein braucht.[22] Der BGH hat diese Formel später dahingehend präzisiert, dass bei einem Wertpapierprospekt für Wertpapiere, die nicht an der Börse gehandelt werden sollen, auf das Verständnis der im Prospekt angesprochenen Interessenten abzustellen sei.[23] In seinem Urteil Wohnungsbau Leipzig-West hat er daraus die Konsequenz gezogen, dass bei einem Prospekt, der sich ausdrücklich auch an das unkundige und börsenunerfahrene Publikum wende, von dem durchschnittlich angesprochenen (Klein-)Anleger nicht erwartet werden dürfe, dass er eine Bilanz lesen könne; der Empfängerhorizont bestimme sich daher in diesen Fällen nach den Fähigkeiten und Erkenntnismöglichkeiten eines durchschnittlichen (Klein-)Anlegers, der sich allein anhand der Prospektangaben über die Kapitalanlage informiere und über keinerlei Spezialkenntnisse verfüge.[24] Ob dies auch für Börsenzulassungsprospekte gelte, hat der BGH in der Telekom I-Entscheidung ausdrücklich offen gelassen.[25]

Jede dieser höchstrichterlichen Festlegungen, namentlich der Grundsatzmaßstab für Börsenzulassungsprospekte, ist in der deutschen Diskussion seit jeher äußerst umstritten geblieben.[26] Als Alternativkonzept wurde vertreten, dass

---

22 BGH NJW 1982, 2823, 2824; BGH NJW-RR 2005, 772, 773; BGH NJW-RR 2012, 491 Rn. 25; BGHZ 195, 1 Rn. 25 = BKR 2012, 515; BGH NZG 2021, 1020.

23 BGHZ 123, 106, 110 = NJW 1993, 2865; BGHZ 195, 1 Rn. 25 = BKR 2012, 515.

24 BGHZ 195, 1 Rn. 25 = BKR 2012, 515; zust. *Buck-Heeb*, LMK 2013, 341712; krit. *Groß*, Kapitalmarktrecht, 8. Aufl., 2022, § 9 Rn. S4; *Seiler/Singhof* in Frankfurter Kommentar WpPG/EU-ProspVO, 2. Aufl., 2017, § 21 Rn. 39.

25 Vgl. BGHZ 203, 1 Rn. 118 = NJW 2015, 236; gegen eine solche Übertragung auf Börsenzulassungsprospekte und damit für die Fortgeltung des bisherigen Maßstabs *Assmann/Kumpan* in Assmann/Schütze/Buck-Heeb, Handbuch des Kapitalanlagerechts, 5. Aufl., 2020, § 5 Rn. 140; *Groß*, Kapitalmarktrecht, 8. Aufl., 2022, § 9 WpPG Rn. S2; *Seiler/Singhof* in Frankfurter Kommentar WpPG/EU-ProspVO, 2. Aufl., 2017, § 21 Rn. 39.

26 Einen umfassenden Überblick über den Diskussionsstand bieten etwa *Assmann/Kumpan* in Assmann/Schütze/Buck-Heeb, Handbuch des Kapitalanlagerechts, 5. Aufl., 2020, § 5 Rn. 139 ff.;

für den Prospekt als Instrument der Markt- und Masseninformation ein verständiger Anleger als Maßstab zu wählen sei.[27] Andere stellen auf die Sicht eines Fachmannes ab,[28] während von einer weiteren Meinungsgruppe gegenläufig der Maßstab eines unbewanderten Laien herangezogen wird.[29]

Wenn eine Entscheidung des BGH derart kontrovers diskutiert wird und derart viele Alternativmaßstäbe formuliert werden, dann ist das ein klares Anzeichen dafür, dass auch nicht mit der selbstverständlichen Übernahme durch die europäische Rechtsprechung zu rechnen ist, die gerade im Verbraucher- und Anlegerschutz oft eigenständige Maßstäbe anlegt. Die Prospektverordnung ist in diesem Punkt, aber auch in vielen anderen Abschnitten, weder acte claire noch acte éclairé.[30] Die im nationalen Rechtskreis entwickelten Erkenntnisse wird man dazu nutzen können, um mit starken und wohl durchdachten Argumenten in den in Art. 267 AEUV vorgesehenen Rechtsprechungsdialog eintreten zu können. Ausweichen kann man diesem Dialog aber nicht.[31]

Bis dieser Dialog abgeschlossen ist, wird es auf nationaler Ebene immer wichtiger werden, sich Gewissheit darüber zu verschaffen, wie mit Rechtsirrtümern umzugehen ist. Wenn sich in einem derart ausdifferenzierten und breitflächigen Rechtsgebiet wie dem Prospektrecht das Auslegungsmonopol über den Normenbestand nach Europa verschiebt, gehen viele Gewissheiten, viele sicher geglaubte Handreichungen verloren. Wer die Diskussion um eine vermeintliche Legal Judgment Rule im Gesellschaftsrecht in den letzten Jahren aufmerksam verfolgt hat,[32] weiß, wie schwer der Umgang mit solchen Rechtsirrtümern auch weiterhin fällt. Das allerdings ist wiederum eine rein nationale Aufgabe, der man sich mit herkömmlichen Instrumentarien annehmen darf.

Eine weitgehende Entkoppelung vom Europarecht findet sodann erst auf der Ebene des Haftungstatbestands statt, was den Rechtsanwender vor die keineswegs immer einfache Aufgabe stellt, die Tatbestandselemente, die an die europäischen Vorgaben anknüpfen, fein säuberlich von denjenigen zu trennen, die originär nationalen Ursprungs sind. Selbst diese europarechtlich nicht vorgege-

---

Groß, Kapitalmarktrecht, 8. Aufl., 2022, § 9 WpPG Rn. S3 ff.; *Seiler/Singhof* in Frankfurter Kommentar WpPG/EU-ProspVO, 2. Aufl., 2017, § 21 Rn. 38 ff.

27 *Fleischer*, Gutachten F, 64. DJT, 2002, S. 44; *Groß*, Kapitalmarktrecht, 8. Aufl., 2022, § 9 WpPG Rn. S3; *Habersack* in Habersack/Mülbert/Schlitt, Handbuch der Kapitalmarktinformation, 3. Aufl., 2020, § 28 Rn. 17.

28 LG Düsseldorf WM 1981, 102, 106; *Wittmann*, DB 1980, 1579, 1583.

29 *Ehricke*, DB 1980, 2429, 2432; *Wunderlich*, DStR 1975, 688, 690.

30 *Bauerschmidt*, BKR 2019, 324, 332.

31 Nachdrücklich *Bauerschmidt*, BKR 2019, 324, 331 f.

32 Ausführlich und mit weiteren Nachweisen *J. Koch* in FS Bergmann, 2018, S. 413 ff.

benen nationalen Sanktionsinstrumente sind aber zumindest noch am Maßstab der Effektivität und Äquivalenz zu messen, denen der nationale Gesetzgeber aus unionsrechtlichen Gründen auch dort verpflichtet bleibt, wo es an einer ausdrücklichen Regelungsanordnung oder Gestaltungsvorgabe fehlt.[33]

4 Entwicklungen im Haftungsrecht

4.1 Irrelevanz der Anlagestimmung

4.1.1 Positive Variante

Auf der Tatbestandsebene ist die zunehmende unionsrechtliche Entschlüsselung also dringend geboten. Bis sie erreicht ist, gilt es allerdings noch einen weiten Weg zurückzulegen. Derzeit sind Entscheidungen des EuGH in diesem Bereich noch Mangelware und sie sind auch meist nicht von großer Tragweite. Dagegen sind in den nationalen Bereichen des Haftungsrechts größere Erkenntnisfortschritte zu verzeichnen. Das jüngste Beispiel dafür ist die Telekom III-Entscheidung des XI. Zivilsenats vom 15. Dezember 2020,[34] wo insbesondere der Haftungsausschluss nach § 46 Abs. 2 BörsG a.F., der dem heutigen § 12 Abs. 2 WpPG entspricht, in einer sehr wissenschaftlich-ausführlichen Analyse höchstrichterlich entschlüsselt wurde.[35] Der BGH hat sich insofern sowohl zur haftungsbegründenden als auch zur haftungsausfüllenden Kausalität umfassend geäußert und dabei Wege eingeschlagen, die von den bisherigen Ansätzen im Schrifttum zum Teil doch sehr deutlich abweichen und es tendenziell für den Emittenten deutlich schwieriger machen, sich auf diesen Ebenen der Haftung zu entziehen. So hat der XI. Zivilsenat zunächst auf der Ebene der haftungsbegründenden Kausalität festgestellt, dass die Figur der Anlagestimmung ihre frühere Relevanz verloren habe.[36]

Diese Figur der Anlagestimmung ist ursprünglich in einer positiven Variante diskutiert worden und wurde sodann nach einer Änderung der Rechtslage verbreitet in einer negativen Variante fortgeschrieben. Die positive Spielart sah so

---

33 Vgl. dazu auch *Buck-Heeb*, BKR 2021, 317, 318.

34 Als Telekom I-Entscheidung wird der Beschluss vom 21.10.2014 – XI ZB 12/12 (BGHZ 203, 1 = NJW 2015, 236) bezeichnet, als Telekom II-Entscheidung der Beschluss vom 22.11.2016 – XI ZB 9/13 (BGHZ 213, 65 = NZG 2017, 378), als Telekom III-Entscheidung der Beschluss vom 15.12.2020 – XI ZB 24/16 (BGHZ 228, 133 = NZG 2021, 457).

35 Vgl. zum Folgenden BGHZ 228, 133 Rn. 39 ff. = NZG 2021, 457.

36 BGHZ 228, 133 Rn. 76 ff. = NZG 2021, 457.

aus, dass für die Emissionsprospekthaftung nach §§ 45 ff. BörsG in der bis 1998 geltenden Fassung zu Gunsten des für die haftungsbegründende Kausalität grundsätzlich beweisbelasteten Anlegers davon ausgegangen wurde, dass der Emissionsprospekt die Einschätzung des Wertpapiers in Fachkreisen mitbestimmt und damit beim Publikum eine Anlagestimmung erzeugt hat. Diese Stimmung konnte der Anleger – ohne Rücksicht auf eine individuelle Kenntnis des Prospekts – nach Art einer „tatsächlichen Vermutung" für den Kausalzusammenhang zwischen Prospektfehler und seinem Kaufentschluss in Anspruch nehmen. Er konnte den Anspruch also geltend machen, ohne zu behaupten, den Prospekt gelesen zu haben oder auch nur zu kennen, sondern es genügte, dass er beeinflusst durch diese positive Anlagestimmung die Wertpapiere erworben hatte.[37] Nachdem 1998 die Beweislast dem Emittenten zugewiesen wurde, ist heute allgemein anerkannt, dass der positiven Anlagestimmung nach der reformierten börsenrechtlichen Prospekthaftung keine Bedeutung mehr zukommt.[38]

4.1.2 Negative Variante

Dagegen entsprach es der bislang herrschenden Meinung, dass nach der Neufassung 1998 der Anspruchsgegner im Rahmen des heutigen § 12 Abs. 2 Nr. 1 WpPG den Kausalitätsgegenbeweis führen könne, indem er nachweise, dass eine prospektveranlasste Anlagestimmung niemals bestanden habe oder aber wieder entfallen sei.[39] Eine Gegenauffassung hatte dem schon seit Längerem entgegengehalten, dass der Gesetzgeber die mit der Rechtsfigur der Anlagestimmung verbundenen Unsicherheiten über deren Dauer und Fortfall durch die Neufassung der börsenrechtlichen Prospekthaftung gerade habe überwinden wollen.[40]

---

37 So die Zusammenfassung dieser Rechtsprechung in BGHZ 228, 133 Rn. 79 = NZG 2021, 457 unter Verweis auf BGHZ 139, 225, 233 f. = NZG 1998, 774; BGHZ 160, 134, 144 f. = NZG 2004, 816.

38 Vgl. statt aller *Assmann* in Assmann/Schlitt/von Kopp-Colomb WpPG/VermAnlG, 3. Aufl., 2017, §§ 21–23 WpPG Rn. 99.

39 *Groß*, Kapitalmarktrecht, 7. Aufl., 2020, § 9 WpPG Rn. 70; *Seiler/Singhof* in Frankfurter Kommentar WpPG/EU-ProspVO, 2. Aufl., 2017, § 23 Rn. 28; *Habersack* in Habersack/Mülbert/Schlitt, Handbuch der Kapitalmarktinformation, 3. Aufl., 2020, § 28 Rn. 37; *Krämer/Gillessen* in Marsch-Barner/Schäfer, Handbuch börsennotierte AG, 4. Aufl., 2018, Rn. 10.346 f.; *R. Müller*, Wertpapierprospektgesetz, 2. Online-Auflage, 2017, § 23 Rn. 9; *Mülbert/Steup* in Habersack/Mülbert/Schlitt, Unternehmensfinanzierung am Kapitalmarkt, 4. Aufl., 2019, Rn. 41.102 f.; *Groß*, AG 1999, 199, 205; *Kort*, AG 1999, 9, 12 f.; *Ellenberger*, Prospekthaftung im Wertpapierhandel, 2001, S. 40 f.

40 *Assmann* in Assmann/Schlitt/von Kopp-Colomb WpPG/VermAnlG, 3. Aufl., 2017, § 21 WpPG Rn. 101; *Assmann/Kumpan* in Assmann/Schütze/Buck-Heeb, Handbuch des Kapitalanlagerechts, 5. Aufl., 2020, § 5 Rn. 84; *Wackerbarth* in Holzborn WpPG, 2. Aufl., 2014, §§ 21–23 Rn. 83 ff.; *Seibert*,

Dieser letztgenannten Auffassung hat sich der BGH nunmehr angeschlossen. Der Gesetzgeber habe die Darlegungs- und Beweislast für den fehlenden ursächlichen Zusammenhang bewusst zu Gunsten des Erwerbers auf den Anspruchsgegner verlagern wollen, um die typische Beweisnot des Anlegers nicht durch eine tatsächliche, sondern durch eine gesetzliche Vermutung zu überwinden.[41] Er habe deshalb – anders als es vereinzelt behauptet werde – die Figur der Anlagestimmung nicht kodifizieren, sondern lediglich einzelne Strukturelemente normativ aufgreifen wollen.[42] Deshalb habe der Gesetzgeber die Regelung des heutigen § 12 Abs. 2 Nr. 4 WpPG geschaffen (früher § 46 Abs. 2 Nr. 4 BörsG a.F.), der die Haftung entfallen lasse, wenn vor Abschluss des Erwerbsgeschäfts eine deutlich gestaltete Berichtigung der unrichtigen oder unvollständigen Angaben veröffentlicht worden sei. Hiermit habe der Gesetzgeber der besonderen Fallgestaltung des Wegfalls der Anlagestimmung durch öffentliche Prospektberichtigung Rechnung getragen und damit zu erkennen gegeben, dass es auf weitere Fallgruppen einer Beendigung der Anlagestimmung nicht mehr ankommen solle.[43]

Diese Rechtsprechung hat zur Folge, dass über die Anlagestimmung künftig nicht mehr spekuliert werden muss, sondern der Haftungsausschluss nur dann eingreift, wenn sie über die klar konturierten Informationskanäle des § 12 Abs. 2 Nr. 4 WpPG beseitigt wird, das heißt über den Jahresabschluss, einen Zwischenbericht, eine Ad-Hoc-Meldung oder eine vergleichbare Bekanntmachung.[44] Jenseits dieser offiziös gefassten Korrektur der Anlagestimmung können künftig zur Widerlegung der Kausalitätsvermutung des § 46 Abs. 2 Nr. 1 BörsG a.F. (§ 12 Abs. 2 Nr. 1 WpPG n.F.) nach Auffassung des XI. Zivilsenats allein die für die Erwerbsentscheidung individuell maßgeblichen Motive des Anlegers herangezogen werden. Der Anspruchsgegner habe den Nachweis zu führen, dass im jeweiligen Einzelfall der individuelle Erwerbsentschluss nicht durch den fehlerhaften Pro-

---

Das Recht der Kapitalanlageberatung und -vermittlung, 2014, § 5 Rn. 37; zweifelnd *Schäfer*, ZGR 2006, 40, 52 f. mit Fn. 60; wohl auch *Stephan*, AG 2002, 3, 11 mit Fn. 62; unentschieden *Lenenbach*, Kapitalmarkt- und Börsenrecht, 2002, Rn. 8.100; vgl. bereits BGHZ 160, 134, 144 f. = NJW 2004, 2664; BGH WM 2007, 1557 Rn. 13; BGHZ 192, 90 Rn. 64 = NJW 2012, 1800.

41 BGHZ 228, 133 Rn. 84 = NZG 2021, 457.

42 BGHZ 228, 133 Rn. 85 = NZG 2021, 457 in Anlehnung an *Wackerbarth* in Holzborn WpPG, 2. Aufl., 2014, §§ 21–23 Rn. 84 ff. unter Hinweis auf RegBegr, BT-Drucks. 13/8933, S. 76.

43 BGHZ 228, 133 Rn. 86 = NZG 2021, 457.

44 Vgl. zu dieser Fokussierung auf Informationskanäle *Grundmann* in Staub HGB, Band 11/1, Bankvertragsrecht Investment Banking I, 5. Aufl., 2017, Rn. 218 ff., der darin allerdings augenscheinlich weniger eine Regelung der Anlagestimmung, sondern des Mitverschuldens sieht, da eine Obliegenheit bestehe, dass der Anleger diese Kanäle zur Kenntnis nehme.

spekt beeinflusst worden sei.[45] Da sich der Entlastungsnachweis auf einzelfallbezogene Umstände in der Person des Erwerbers beziehe, könne er nur in den ausgesetzten Ausgangsverfahren geführt werden.[46] Bei der gerichtlichen Würdigung sei aber zu berücksichtigen, dass die Prospekthaftung keine Kenntnis des Erwerbers von der Existenz des Prospekts voraussetze.[47] Es genügt demnach auch ein nur mittelbarer Prospekteinfluss.

4.1.3 Würdigung und künftige Entlastungsmöglichkeiten

In der dogmatischen Herleitung ist die Argumentation des BGH nicht zu beanstanden. Der simple Schluss, mit der Umkehr der gesetzlichen Beweislast zugleich auch die bislang dem Anleger zustehende Beweiserleichterung kurzerhand in ihr negatives Gegenteil zugunsten des Emittenten zu verkehren, war sicherlich kein ganz fernliegender Gedanke, der aber vielleicht eher einem spiegelbildlichen Symmetriedenken entsprang als einer überzeugenden methodischen Beweisführung. Insbesondere – und das hat der BGH wohl zu recht in erster Linie betont – trägt diese Umkehrung den gesetzgeberischen Motiven nicht hinreichend Rechnung, die diese Neuausrichtung untermauern. Die insofern maßgebliche Regierungsbegründung zum 3. Finanzmarktförderungsgesetz legt in der Tat die Vermutung nahe, dass die Unwägbarkeiten, die mit der Figur der Anlagestimmung einhergehen, durch eine zeitlich eng begrenzte, aber dafür doch auch klarer konturierte Vermutung ausgeräumt werden sollen.[48]

Wenn sich die Figur der negativen Anlagestimmung im Schrifttum dennoch in der Vergangenheit so großer Beliebtheit erfreute,[49] dann lag dem das Bemühen zugrunde, die Kausalitätsanforderungen nicht vollständig zu verwässern, um damit zu verhindern, dass Markt- und Spekulationsrisiken auf den Emittenten abgewälzt werden können. Ein individueller Entlastungsbeweis setzt voraus, dass man die subjektiven Motive des Anlegers nachzeichnen kann, was ohne dessen bereitwillige und aufrichtige Kooperation, die in Prozesssituationen keinesfalls selbstverständlich gegeben ist, nicht möglich ist. Daher lag es nahe, den subjektiven Nachweis dadurch zu ersetzen, dass der Anleger als Bestandteil des Anlegerkollektivs aufgefasst wird und man sich mit der Feststellung begnügt, wie sich dieses Kollektiv verhalten hat.

45 BGHZ 228, 133 Rn. 87 = NZG 2021, 457.
46 BGHZ 228, 133 Rn. 87 = NZG 2021, 457.
47 BGHZ 228, 133 Rn. 93 = NZG 2021, 457.
48 RegBegr, BT-Drucks. 13/8933, S. 76 f.
49 Vgl. die Nachw. in Fn. 39.

Ohne dieses Vehikel wird es künftig kaum noch möglich sein, die haftungsbegründende Kausalität im Sinne des § 12 Abs. 2 Nr. 1 WpPG zu widerlegen. Der BGH hat zwar die Aussage getroffen, wie der Gegenbeweis zur Vermutung nach § 12 Abs. 2 Nr. 1 WpPG nicht mehr geführt werden kann, hat sich aber nicht zu der Frage geäußert, wie ein solcher Gegenbeweis künftig aussehen könnte. Da im Schrifttum als Anwendungsfall des § 12 Abs. 2 Nr. 1 WpPG nahezu ausschließlich die negative Anlagestimmung genannt wird,[50] muss man sich darauf einstellen, dass dieser Variante künftig kein großer Anwendungsbereich mehr verbleiben wird. Im Schrifttum ist anerkannt, dass für den Nachweis der Kausalität nicht nur die mittelbare Kausalität genügt,[51] sondern auch die bloße Mitursächlichkeit. Das bedeutet, dass der Gegenbeweis nicht schon durch den Nachweis geführt werden kann, dass der Kaufentschluss auch auf andere Beweggründe zurückgeht.[52] Gegen diese Kombination aus Mittelbarkeit und Mitursächlichkeit wird ohne den letzten Ausweg der negativen Anlagestimmung aber kaum noch anzukommen sein.

4.2 Neue Ausdeutung des § 12 Abs. 2 Nr. 2 WpPG im Rahmen der Telekom III-Entscheidung

4.2.1 Bisheriger Meinungsstand und inhaltliche Aussage

Aber nicht nur zur haftungsbegründenden, sondern auch zur haftungsausfüllenden Kausalität nach § 12 Abs. 2 Nr. 2 WpPG hat der XI. Zivilsenat eine neue Deutung des dort vorgesehenen Haftungsausschlusses formuliert, die von der bisher ganz herrschenden Meinung im Schrifttum deutlich abweicht. Der BGH hat diese Unterschiede akribisch herausgearbeitet, aber ungeachtet des großen Ar-

---

50 Vgl. etwa *Seiler/Singhof* in Frankfurter Kommentar WpPG/EU-ProspVO, 2. Aufl., 2017, § 23 Rn. 28; *Habersack* in Habersack/Mülbert/Schlitt, Handbuch der Kapitalmarktinformation, 3. Aufl., 2020, § 28 Rn. 37; *Mülbert/Steup* in Habersack/Mülbert/Schlitt, Unternehmensfinanzierung am Kapitalmarkt, 4. Aufl., 2019, Rn. 41.102f. Als verbleibender Fall ist daneben auch weiterhin die in der älteren Rspr. anerkannte Ausnahme zu nennen, wonach die Kausalität dann als widerlegt gilt, wenn die Erwerbsentscheidung schon vor der Prospektveröffentlichung getroffen wird (OLG Frankfurt NJW-RR 1998, 122; vgl. zur Fortgeltung *Groß*, Kapitalmarktrecht, 8. Aufl., 2022, § 9 WpPG Rn. 89; *Krämer/Gillessen* in Marsch-Barner/Schäfer, Hdb. börsennotierte AG, 4. Aufl., 2018, Rn. 10.346).

51 Vom BGH noch einmal ausdrücklich bestätigt in BGHZ 228, 133 Rn. 92 = NZG 2021, 457.

52 *Seiler/Singhof* in Frankfurter Kommentar WpPG/EU-ProspVO, 2. Aufl., 2017, § 23 Rn. 28ff.; *Mülbert/Steup* in Habersack/Mülbert/Schlitt, Unternehmensfinanzierung am Kapitalmarkt, 4. Aufl., 2019, Rn. 41.102; s. auch schon *Schwark* in Schwark/Zimmer KMRK, 4. Aufl., 2010, §§ 44, 45 BörsG Rn. 46 (in 5. Aufl. nicht übernommen) sowie OLG Frankfurt WM 1994, 291, 298.

gumentationsaufwands bleiben die Abweichungen zwischen den Ansätzen doch so subtil, dass sie ein erhebliches intellektuelles Differenzierungsvermögen voraussetzen und den gedanklichen Zugang zu dieser Materie künftig abermals erschweren werden.

In der Sache geht es um Folgendes: § 46 Abs. 2 Nr. 2 BörsG a.F., der wortgleich zunächst in § 23 Abs. 2 Nr. 2 WpPG a.F. und dann in § 12 Abs. 2 Nr. 2 WpPG übernommen wurde, dient nach Auffassung des BGH, die auch vom Schrifttum geteilt wird, der Eingrenzung des Haftungsrisikos: Der Anspruchsgegner soll davor geschützt werden, dass die Anlage aufgrund des Eintritts eines allgemeinen Markt- oder Spekulationsrisikos rückabgewickelt wird.[53] Auch über die dogmatische Verortung des Schutzanliegens besteht weitgehende Einigkeit: Die Vorschrift wird vom BGH ebenso wie vom Schrifttum als Ausdruck der haftungsausfüllenden Kausalität aufgefasst.[54]

Die Unterschiede beginnen bei den einzelnen Elementen, die durch diesen Kausalzusammenhang zueinander in Beziehung gesetzt werden. Das Schrifttum hat die Vorschrift bislang überwiegend so verstanden, dass die Haftung dann ausgeschlossen sei, wenn der Anspruchsgegner beweisen könne, dass die unrichtige Darstellung im Prospekt keine Auswirkungen auf den Erwerbspreis gehabt hätte; der Kausalzusammenhang müsse deshalb also zwischen dem Prospektfehler und dem Schaden des Anlegers bestehen.[55] Auf Grundlage dieser Auffassung kommt es für die Anwendung des § 12 Abs. 2 Nr. 2 WpPG maßgeblich darauf an, ob das Bekanntwerden des Prospektfehlers zu einem Kurseinbruch führt oder nicht. Denn aus der Kursreaktion nach Aufdeckung des Prospektfehlers

---

53 BGHZ 228, 133 Rn. 51 = NZG 2021, 457; *Buck-Heeb/Dieckmann*, WuB 2021, 251, 253; *Fleischer*, BB 2002, 1869, 1871 f.; *Staudinger*, ZIP 2004, 1752, 1754; *Wagner*, ZGR 2008, 495, 512 ff.

54 BGHZ 228, 133 Rn. 41 = NZG 2021, 457; *Buck-Heeb/Dieckmann*, WuB 2021, 251, 252; *Assmann* in Assmann/Schlitt/von Kopp-Colomb WpPG, 3. Aufl., 2017, §§ 21–23 WpPG Rn. 103–106; *Assmann/Kumpan* in Assmann/Schütze/Buck-Heeb, Handbuch des Kapitalanlagerecht, 5. Aufl., 2020, § 5 Rn. 181–184; *Heidelbach* in Schwark/Zimmer KMRK, 5. Aufl., 2020, § 12 WpPG Rn. 17–19; *Wackerbarth* in Holzborn WpPG, 2. Aufl., 2014, §§ 21–23 Rn. 87.

55 *Assmann* in Assmann/Schlitt/von Kopp-Colomb WpPG, 3. Aufl., 2017, §§ 21–23 WpPG Rn. 106; *Groß*, Kapitalmarktrecht, 8. Aufl., 2022, § 12 WpPG Rn. 5; *Wackerbarth* in Holzborn WpPG, 2. Aufl., 2014, §§ 21–23 Rn. 87; *Buck-Heeb/Dieckmann* in Baas/Buck-Heeb/Werner, Anlegerschutzgesetze, 2019, §§ 21–23 WpPG Rn. 91; *Habersack* in Habersack/Mülbert/Schlitt, Handbuch der Kapitalmarktinformation, 3. Aufl., 2020, § 28 Rn. 49; *Mülbert/Steup* in Habersack/Mülbert/Schlitt, Unternehmensfinanzierung am Kapitalmarkt, 4. Aufl., 2019, Rn. 41.106; *Groß*, AG 1999, 199, 204; *Hess/Michailidou*, WM 2003, 2318, 2319; *Sittmann*, NZG 1998, 490, 492; weniger eindeutig *Heidelbach* in Schwark/Zimmer KMRK, 5. Aufl., 2020, § 12 WpPG Rn. 17–19, die in Rn. 17 von dem „Prospektfehler", in Rn. 19 dagegen von dem „fehlerhaft abgebildeten Sachverhalt" spricht; auch nach der BGH-Entscheidung weiterhin für die herrschende Lesart *Buck-Heeb/Dieckmann*, WuB 2021, 251, 252; *Buck-Heeb*, BKR 2021, 317, 319 f.).

könne (ähnlich wie beim Bekanntwerden der Verletzung einer Ad-Hoc-Mitteilungspflicht) mittels „rückwärtiger Induktion“ geschlossen werden, ob der Kurs im Erwerbszeitpunkt bei Kenntnis des Marktes von der wahren Sachlage geringer gewesen wäre.[56] Bleibe der Kurs nach Bekanntwerden des Prospektfehlers stabil (und sind keine anderen „positiven“ Tatsachen eingetreten, die den Kurs neutralisiert haben könnten), könne man davon ausgehen, dass der Prospektfehler keine Auswirkungen auf den Erwerbspreis gehabt hätte, so dass in diesem Falle nach herrschender Meinung in der Literatur der Haftungsausschluss eingreifen würde.[57]

Nach der Deutung des BGH kommt es dagegen nicht auf die Auswirkungen der unrichtigen Darstellung im Prospekt auf den Börsenpreis im Zeitpunkt des Erwerbs an. Entscheidend sei vielmehr, ob der fehlerhaft dargestellte Sachverhalt nach Erwerb der Wertpapiere zu einer Minderung des Börsenpreises beigetragen habe. Die haftungsausfüllende Kausalität bezieht sich also nach Sichtweise des BGH auf den Zusammenhang zwischen dem unrichtig oder unvollständig prospektierten Sachverhalt und einer Minderung des Börsenpreises nach Erwerb.[58]

4.2.2 Folgen der neuen Sichtweise

Die unmittelbare Folge dieser Sichtweise ist zunächst, dass sich der Bezugspunkt für die Schadensfeststellung verschiebt: An die Stelle der zeitpunktbezogenen Betrachtungsweise der herrschenden Meinung, deren Kristallisationspunkt der Erwerb durch den Anleger ist,[59] tritt eine zeitraumbezogene Betrachtungsweise,

---

56 *Assmann* in Assmann/Schlitt/von Kopp-Colomb WpPG, 3. Aufl., 2017, §§ 21–23 WpPG Rn. 103; *Assmann/Kumpan* in Assmann/Schütze/Buck-Heeb, Handbuch des Kapitalanlagerechts, 5. Aufl., 2020, § 5 Rn. 184; *Wackerbarth* in Holzborn WpPG, 2. Aufl., 2014, §§ 21–23 Rn. 87; *Buck-Heeb/Dieckmann* in Baas/Buck-Heeb/Werner, Anlegerschutzgesetze, 2019, §§ 21–23 WpPG Rn. 91; *Habersack* in Habersack/Mülbert/Schlitt, Handbuch der Kapitalmarktinformation, 3. Aufl., 2020, § 28 Rn. 49; *Mülbert/Steup* in Habersack/Mülbert/Schlitt, Unternehmensfinanzierung am Kapitalmarkt, 4. Aufl., 2019, Rn. 41.106.

57 *Assmann* in Assmann/Schlitt/von Kopp-Colomb WpPG, 3. Aufl., 2017, §§ 21–23 WpPG Rn. 103; *Wackerbarth* in Holzborn WpPG, 2. Aufl., 2014, §§ 21–23 Rn. 87.

58 BGHZ 228, 133 Rn. 41 = NZG 2021, 457: „Die Regelung nimmt [...] den Ursachenzusammenhang zwischen dem die Fehlerhaftigkeit des Prospekts begründenden Sachverhalt und einem als ‚Minderung des Börsenpreises‘ bezeichneten Schaden in den Blick.“

59 *Buck-Heeb/Dieckmann*, WuB 2021, 251, 253; *Assmann* in Assmann/Schlitt/von Kopp-Colomb WpPG, 3. Aufl., 2017, §§ 21–23 WpPG Rn. 103 und 104 aE.

die den gesamten künftigen Kursverlauf nach dem Erwerb in den Blick nimmt.[60] Damit verschiebt sich die zugrunde liegende Haftungsphilosophie. Das bisherige Verständnis zielt auf eine objektive Wertfeststellung in dem Sinne ab, dass der Emittent dafür haftet, dass der Anleger ein Produkt zu teuer gekauft hat. Für den BGH kommt es dagegen auf die subjektive Vorstellungswelt des einzelnen Anlegers an. Der Emittent haftet dafür, dass der Anleger über ein Produktdetail nicht oder fehlerhaft informiert wurde, aus dem sich spätere Nachteile entwickelt haben. Es geht nicht mehr um die Einordnung als zu teuer oder zu billig, sondern um den Einwand, dass der Anleger ein Produkt erworben hat, über das ihm falsche Vorstellungen vermittelt wurden, und dass ihm aus dieser Fehlvorstellung ein Schaden entstanden ist.

Zur Verdeutlichung dieser Unterschiede soll ein Beispiel in lockerer und stark vereinfachender Anlehnung an den Fall „Elsflether Werft“[61] gebildet werden:

> *Im Prospekt wird verschwiegen, dass gegen einen Kapitalerhöhungsbeschluss eine Anfechtungsklage erhoben wurde. Relevante Marktteilnehmer erfahren von dem Fehler, was zur Folge hat, dass der Preis des Papiers um 10 % sinkt. Anleger A weiß nichts von dem Fehler und kauft zu diesem reduzierten Preis. Die Anfechtungsklage hat Erfolg und der Preis des Papiers sinkt um 30 %.*

Nach der herrschenden Meinung hat der A in diesem Fall keinen ersatzfähigen Schaden erlitten. Er hat zu einem fairen Preis gekauft, da das mit der Anfechtungsklage verbundene Risiko bereits eingepreist war. Zu recht weist der BGH aber darauf hin, dass sich diese Lösung mit dem Wortlaut kaum in Einklang bringen lässt. Danach kommt es für die Anwendung des § 12 Abs. 2 Nr. 2 WpPG darauf an, dass der Sachverhalt, über den unrichtige oder unvollständige Angaben im Prospekt enthalten sind, nicht zu einer Minderung des Börsenpreises beigetragen hat. Legt man diesen wortlautgetreuen Maßstab zugrunde, kann der Anleger hier Schadensersatz verlangen, weil es eben nicht darauf ankommt, ob der A zu einem fairen Preis gekauft hat, sondern ob er über die Risiken, die mit dem Papier verbunden waren, zutreffend informiert wurde. Auch wenn er das Papier nach Auffassung des Marktes zu einem fairen Preis gekauft hat, wird er doch mit einem Risiko belastet, das ihm unbekannt war. Aus diesem Grund soll er rückabwickeln können, wenn es sich realisiert.

---

60 BGHZ 228, 133 Rn. 47 = NZG 2021, 457: „Die ‚Minderung des Börsenpreises‘ beschreibt keinen zum Erwerbszeitpunkt bestehenden Minderwert der Anlage […], sondern den nacherwerblichen Kursverfall selbst.“

61 BGHZ 139, 225 = NJW 1998, 3345.

4.2.3 Würdigung

4.2.3.1 Wortlaut und Teleologie

In der inhaltlichen Würdigung ist zu konstatieren, dass der XI. Zivilsenat insbesondere ein sehr starkes Wortlautargument auf seiner Seite hat, das durch die Heranziehung anderer Auslegungskriterien in dieser dogmatischen Ausgangslage nur schwer zu widerlegen ist. Die herrschende Schrifttumsauffassung entfernt sich vom Gesetzestext nämlich gleich in mehrfacher Hinsicht. Denn es wird nicht nur der „unrichtig dargestellte Sachverhalt" als „unrichtige Darstellung des Sachverhalts" gelesen, sondern es wird auch noch darüber hinweggegangen, dass die „unrichtige Darstellung" in aller Regel gerade nicht zu einer Minderung des Börsenpreises führt, sondern vielmehr umgekehrt zu einem überhöhten Börsenpreis im Erwerbszeitpunkt.[62] Um diesen Wortlaut rechtsfortbildend derart weitgehend zu korrigieren, bedürfte es starker teleologischer Argumente, die hier aber doch mit einem Fragezeichen versehen werden müssen. Vielmehr ist dem BGH zu attestieren, dass sich sein Verständnis in ein System der Privatautonomie durchaus schlüssiger einfügt als das Verständnis der herrschenden Meinung. Nach seiner Lesart wird die Privatautonomie des Anlegers umfassend geschützt, weil er sich gegen ein Anlagerisiko wehren kann, das ihm verschwiegen wurde. Diese Beurteilung geht auch mit zivilrechtlichen Wertungen konform, weil auch danach der individuelle Anlegerwille nicht durch die Marktanschauung ersetzt werden darf. Wenn bei einem herkömmlichen Kaufvertrag eine fehlende Eigenschaft unrichtig vorgespiegelt wird, muss sich auch hier der Käufer nicht mit der Versicherung abspeisen lassen, dass es sich auch ohne diese Eigenschaft immer noch um einen fairen Preis handelt, sondern es genügt, dass seine persönlichen Vorstellungen nicht getroffen wurden.[63]

4.2.3.2 Einordnung in allgemeine Grundsätze haftungsausfüllender Kausalität

Dennoch ist die Lösung des BGH mit einer Vielzahl von gewichtigen Argumenten kritisiert worden, was auch keineswegs überraschend ist, bedenkt man, dass das bisherige Verständnis nahezu durchgängig konsentiert war, wohingegen die BGH-Lösung – soweit ersichtlich – im Schrifttum noch nirgends vertreten worden

62 BGHZ 228, 133 Rn. 44 = NZG 2021, 457.

63 Auf weitere historische und systematische Argumente, die für die Sichtweise des BGH herangezogen werden können, soll aus Raumgründen nicht eingegangen werden, sondern es sei insofern auf die umfassende Argumentation des XI. Zivilsenats verwiesen – BGHZ 228, 133 Rn. 40 ff. = NZG 2021, 457.

ist.[64] Das erste dieser Argumente lautet, dass die haftungsausfüllende Kausalität grundsätzlich zwischen dem Fehler und dem Schaden bestehen müsse. Der Senat löse die haftungsausfüllende Kausalität aber vom haftungsbegründenden Prospektfehler, was mit den Grundsätzen des Schadensrechts im Allgemeinen und mit der Prospekthaftung im Besonderen nicht zu vereinbaren sei.[65]

Ob eine solche Abweichung von allgemeinen Grundsätzen des Schadensrechts hier tatsächlich vorliegt, soll an dieser Stelle nicht näher untersucht werden, um den Rahmen des Beitrags nicht zu sprengen. Denn letztlich kann der „Fehler" als Anknüpfungspunkt der haftungsausfüllenden Kausalität sowohl mit der Literatur in der „unrichtigen Darstellung des Sachverhalts" als auch mit dem BGH in dem „unrichtig dargestellten Sachverhalt" gesehen werden, so dass die Verbindung vom Fehler zum Schaden grundsätzlich bestehen bliebe.

Entscheidend muss eine andere Überlegung sein: Selbst wenn dieser Befund der Systemwidrigkeit zutrifft, wäre ihm doch entgegenzuhalten, dass derartige Grundsätze in ihrer Allgemeingültigkeit erschüttert werden können, wenn das Gesetz andere Wege beschreitet. Ausgangspunkt jeder Systembildung muss stets das Gesetz sein und das daraus abgeleitete systematische Verständnis muss den gesetzlichen Regelungen folgen, nicht umgekehrt. Bei der Würdigung zweier gleichermaßen aus dem Gesetz ableitbarer Auslegungsansätze können deshalb zwar selbstverständlich systematische Befunde maßgeblich sein. Wenn dagegen der Gesetzeswortlaut selbst rechtsfortbildend korrigiert werden soll, ist aber größere Zurückhaltung zu wahren, um den Vorrang der Rechtssetzung vor der Rechtsanwendung zu respektieren.

4.2.3.3 Parallelen zur Ad-Hoc-Publizität

Aus denselben Gründen ist weiterhin das Argument nicht zwingend, es werde die Parallelität zu den Grundsätzen der Ad-Hoc-Publizität durchbrochen, weil es auch hier dem Gesetzgeber obliegt, über die Tragweite dieses Gleichlaufs zu entscheiden.[66] Deshalb muss an dieser Stelle nicht zwingend entschieden werden, ob insofern tatsächlich unterschiedliche Maßstäbe angelegt werden. Denn auch bei diesem zweiten Einwand fällt der Befund nicht so eindeutig aus, wie es auf den ersten Blick scheinen mag: Der BGH selbst weist zwar auf die Abweichung gegenüber der Ad-Hoc-Publizität hin, die sich allerdings nur auf die Besonderheiten für die Haftung bei Feststellung eines Kursdifferenzschadens bezieht.[67] Auch hier

64 So auch der Befund von *Buck-Heeb/Dieckmann*, WuB 2021, 251, 252.
65 *Buck-Heeb/Dieckmann*, WuB 2021, 251, 252.
66 Vgl. auch dazu *Buck-Heeb/Dieckmann*, WuB 2021, 251, 252.
67 BGHZ 228, 133 Rn. 46 = NZG 2021, 457.

wird nicht gefragt, ob der Anleger auf der Grundlage falscher Informationen erworben hat, sondern ob er im Erwerbszeitpunkt zu teuer erworben hat. Ist das der Fall, muss ihm der Kursdifferenzschaden ersetzt werden.

An dieser Stelle gehen die Haftung für fehlerhafte/unterlassene Ad-Hoc-Mitteilungen und die Prospekthaftung aber ohnehin unterschiedliche Wege, weil es in der Prospekthaftung die Zweiteilung der Schadensentstehung, wie sie sich mittlerweile für die Ad-Hoc-Publizität durchgesetzt hat, nicht gibt. Eine Prospekthaftung wird nur dort ausgelöst, wo tatsächlich aufgrund des fehlerhaften Prospekts gekauft wurde. Diese Kausalitätsfeststellung wird durch die Beweislastumkehr zwar ganz erheblich erleichtert, aber konstruktiv wird doch daran festgehalten. Eine Haftung für reine Kursdifferenzschäden kennt das Prospektrecht dagegen nicht, sondern hier wird stets nur der Erwerbsschaden ersetzt, weshalb es nicht inkonsequent ist, die Grundsätze zur Berechnung des Kursdifferenzschadens nicht auf die Prospekthaftung zu übertragen.

4.2.3.4 Faktische Aushöhlung des § 12 Abs. 2 Nr. 2 WpPG

(1) Katalog überkommener Einwände

Es verbleibt aber ein weiterer Einwand, der zwar nicht dogmatisch zwingend gegen die Lösung des BGH spricht, aber doch zumindest ein gesteigertes juristisches Störgefühl hinterlässt. Dieser Einwand lautet (ähnlich wie bei der neuen Interpretation des § 12 Abs. 2 Nr. 1 WpPG – vgl. dazu die Ausführungen oben unter 4.1), dass die Vorschrift ihren Zweck, eine Abwälzung allgemeiner Markt- und Spekulationsrisiken zu vermeiden, in der neuen höchstrichterlichen Lesart nicht mehr erreichen kann.[68] Der BGH weist diesen Einwand zwar zurück, weil auch weiterhin ein Kausalitätserfordernis bestehe, das eine solche Abwälzung ausschließe.[69] Dieser Hinweis ist formal richtig, doch wird dieses Kausalitätserfordernis dadurch ausgehöhlt, dass es Gegenstand einer Vermutung ist, die vom Anspruchsgegner in einer Vielzahl von Fällen kaum noch widerlegt werden kann.

Dieser Befund wird deutlich, wenn man sich die in der Lesart des BGH noch verbleibenden Verteidigungsstrategien vor Augen führt. Schon bei oberflächlicher Lektüre der Entscheidung wird deutlich, dass solche Strategien erheblich eingeschränkt werden, weil der Senat geradezu lehrbuchartig ausführlich all die Einwände auflistet, denen künftig keine Relevanz mehr beigemessen werden soll. So stellt der Senat zunächst fest, dass es künftig unerheblich sein wird, ob der wahre Sachverhalt schon vor Erwerb der Wertpapiere bekannt war. Der Haf-

68 *Buck-Heeb/Dieckmann*, WuB 2021, 251, 253.
69 BGHZ 228, 133 Rn. 51 = NZG 2021, 457.

tungsausschluss greife nicht schon dann ein, wenn der Erwerbspreis das maßgebliche Risiko bereits berücksichtige.[70] Das ist folgerichtig, da es nicht auf die im Kurs gespiegelte Mehrheitsüberzeugung ankommt, sondern auf die individuelle Kaufentscheidung des Anlegers.

Ebenfalls soll es nach Auffassung des BGH unbeachtlich sein, wenn die nachteiligen Auswirkungen des unrichtig prospektierten Sachverhalts geringfügig sind, weil § 12 Abs. 2 Nr. 2 WpPG keine Anforderungen an den Umfang der Börsenpreisminderung stellt. Deshalb müsse der Umfang der Börsenpreisminderung auch nicht quantifiziert werden.[71]

Weiterhin wird ausdrücklich festgestellt, dass der Nachweis einer fehlenden Börsenpreisminderung nicht allein deswegen als geführt angesehen werden könne, weil sich der Kursverfall mit einem Umstand verbinde, dem als solchem regelmäßig Kursrelevanz zukomme, wie etwa mit der Bekanntmachung eines Dividendenabschlags oder einer Gewinnwarnung.[72] Dies begründet der BGH damit, dass solche Umstände gerade Ausfluss des dem unrichtig prospektierten Sachverhalt innewohnenden Risikos sein können.[73]

Entgegen einer früheren Positionierung des Senatsvorsitzenden[74] verwirft der BGH auch die Einordnung des § 12 Abs. 2 Nr. 2 WpPG als Kodifikation des Einwands rechtmäßigen Alternativverhaltens und lässt es deshalb auch nicht mehr genügen, wenn der Anspruchsgegner nachweist, dass sich der Börsenpreis bei pflichtgemäßer Prospektierung nicht anders als geschehen gebildet hätte.[75]

Ebenso sei die Kausalitätsvermutung, anders als es teilweise im Schrifttum vertreten werde,[76] auch nicht allein deshalb widerlegt, weil der Prospektfehler erst nach Ablauf der Sechsmonatsfrist des § 9 I 1 WpPG (also sechs Monate nach der erstmaligen Börseneinführung) bekannt geworden sei.[77]

---

70 BGHZ 228, 133 Rn. 43, 52 = NZG 2021, 457.

71 BGHZ 228, 133 Rn. 55 = NZG 2021, 457.

72 BGHZ 228, 133 Rn. 57 = NZG 2021, 457; aA *Assmann* in Assmann/Schlitt/von Kopp-Colomb WpPG, 3. Aufl., 2017, §§ 21–23 WpPG Rn. 106.

73 BGHZ 228, 133 Rn. 57 = NZG 2021, 457.

74 *Ellenberger,* Prospekthaftung im Wertpapierhandel, 2001, S. 68 f. im Anschluss an *Kort,* AG 1999, 9, 14.

75 BGHZ 228, 133 Rn. 58 = NZG 2021, 457.

76 Insbesondere von *Assmann* in Assmann/Schlitt/von Kopp-Colomb WpPG, 3. Aufl., 2017, §§ 21–23 WpPG Rn. 106.

77 BGHZ 228, 133 Rn. 59 = NZG 2021, 457. Die gegenteilige Sichtweise erschien allerdings schon zuvor auch unter Zugrundelegung des herrschenden Literaturverständnisses als zweifelhaft, weil die Sechs-Monats-Frist nur maßgeblich dafür ist, wann der Kauf getätigt wurde, nicht aber dafür, wann der Schaden aufgetreten ist.

Schließlich entfalle die nach § 12 Abs. 2 Nr. 2 WpPG vermutete Börsenpreisminderung auch nicht deshalb, weil ein einmal eingetretener und (nicht ausschließbar) auf dem unrichtig prospektierten Sachverhalt beruhender Kursverfall in der nachlaufenden Entwicklung durch den weiteren Kursverlauf wieder ausgeglichen worden sei.[78]

(2) Verbleibende Verteidigungsstrategien

(a) Sachverhalte mit innewohnendem Risiko

Den einzigen Einwand, den der BGH künftig im Rahmen des § 12 Abs. 2 Nr. 2 WpPG noch gelten lassen will, leitet er aus dem Normzweck ab. Danach solle es für die haftungsausfüllende Kausalität entscheidend darauf ankommen, ob der nach dem Erwerb eingetretene Kursrückgang zumindest mitursächlich darauf beruht, dass sich das dem unrichtig prospektierten Sachverhalt innewohnende Risiko tatsächlich verwirklicht hat.[79]

Diese Formel belässt § 12 Abs. 2 Nr. 2 WpPG durchaus noch einen Anwendungsbereich, der aber stark eingeschränkt ist, und zwar auf solche Fälle, in denen ein entsprechendes Risiko tatsächlich erkennbar ist. Ein Beispiel dafür ist der Fall Elsflether Werft, in dem das Risiko klar in der Weise umschrieben werden konnte, dass es maßgeblich darauf ankam, ob die Anfechtungsklage Erfolg haben würde oder nicht. In einem solchen Fall kann der Anspruchsgegner nach der BGH-Lösung sogar besser stehen als nach der Literaturauffassung, nämlich dann, wenn sich das dem falsch dargestellten Sachverhalt innewohnende Risiko am Ende gar nicht realisiert. Wenn z. B. im Prospekt verschwiegen wird, dass gegen die vor dem Börsengang durchgeführte Kapitalerhöhung Anfechtungsklagen erhoben wurden, diese Anfechtungsklagen aber später abgelehnt werden, müsste der Haftungsausschluss nach Ansicht des BGH eingreifen, weil der Anspruchsgegner beweisen könnte, dass sich „die dem unrichtig prospektierten Sachverhalt innewohnenden Risiken nacherwerblich nicht realisiert haben".[80] Nach der Literatur wäre die Haftung hingegen unabhängig davon, ob die Anfechtungsklagen am Ende abgelehnt werden oder Erfolg haben, nicht ausgeschlossen, wenn das Bekanntwerden der Anfechtungsklagen nach Erwerb der Aktien zu einem Kurssturz führt. Denn dann könnte man mittels „rückwärtiger Induktion" darauf schließen, dass der wahre Wert der Aktien im Erwerbszeitpunkt geringer war als der Erwerbspreis, der Anleger die Aktien also „zu teuer" erworben hat. Nach der

78 BGHZ 228, 133 Rn. 60 = NZG 2021, 457.
79 Vgl. BGHZ 228, 133 Rn. 43 = NZG 2021, 457.
80 BGHZ 228, 133 Rn. 55 = NZG 2021, 457.

Literatur kommt es also allein darauf an, wie der Markt das Risiko beurteilt, nach Ansicht des BGH dagegen, wie es sich tatsächlich realisiert.

(b) Sachverhalte ohne innewohnendes Risiko

Problematisch sind dagegen Fälle, in denen der Sachverhalt als solcher kein „innewohnendes Risiko" aufweist. Als Beispiel stelle man sich – entsprechend den ursprünglich zentralen Streitpunkten des Telekom-Falls – einen Sachverhalt vor, in dem der zugrunde liegende Prospektfehler darin bestehen soll, dass Assets des Unternehmens falsch bewertet wurden. Stellt man hier lediglich auf den prospektierten Sachverhalt ab, dass etwa der Immobilienbesitz einen Wert von X Euro hat, so ist nicht klar erkennbar, was für ein Risiko diesem Umstand innewohnen soll. Hier kann ein „Risiko" tatsächlich nur in der falschen Darstellung liegen, auf die es nach der Lösung des BGH aber nicht ankommen soll. In solchen Fällen bleibt es deshalb unklar, wie ein Gegenbeweis künftig noch geführt werden soll. Das gilt insbesondere auch deshalb, weil der BGH augenscheinlich keinen zeitlichen Endpunkt anerkennt, in dem solche Auswirkungen aufgetreten sein müssen. Sobald sich der Kurs nach unten neigt, soll die Vermutung des § 12 Abs. 2 Nr. 2 WpPG greifen und der Anspruchsgegner wird in der Regel ratlos vor der Herausforderung stehen, wie ihm der Gegenbeweis gelingen soll. In der juristischen Konstruktion bliebe es somit zwar dabei, dass der Sachverhalt für den eingetretenen Schaden kausal sein müsste. Dadurch, dass die Beweislast für diesen Kausalverlauf aber dem Anspruchsgegner auferlegt wird und ein Gegenbeweis kaum möglich erscheint, tritt genau die Folge ein, die der Gesetzgeber eigentlich vermeiden wollte.

4.2.3.5 Fazit

Versucht man diese umfassende Würdigung abschließend in ein schlichtes Fazit im Sinne eines richtig oder falsch zu gießen, so muss das Votum über die Entscheidung des Senats jedenfalls im Grundansatz letztlich wohl „richtig" lauten. Die Literaturauffassung hat sich zu freimütig über den Gesetzeswortlaut hinweggesetzt, obwohl die Voraussetzungen für eine Rechtsfortbildung nicht vorliegen. Dafür bedürfte es eines klareren teleologischen Befundes zugunsten der bislang herrschenden Lesart, der hier aber nicht gestellt werden kann. Tatsächlich fügt sich die Lösung des BGH durchaus stimmig in ein System der Privatautonomie ein. Dennoch sollte noch weiter geforscht werden, ob nicht auch im Rahmen dieses Ansatzes schon unter dem geltenden Recht noch weitere Entlastungsmöglichkeiten anerkannt werden können, um dem richtigen teleologischen Anliegen des Gesetzgebers Rechnung tragen zu können, dass Markt- und Spekulationsrisiken nicht auf den Anspruchsgegner abgewälzt werden sollen. Sollte das nicht möglich sein, liegt der Ball im Feld des Gesetzgebers, der dann darüber nachzudenken hätte, ob nicht die bisherige Literaturauffassung diesem Gesetzeszweck besser gerecht werden kann.

4.3 Verbleibende Haftungsausschlussgründe

4.3.1 Geringes Entlastungspotenzial in § 12 Abs. 2 Nr. 3 – 5 WpPG

Wenn damit die Haftungsausschlussgründe nach § 12 Abs. 2 Nr. 1 und 2 WpPG doch weitestgehend ihres Anwendungsbereichs beraubt sind, stellt sich die Frage, welche Entlastungsgründe noch verbleiben. Der Gegenbeweis nach § 12 Abs. 2 Nr. 3 WpPG setzt voraus, dass der Erwerber die Unrichtigkeit oder Unvollständigkeit der Prospektangaben beim Erwerb kannte, was im Regelfall eher noch schwieriger als leichter zu beweisen sein wird als die Voraussetzungen der beiden Ausschlussgründe nach § 12 Abs. 2 Nr. 1 und 2 WpPG. § 12 Abs. 2 Nr. 4 WpPG setzt eine rechtzeitige Berichtigung voraus, an der es in den meisten Fällen gerade fehlen wird. § 12 Abs. 2 Nr. 5 WpPG hilft nur bei Fehlern in der Zusammenfassung, was auch nur in Einzelfällen Erleichterung schaffen wird.

4.3.2 Kein Vorsatz oder grobe Fahrlässigkeit (§ 12 Abs. 1 WpPG)

4.3.2.1 Zurechnung von Beraterverschulden

Das beschränkt die Verteidigungsmöglichkeiten zum einen auf die Tatbestandsseite der Prospekthaftung, zum anderen auf den Haftungsausschluss nach § 12 Abs. 1 WpPG, der greift, wenn der Anspruchsgegner nachweisen kann, dass er die Unrichtigkeit oder Unvollständigkeit der Angaben des Prospekts nicht gekannt hat und dass die Unkenntnis nicht auf grober Fahrlässigkeit beruht. Hier wird bekanntlich zwischen den unterschiedlichen Haftungsadressaten differenziert. So ist etwa die Emissionsbank ihrerseits auf Informationen angewiesen und deshalb weiter von dem Fall weg als der Emittent selbst. Bei ihr wird man deshalb eine Exculpation im Zweifel großzügiger zulassen als beim Emittenten, der sein Verschulden nach herrschender Meinung nur in Ausnahmefällen widerlegen kann.[81]

---

81 Vgl. zu dieser Differenzierung etwa *Groß*, Kapitalmarktrecht, 8. Aufl., 2022, § 9 WpPG Rn. 97 ff.;

Die allgemeinen Grundzüge der Verschuldensprüfung im Rahmen der Prospekthaftung sollen hier nicht umfassend dargestellt, sondern es soll lediglich auf eine zentrale Weichenstellung hingewiesen werden, die in Wissenschaft und Praxis seit jeher besondere Aufmerksamkeit erfahren hat. Sie liegt in der Frage, inwiefern sich die Haftungsadressaten auf Angaben und Prüfergebnisse Dritter verlassen dürfen.[82] Dabei ist zunächst danach zu unterscheiden, ob das fremde Verschulden zugerechnet wird oder ob die potenziellen Haftungsadressaten lediglich für eigenes Auswahl- und Überwachungsverschulden haften.

Die erste Frage nach der Zurechnung fremden Verschuldens hat der BGH in der Entscheidung vom 15. Dezember 2020 nicht beantwortet, weil er auf dem Standpunkt steht, dass dem Prospektverantwortlichen zumindest eine Plausibilitätsprüfung obliege, die er nicht ordnungsgemäß durchgeführt habe.[83] Das schließt es aber nicht aus, dass ihn möglicherweise selbst eine ordnungsgemäße Plausibilitätsprüfung nicht entlasten kann, wenn ihm schon vorgelagert – ohne Rücksicht auf sein eigenes Verschulden – ein Beraterverschulden zuzurechnen ist.

Im Schrifttum wird diese Frage vereinzelt bejaht, wobei allerdings nicht ganz klar zum Ausdruck kommt, ob es sich um eine bedingungslose Zurechnung nach § 278 BGB handelt oder ob der Prospektverantwortliche allein für ein Auswahl- und Überprüfungsverschulden haftet.[84] Die ganz herrschende Auffassung äußert sich jedenfalls hinsichtlich der ersten Konstellation ablehnend, wobei einige Aussagen für sämtliche Prospektverantwortlichen formuliert werden, andere dagegen nur auf die Emissionsbank beschränkt sind.[85]

Habersack in Habersack/Mülbert/Schlitt, Handbuch der Kapitalmarktinformation, 3. Aufl., 2020, § 28 Rn. 38 ff.

82 Vgl. zu dieser „magna quaestio der prospekthaftungsrechtlichen Sorgfaltspflicht" (bezogen auf die Emissionsbank) *Fleischer*, Gutachten F, 64. DJT, 2002, S. 64; ähnlich die Einschätzung bei *Grundmann* in Staub, 5. Aufl., 2017, Bankvertragsrecht, Investment Banking I, Rn. 210.

83 Offenlassend deshalb BGH NZG 2021, 457 Rn. 113.

84 Grds. bejahend – allerdings unter Anerkennung von Ausnahmen und insgesamt nicht widerspruchsfrei – *Wackerbarth* in Holzborn WpPG, 2. Aufl., 2014, §§ 21–23 Rn. 92.

85 Die Zurechnung augenscheinlich bei sämtlichen Haftungsadressaten versagend: OLG Frankfurt BeckRS 2016, 114441 Rn. 336; *Assmann* in Assmann/Schlitt/von Kopp-Colomb WpPG, 3. Aufl., 2017, §§ 21–23 WpPG Rn. 111; *Assmann/Kumpan* in Assmann/Schütze/Buck-Heeb, Handbuch des Kapitalanlagerechts, 5. Aufl., 2020, § 5 Rn. 189; *Heidelbach* in Schwark/Zimmer KMRK, 5. Aufl., 2020, § 9 WpPG Rn. 28; *Schwark* in Schwark/Zimmer KMRK, 4. Aufl., 2010, §§ 44, 45 BörsG Rn. 49; beschränkt auf die Haftung der Emissionsbank: *Canaris*, Bankvertragsrecht, 1981, Rn. 2280a; *Groß*, Kapitalmarktrecht, 8. Aufl., 2022, § 9 WpPG Rn. 103; *Grundmann* in Staub HGB, Band 11/1, Bankvertragsrecht Investment Banking I, 5. Aufl., 2017, Rn. 212; *Habersack* in Habersack/Mülbert/Schlitt, Handbuch der Kapitalmarktinformation, 3. Aufl., 2020, § 28 Rn. 42; *Mülbert/Steup* in Habersack/Mülbert/Schlitt, Unternehmensfinanzierung am Kapitalmarkt, 4. Aufl., 2019,

Die damit aufgeworfenen Fragen sind komplex und können im Rahmen dieses Beitrags nicht erschöpfend beantwortet werden, weil unter vielerlei Gesichtspunkten zu differenzieren ist, etwa danach, welche Rechtsnatur man der Prospekthaftung zuschreibt, wer als Haftungsadressat in Anspruch genommen wird und für welchen Sachverständigen bei welcher Tätigkeit einzustehen sein soll. So ist die Rechtsnatur der Haftung deshalb entscheidend, weil eine Zurechnung nach § 278 BGB allein im Rahmen eines Schuldverhältnisses in Betracht kommt.[86] Bei einer deliktischen Einordnung der Haftung[87] kann ein solches allenfalls nach Prospektveröffentlichung in Form eines gesetzlichen Schuldverhältnisses angenommen werden, doch ist die Tätigkeit des Sachverständigen dann schon abgeschlossen, so dass § 278 BGB nicht mehr weiterhilft. Der BGH geht dagegen von einer „Vertrauenshaftung" aus,[88] was – nicht zwingend, aber nach ganz überwiegendem Verständnis – zu einer vorvertraglichen Einordnung führt.[89] Auch dann entsteht das Schuldverhältnis streng genommen erst mit der durch die Prospektveröffentlichung vollzogenen Vertrauenswerbung, doch wird in anderen Konstellationen § 278 BGB auch dann angewandt, wenn Hilfspersonen schon vor Anbahnung oder Aufnahme vertraglicher Beziehungen einbezogen werden und ihre Vorbereitungshandlungen im Zeitpunkt der Erfüllung noch fortwirken.[90] Ob das auch im Rahmen einer reinen Vertrauenshaftung gilt, die aus der Erfüllung einer gesetzlichen Pflicht resultiert, ist allerdings noch gänzlich ungeklärt.

Lässt man eine Anwendung des § 278 BGB nicht schon am Vorliegen eines Schuldverhältnisses scheitern, kann eine weitere Differenzierung nach dem Haftungsadressaten deshalb angezeigt sein, weil die Einordnung möglicherweise

---

Rn. 41.118; generell ablehnend für die Einschaltung von Sachverständigen auch *Harnos*, Geschäftsleiterhaftung bei unklarer Rechtslage, 2013, S. 305 ff.

86 Aus diesem Grund ablehnend etwa OLG Frankfurt BeckRS 2016, 114441 Rn. 336: Es fehle schon an einem Schuldverhältnis zwischen der Musterbeklagten und den einzelnen Anlegern im Hinblick auf den Erwerb der Aktien. Ebenso bereits *Schwark* in Schwark/Zimmer, KMRK, 4. Aufl., 2010, §§ 44, 45 BörsG Rn. 49 (in 5. Aufl. nicht übernommen); vgl. für die Emissionsbank auch *Groß*, Kapitalmarktrecht, 8. Aufl., 2022, § 9 WpPG Rn. 103.

87 Dafür etwa *Assmann/Kumpan* in Assmann/Schütze/Buck-Heeb, Handbuch des Kapitalanlagerechts, 5. Aufl., 2020, § 5 Rn. 228; *Hellgardt*, Kapitalmarktdeliktsrecht, 2008, S. 20 ff.; *Hopt*, WM 2013, 101, 104.

88 BGH NJW 2011, 2719 Rn. 17.

89 Ausführlich zur dogmatischen Einordnung bereits *Köndgen*, AG 1983, 85 ff., 120 ff.

90 *Caspers* in Staudinger (2019), § 278 Rn. 35 für Programmierfehler beim Einsatz von EDV-Anlagen; so zuvor bereits auch *Köhler*, AcP 182 (1982), 126, 160 f.

unterschiedlich ausfällt, je nachdem, wer den Sachverständigen bestellt hat.[91] Schließlich ist auch hinsichtlich der Auskunftsperson selbst zu differenzieren. So wird – soweit ersichtlich unwidersprochen – angenommen, dass sich die Emissionsbank nicht ein Emittentenverschulden nach § 278 BGB zurechnen lassen müsse, weil sonst die differenzierende Betrachtungsweise zwischen den beiden Haftungsadressaten doch wieder aufgehoben würde.[92] Auch eine wechselseitige Zurechnung zwischen den Konsortialmitgliedern wird allgemein abgelehnt.[93] Für den Wirtschaftsprüfer wird die Fragestellung meist auf die Konstellation verengt, dass die Prospektverantwortlichen auf Testate zurückgreifen, die er im Rahmen seiner gesetzlichen Pflichten (namentlich also im Rahmen der Abschlussprüfung) erstellt hat. In dieser Konstellation wird ein Einstehenmüssen der Prospektverantwortlichen vereinzelt unter dem Vorzeichen des § 278 BGB erörtert, zumeist aber ausschließlich im Lichte der Fragestellung problematisiert, ob sie sich auch im Rahmen einer nachgeschalteten Überprüfungspflicht auf derartige Testate verlassen können.[94] Zu § 278 BGB fallen die Stellungnahmen richtigerweise durchgängig ablehnend aus, weil der Wirtschaftsprüfer bei der Abschlussprüfung seine eigenen gesetzlichen Pflichten erfüllt, die gerade nicht den Prospektverantwortlichen auferlegt sind.[95] Zu all diesen Fragen und Ausdifferenzierungen finden sich im Schrifttum klare – überwiegend restriktive – Positionierungen, aber nur selten vertiefte Begründungen. Diese können auch im

91 Zur Unterscheidung zwischen Emittent und Emissionsbegleiter vgl. schon die Nachw. in Fn. 85.

92 Vgl. statt aller *Grundmann* in Staub HGB, Band 11/1, Bankvertragsrecht Investment Banking I, 5. Aufl., 2017, Rn. 210. Die meisten anderen Autoren sprechen diese Erkenntnis gar nicht ausdrücklich aus, setzen sie aber implizit voraus, wenn sie annehmen, dass für Emittenten und Emissionsbank unterschiedliche Maßstäbe gelten (vgl. dazu die Nachw. in Fn. 81).

93 *Canaris*, Bankvertragsrecht, 1981, Rn. 2287; *Groß*, Kapitalmarktrecht, 8. Aufl., 2022, § 9 WpPG Rn. 106; *Grundmann* in Staub HGB, Band 11/1, Bankvertragsrecht Investment Banking I, 5. Aufl., 2017, Rn. 212; *Schwark* in Schwark/Zimmer, KMRK, 4. Aufl., 2010, §§ 44, 45 BörsG Rn. 11 (in 5. Aufl. nicht übernommen); *Habersack* in Habersack/Mülbert/Schlitt, Handbuch der Kapitalmarktinformation, 3. Aufl., 2020, § 28 Rn. 42; *Hopt*, Die Verantwortlichkeit der Banken bei Emissionen, 1991, Rn. 53 ff.; *Mülbert/Steup* in Habersack/Mülbert/Schlitt, Unternehmensfinanzierung am Kapitalmarkt, 4. Aufl., 2019, Rn. 41.122.

94 Vgl. zu den Einzelnachweisen noch die Referenzen in Fn. 99 und 100. Manchen Autoren lassen die konkrete Zuordnung auch ganz offen.

95 So ausdrücklich unter dem gesetzlichen Vorzeichen des § 278 BGB etwa *Canaris*, Bankvertragsrecht, 1981, Rn. 2280a; *Schwark* in Schwark/Zimmer, KMRK, 4. Aufl., 2010, §§ 44, 45 BörsG Rn. 50 (in 5. Aufl. nicht übernommen); *Seiler/Singhof* in Frankfurter Kommentar WpPG/EU-ProspVO, 2. Aufl., 2017, § 21 Rn. 20; *Habersack* in Habersack/Mülbert/Schlitt, Handbuch der Kapitalmarktinformation, 3. Aufl., 2020, § 28 Rn. 42. Ebenso auch – obwohl grds. zu einer weiteren Zurechnung neigend (vgl. Fn. 85) – *Wackerbarth* in Holzborn, WpPG, 2. Aufl. 2014, §§ 21–23 Rn. 92.

Rahmen dieses Beitrags nicht geliefert werden, bedürfen aufgrund ihrer praktischen Relevanz aber doch dringend einer näheren wissenschaftlichen Untermauerung.

4.3.2.2 Auswahl- oder Überwachungsverschulden

Verneint man mit der ganz herrschenden (aber trotzdem noch nicht abschließend gesicherten) Meinung eine Zurechnung fremden Verschuldens, bleibt die Möglichkeit, dass die Haftungsadressaten deshalb in Anspruch genommen werden, weil sie hinsichtlich der Leistung des Dritten eine Auswahl- und Überwachungspflicht trifft. Insofern ist dem Urteil vom 15. Dezember 2020 zu entnehmen, dass den Prospektverantwortlichen zumindest eine Plausibilitätsprüfung obliegt.[96] Das hat schon das Reichsgericht festgestellt[97] und auch in der Literatur besteht über diese Frage weitestgehende Einigkeit,[98] die allerdings dort endet, wo die Diskussion in die Details geht.

So ist etwa bis heute noch nicht abschließend geklärt, inwiefern sich die potenziellen Haftungsadressaten auf die Testate der Pflichtprüfer nach §§ 316 ff. HGB verlassen dürfen. Die Frage wird fast ausschließlich nur für die Emissionsbank erörtert, was sich wohl daraus erklärt, dass der Emittent schon für die fehlerhafte Rechnungslegung selbst verantwortlich sein wird, so dass es in der Regel keine Rolle mehr spielt, ob ihm auch Fehler bei der Überwachung der Abschlussprüfung unterlaufen sind. Für die Emissionsbank geht die ganz herrschende Meinung davon aus, dass sie sich auf die Ergebnisse der Abschlussprüfung verlassen dürfe. Es müsse den Prospektverantwortlichen möglich sein, sich auf die Aussage derjenigen Institutionen zu verlassen, denen qua Gesetzes diese Prüfungsaufgabe zugewiesen sei; Fehlleistungen werde insofern durch ein eigenständiges bilanzrechtliches Überwachungs- und Sanktionsregime entgegengewirkt. Eine (Nach-)Prüfungspflicht dürfe sich deshalb auf Plausibilitätskontrollen beschränken und sich erst bei Bestehen von Verdachtsmomenten (z. B. Interessenkonflikten) intensivieren.[99] Von anderer Seite wird dieser Auffassung

---

96 BGHZ 228, 133 Rn. 107 = NZG 2021, 457 in Anknüpfung an BGH BeckRS 2013, 10423 Rn. 45 f.; s. auch schon BGH WM 2007, 1274 Rn. 18.

97 RGZ 80, 196, 199 f.; dem folgend OLG Frankfurt a. M. ZIP 1999, 1005, 1007 f.

98 Vgl. etwa *Groß*, Kapitalmarktrecht, 8. Aufl., 2022, § 9 WpPG Rn. 102; *Schwark* in Schwark/Zimmer, KMRK, 4. Aufl., 2010, §§ 44, 45 BörsG Rn. 50 (in 5. Aufl. nicht übernommen); *Habersack* in Habersack/Mülbert/Schlitt, Handbuch der Kapitalmarktinformation, 3. Aufl., 2020, § 28 Rn. 42.

99 Vgl. etwa *Groß*, Kapitalmarktrecht, 8. Aufl., 2022, § 9 WpPG Rn. 102; *Grundmann* in Staub HGB, Band 11/1, Bankvertragsrecht Investment Banking I, 5. Aufl., 2017, Rn. 211; *Canaris*, Bankvertragsrecht, 1981, Rn. 2280a; *Schwark* in Schwark/Zimmer, KMRK, 4. Aufl., 2010, §§ 44, 45 BörsG

aber entgegengehalten, dass die Abschlussprüfung nicht allein Anlegerinteressen diene, sondern einer Vielzahl heterogener Zwecke. Deshalb bedürfe es einer weiteren allein im Dienste der Anlegerinformation stehenden gesonderten Prüfung, an die auch für die Emissionsbank deutlich strengere Maßstäbe anzulegen seien.[100]

Weiterhin umstritten ist überdies die Frage, inwiefern sich die Emissionsbank auf Angaben des Emittenten verlassen darf. Teilweise wird hier eine besonders intensive Prüfung[101] auf der Grundlage einer Due Diligence-Prüfung[102] gefordert, während andere eine reine Plausibilitätskontrolle ausreichen lassen wollen, die sich erst beim Vorliegen von Verdachtsmomenten zu einer intensiveren Prüfungspflicht verdichtet.[103]

Der BGH hat sich zu diesen (auch hier nicht zu vertiefenden) Detailfragen nicht geäußert, sondern allein das generelle Erfordernis einer Plausibilitätsprüfung betont. Interessant ist dabei, dass der XI. Zivilsenat zum Nachweis einer solchen Prüfungspflicht nicht nur seine eigene Rechtsprechung zitiert, sondern auch die des II. Zivilsenats, und zwar namentlich die intensiv diskutierte ISION-Entscheidung.[104] Das wirft die Frage auf, ob man die mittlerweile im Gesellschaftsrecht sehr gründlich vermessenen und ausgeleuchteten Maßstäbe der ISION-Entscheidung in das Kapitalmarktrecht übertragen kann. Das ist keineswegs selbstverständlich, weil es im Gesellschaftsrecht um eine Haftung des Vorstands gegenüber seiner Gesellschaft geht, im Kapitalmarktrecht um eine Haftung des Emittenten gegenüber künftigen Anlegern. Ob ungeachtet dieses Unterschieds eine Übertragung in das Kapitalmarktrecht erfolgen kann, ist noch ungeklärt.

Rn. 50 f. (in 5. Aufl. nicht übernommen); *Mülbert/Steup* in Habersack/Mülbert/Schlitt, Unternehmensfinanzierung am Kapitalmarkt, 4. Aufl., 2019, Rn. 41.120; *Hopt*, Die Verantwortlichkeit der Banken bei Emissionen, 1991, Rn. 193 ff.

100 So vor allem *Köndgen*, AG 1983, 120, 127.

101 So etwa *Fleischer*, Gutachten F 64. Deutschen Juristentag 2002, S. 65.

102 Für ein solches Erfordernis *Hauptmann* in Vortmann, Prospekthaftung und Anlageberatung, 2000, § 3 Rn. 105; dagegen *Seiler/Singhof* in Frankfurter Kommentar WpPG/EU-ProspVO, 2. Aufl., 2017, § 23 Rn. 15.

103 *Groß*, Kapitalmarktrecht, 8. Aufl., 2022, § 9 WpPG Rn. 103; *Schwark* in Schwark/Zimmer, KMRK, 4. Aufl., 2010, §§ 44, 45 BörsG Rn. 48 ff. (in 5. Aufl. nicht übernommen); *Seiler/Singhof* in Frankfurter Kommentar WpPG/EU-ProspVO, 2. Aufl., 2017, § 23 Rn. 14; *Schwark*, ZGR 1983, 162, 173 f.; *Kort*, AG 1999, 9, 18; *Groß*, AG 1999, 199, 206 f.; *Altmeppen*, DB 1993, 84, 85; differenzierend nach den eigenen Prüfungskapazitäten des Emissionsbegleiters *Mülbert/Steup* in Habersack/Mülbert/Schlitt, Unternehmensfinanzierung am Kapitalmarkt, 4. Aufl., 2019, Rn. 41.112 ff.

104 BGH AG 2011, 876; vom XI. Zivilsenat in Bezug genommen in BGHZ 228, 133 Rn. 111 = NZG 2021, 457.

Dieser Unterschied kann gerade auch bei Rechtsirrtümern eine erhebliche Rolle spielen, die aufgrund der zunehmenden Europäisierung künftig häufiger begegnen dürften (vgl. dazu schon die Ausführungen unter 3.). Gerade solche Rechtsirrtümer waren Gegenstand der ISION-Entscheidung[105] und sind darin (sowie in einer präzisierenden Folgeentscheidung[106]) einer Behandlung unterworfen worden, die augenscheinlich großzügigere Maßstäbe formuliert, als sie sonst an die Behandlung von Rechtsirrtümern im Rahmen zivilrechtlicher Vertragspflichten angelegt werden.[107] Im Schrifttum wird dieser großzügigere Maßstab zumeist im Lichte des besonderen Auftragsverhältnisses hergeleitet, das zwar zwischen Vorstand und Gesellschaft, nicht aber zwischen Anlegern und Emittent besteht.[108] Ob trotzdem auch in diesem Verhältnis eine Plausibilitätsprüfung nach den Maßstäben der ISION-Entscheidung genügt, ist eine der weiteren offenen Fragen, die im Prospektrecht noch einer Antwort harren. Sollte man sie bejahen, würde dies einen erheblichen Deutungsschub für das Kapitalmarktrecht bedeuten und tendenziell die Haftungssituation der Prospektverantwortlichen und -veranlasser gegenüber dem bisherigen Erkenntnisstand wohl verbessern.

5 Verhältnis der Haftungstatbestände

5.1 Allgemeines

Neben den Details der spezialgesetzlichen Prospekthaftung wirft auch die allgemein bürgerlich-rechtliche Prospekthaftung weiterhin Probleme auf. Sie ist bekanntlich entwickelt worden zu einer Zeit, als es noch keine flächendeckende spezialgesetzliche Prospekthaftung gab, um Schutzlücken zu füllen.[109] Unterschieden wird die bürgerlich-rechtliche Prospekthaftung im engeren und im

105 BGH AG 2011, 876 Rn. 16 ff.

106 BGH NZG 2015, 792 Rn. 28 ff.

107 Vgl. dazu etwa BGH NJW 1951, 398; BGH NJW 1972, 1045, 1046; BGH NJW 1983, 2318, 2321; BGHZ 131, 346, 354 = NJW 1996, 1216, 1218; BGH NJW 2006, 3271, 3272 f. und die zusammenfassende Darstellung von *Harnos*, Geschäftsleiterhaftung bei unklarer Rechtslage, 2013, S. 257 ff. mwN auch zu den krit. Gegenstimmen; zum Vergleich dieser unterschiedlichen Maßstäbe vgl. die Darstellung bei *J. Koch* in FS Bergmann, 2018, S. 413, 423 ff.

108 Vgl. dazu etwa *Koch* AktG, 16. Aufl., 2022, § 93 Rn. 84; *Holle*, AG 2016, 270, 276 f.; *J. Koch* in FS Bergmann, 2018, S. 413, 423 f.; *Lochner/Beneke*, ZIP 2020, 351, 356 ff.; *Nietsch*, ZHR 184 (2020), 60, 73 ff.; *Verse*, ZGR 2017, 174, 181 ff.

109 Ausführlich zur Entstehungsgeschichte *Herresthal* in BeckOGK (Stand: 1.1.2021), § 311 BGB Rn. 576 ff.

weiteren Sinne. Die Haftung im engeren Sinne setzt ebenso wie die spezialgesetzliche Prospekthaftung ein, wenn mit einem Prospekt um Anlegervertrauen geworben wird.[110] Die Haftung im weiteren Sinne greift, wenn mit der Prospektübergabe noch eine zusätzliche Vertrauensinvestition einhergeht.[111] Beide Haftungsformen stützen sich nach herrschender Meinung auf die vorvertragliche Vertrauenshaftung nach §§ 280 Abs. 1, 241 Abs. 2, 311 Abs. 2 und 3 BGB, bei der Haftung im engeren Sinne mit der Besonderheit des typisierten Vertrauens.[112]

Die Frage, welche Auswirkungen die zunehmende Ausbreitung der spezialgesetzlichen Haftung auf die allgemeine bürgerlich-rechtliche Prospekthaftung hat, ist immer noch nicht abschließend geklärt. Das Zusammenspiel dieser Institute ist eines der schwierigsten Probleme der Prospekthaftung, das für sich schon eigenständiger Gegenstand einer ganzen Doktorarbeiten ist.[113] Im Rahmen dieses Beitrags kann auf diesem weiten Feld keine Detailanalyse erfolgen, aber es sollen die Diskussions- und Entwicklungslinien doch zumindest grob nachgezeichnet werden, um sodann die neuere Rechtsprechung des BGH in diese Strömungen einzuordnen.

5.2 Bürgerlich-rechtliche Prospekthaftung im engeren Sinne

5.2.1 Keine Duplizierung der Haftungssysteme

Bei der bürgerlich-rechtlichen Prospekthaftung im engeren Sinne besteht heute weitestgehend Einigkeit darüber, dass sie stets dort verdrängt wird, wo die spezialgesetzliche greift.[114] Im älteren Schrifttum wurde dies zum Teil noch mit dem Argument in Zweifel gezogen, der Gesetzgeber habe mit Einführung der spezialgesetzlichen Prospekthaftung den Anlegerschutz verbessern wollen, so dass nicht angenommen werden könne, die neuen Regeln sollten die – zum Teil deutlich

---

110 Überblick über die gleichermaßen überbordende Rechtsprechung und Literatur bei *Herresthal* in BeckOGK (Stand: 1.1.2021), § 311 BGB Rn. 576 ff.

111 Ausführliche Nachweise zu dieser Haftungsform unter S. 3.

112 Vgl. auch dazu den Überblick bei *Herresthal* in BeckOGK (Stand: 1.1.2021), § 311 BGB Rn. 576, 580, 673 mit ausführlichen weiteren Nachw.

113 Vgl. dazu *Doblinger*, Prospekthaftung, Zum Verhältnis von Kodifikation und Richterrecht, 2019, S. 258 ff.

114 Vgl. etwa *Grüneberg*, 81. Aufl., 2022, § 311 Rn. 68; *Habersack* in Habersack/Mülbert/Schlitt, Kapitalmarktinformation-Handbuch, 3. Aufl., 2020, § 28 Rn. 76; *Mülbert/Steup* in Habersack/Mülbert/Schlitt, Unternehmensfinanzierung am Kapitalmarkt, 4. Aufl., 2019, Rn. 41.155; *Fleischer*, BKR 2004, 339, 343; *Nobbe*, WM 2013, 193, 201 f.; *Schürnbrand*, ZGR 2014, 256, 280 ff.; *Spindler*, NJW 2004, 3449, 3455; *Klöhn*, WM 2012, 97, 101; *Waldeck/Süßmann*, WM 1993, 361, 367.

günstigeren – allgemeinen Grundsätze verdrängen.[115] Das ist ein rechtspolitisch bedenkenswertes Argument, kann aber doch nicht den eindeutigen systematischen Befund entkräften, dass es nach allgemeinen Spezialitätsgrundsätzen nicht angehen kann, die bewusst eingrenzenden Voraussetzungen der spezialgesetzlichen Prospekthaftung auf diese Weise zu umgehen. Wenn §§ 9, 10, 12 WpPG die Haftung an die Mindestvoraussetzung der groben Fahrlässigkeit knüpfen und sie inhaltlich auf eine rücktrittsähnliche Haftungsfolge beschränken, dann kann nicht gleichzeitig eine Vertrauenshaftung bei einfacher Fahrlässigkeit mit einer umfassenden Schadensersatzfolge greifen.[116] Auch der BGH hat sich mittlerweile mehrfach in diesem Sinne festgelegt.[117]

5.2.2 Verdrängungswirkung bei Unanwendbarkeit der spezialgesetzlichen Regelungen

Die entscheidende Frage lautet vielmehr, ob diese Verdrängungswirkung auch dort anzunehmen ist, wo die spezialgesetzliche Haftung nicht zur Anwendung gelangt. Dabei ist zwischen den Gründen zu unterscheiden, an denen die Anwendung scheitert. Ohne Weiteres zu bejahen ist die Verdrängung der bürgerlichrechtlichen Prospekthaftung immer dann, wenn ein Ausnahmetatbestand eingreift, mit dem der Gesetzgeber einen Fall bewusst keiner Haftung unterwerfen will.[118] Das ist aus den vorstehend genannten Gründen vornehmlich anzunehmen in Fällen fahrlässig verursachter Prospektfehler. Anderenfalls gelangte man auch hier zu dem Befund, dass die spezialgesetzlich geregelten Grenzen gegen den Willen des Gesetzgebers missachtet würden.

Fraglich ist, ob das auch dann gilt, wenn sich ein solcher Wille nicht mit gleicher Eindeutigkeit feststellen lässt. Die herrschende Meinung deutet die Linie des BGH dahingehend, dass die Verdrängungswirkung stets dann einsetzen solle, wenn der Anwendungsbereich der speziel-gesetzlichen Prospekthaftung „dem Grundsatz nach" eröffnet sei.[119] Das soll nach einer sachgerecht konkretisierenden Stellungnahme immer dann der Fall sein, wenn die einschlägigen Anlagegegenstände und Handelsplätze, auf die sich die spezialgesetzliche Haf-

---

115 So aber etwa noch *Emmerich* in MüKoBGB, 6. Aufl., 2012, § 311 Rn. 153; *Otte* in Staudinger (2009), § 280 Rn. C 50 ff.; *Holzborn/Israel*, ZIP 2005, 1668, 1671 ff.

116 So auch *Buck-Heeb/Dieckmann*, ZHR 184 (2020), 646, 661 ff.

117 Vgl. etwa BGHZ 203, 1 Rn. 71 = NJW 2015, 236; BGHZ 220, 110 Rn. 55 = BKR 2019, 94; BGH BKR 2021, 374 Rn. 27.

118 So ausdrücklich auch BGHZ 203, 1 Rn. 17 = NJW 2015, 236.

119 Vgl. dazu die Nachw. in Fn. 114.

tung beziehe, eröffnet seien.[120] Da die Prospekthaftung aber spätestens mit dem Vermögens- und Kapitalanlagegesetz flächendeckend den gesamten Kapitalmarkt erfasse, wird jedenfalls für die bürgerlich-rechtliche Prospekthaftung im engeren Sinne heute verbreitet kein Anwendungsbereich mehr gesehen.[121]

5.2.3 Verbleibende Schutzlücken

Damit könnte es sein Bewenden haben, doch hat der BGH auch Fälle anerkannt, wo innerhalb des Anwendungsbereichs der spezialgesetzlich geregelten Prospekthaftung in Prospektform geworben wurde, ohne dass die Vorschriften des Spezialgesetzes eingriffen. Das war etwa im Telekom-Fall so, weil die Umplatzierung keiner Prospektpflicht unterlag, sondern auf freiwilliger Grundlage erfolgte. Der BGH hat sich für diesen Fall der prospektfreien Umplatzierung auch hier für eine Verdrängung der allgemeinen bürgerlich-rechtlichen Haftung entschieden.[122] Das ist konsequent, weil damit vermieden wird, dass derjenige, der nicht in erster Linie Haftungsadressat ist, strenger haftet als die unmittelbar vom Gesetz in die Pflicht genommenen Primärverantwortlichen. Weil aber auch die generelle Haftungsfreistellung nicht sachgerecht erscheint, hat er stattdessen die spezialgesetzlichen Vorschriften analog angewandt, um Schutzlücken zu schließen.[123] Dieselben Grundsätze wird man in Konsequenz dieser Rechtsprechung auch dann heranzuziehen haben, wenn es um von der spezialgesetzlichen Prospekthaftung nicht erfasste „Garanten" geht.[124]

---

120 So insbesondere die Lesart von *Buck-Heeb/Dieckmann*, ZHR 184 (2020), 646, 667 ff.

121 Vgl. dazu etwa *Assmann/Kumpan* in Assmann/Schütze/Buck-Heeb, Handbuch Kapitalanlagerecht, 5. Aufl., 2020, § 5 Rn. 30 („praktisch auf null reduziert"); *Habersack* in Habersack/Mülbert/Schlitt, Handbuch der Kapitalmarktinformation, 3. Aufl., 2020, § 29 Rn. 2 („weitgehend verdrängt"); *Mülbert/Steup* in Habersack/Mülbert/Schlitt, Unternehmensfinanzierung, 4. Aufl., 2019, Rn. 41.17 („Verbleiben [...] allenfalls Randbereiche"); *Oulds* in Kümpel/Mülbert/Früh/Seyfried, Bank- und Kapitalmarktrecht, 5. Aufl., 2019, Rn. 15.851 („Weitgehend zurückgedrängt"); *Poelzig*, Kapitalmarktrecht, 2. Aufl., 2021, Rn. 344 („praktische Bedeutung tendiert gegen Null"); *Hellgardt*, ZBB 2012, 73, 74 („eigentlich abgeschafftes Rechtsinstitut"); *Schnauder*, NJW 2013, 3212 („endgültig abgeschafft"); dagegen namentlich *Herresthal*, Bankrechtstag 2015, 2016, S. 103, 104 ff.

122 BGH NJW 2015, 236 Rn. 68 ff.

123 BGH NJW 2015, 236 Rn. 68 ff.

124 Vgl. zu dieser Einordnung *Buck-Heeb/Dieckmann*, ZHR 184 (2020), 646, 670 f.

5.2.4 Dogmatische Vorgehensweise

In der Sache führt diese Analogielösung zu angemessenen Ergebnissen, aber mit der dogmatischen Herleitung kann man im Grunde nicht recht glücklich sein. Dass es ein spezialgesetzliches und ein allgemeines Haftungsregime gibt, ist schon an sich erklärungsbedürftig. Dass das tatbestandlich einschlägige allgemeine Haftungsregime dann vom speziellen auch dort verdrängt wird, wo das spezielle gar nicht einschlägig ist, versteht sich ebenfalls nicht von selbst. Dass dann aber noch angenommen wird, dass sich damit eine Schutzlücke auftue, die durch eine Analogie zu schließen sei, und man unter diese Analogie alles fasst, was bisher von der bürgerlich-rechtlichen Haftung im engeren Sinne umfasst war, das lässt sich aus dem Gesetz nach allgemeinem Methodenverständnis nicht mehr herleiten. Man darf wohl mit großer Sicherheit annehmen, dass niemand auf diese Konstruktion gekommen wäre, wenn sich dieses allgemeine bürgerlich-rechtliche Haftungssystem nicht unter vollständig abweichenden gesetzlichen Rahmenbedingungen entwickelt hätte.

Aber wie so oft in der Rechtswissenschaft ist es wesentlich leichter, eine fremde Konstruktion zu kritisieren, als eine eigene, überlegene zu entwickeln. Das Alternativmodell sieht so aus, auf den Analogieschluss zu verzichten und stattdessen die bürgerlich-rechtliche Prospekthaftung rechtsfortbildend an die Maßstäbe der spezialgesetzlichen Prospekthaftung anzupassen.[125] Auch das ist ein etwas größerer rechtsfortbildender und schon deshalb voraussetzungsreicher Akt und man kann darüber streiten, ob das der bessere Weg gewesen wäre. Im Ergebnis dürfte es auf dasselbe hinauslaufen, weil man in beiden Fällen die spezialgesetzlichen Wertungen maßgeblich sein lässt, einmal im Wege der Analogie, einmal im Wege der Ausstrahlungswirkung. Der zweite Ansatz könnte sich möglicherweise als einfacher handhabbar erweisen, wenn es künftig darum geht, die Ausdehnung auf weitere Fallgruppen zu beurteilen. Denn wie auch bei den Garanten wird man eine planwidrige Anschauungslücke des Gesetzgebers selten herleiten können. Hier hätte sich möglicherweise das Alternativsystem, das seine Grundlage in der allgemeinen Vorschrift des § 311 BGB findet, als überlegen erweisen können, weil es damit auf dem Boden des Gesetzes möglich gewesen wäre, allgemeine Grundsätze zu entwickeln, die auch mit den übrigen Wertungen der Vertrauenshaftung im Einklang stehen. Im Wege eines Analogieschlusses, der in Wirklichkeit die Grundlagen der Analogiebildung schon weitestgehend verlassen hat, wird das nicht gleichermaßen möglich sein.

125 Dafür insbes. *Herresthal* in BeckOGK (Stand: 1.1.2021), § 311 BGB Rn. 592, 664 ff.

Ungeachtet dieser Überlegungen ist die Frage für die Praxis jedenfalls vorerst entschieden und in der Sache kann man der Rechtsprechung attestieren, mit diesem Ansatz durchaus angemessene Ergebnisse erzielt zu haben. Die bürgerlich-rechtliche Prospekthaftung im engeren Sinne ist damit weitestgehend obsolet, doch werden ihre grundlegenden Wertungen unter anderem Vorzeichen als teleologische Fundamente der spezialgesetzlichen Prospekthaftung fortleben. Noch immer nicht abschließend geklärt ist die Frage, ob die bürgerlich-rechtliche Prospekthaftung im engeren Sinne damit endgültig der Rechtsgeschichte angehört, sobald die verbleibenden Altfälle einmal abgearbeitet sind. Das wird im Schrifttum durchgängig so angenommen, wobei sich allerdings fast jeder Autor ein winziges Hintertürchen offenhält. Die überall anzutreffende Aussage, die bürgerlich-rechtliche Prospekthaftung im engeren Sinne sei praktisch bedeutungslos, wird in fast allen Veröffentlichungen durch einen Vorsatz wie „nahezu" eingegrenzt.[126] Für diejenigen, die auch die Übersichtlichkeit und Verständlichkeit als einen wichtigen Wert der Rechtsordnung ansehen, ist das ein etwas unbefriedigender Befund, aber die Entscheidung des LG Berlin zur Prospekthaftung im engeren Sinne bei Initial Coin Offerings (vgl. dazu die Ausführungen oben unter 2.2) zeigt doch, dass man sich nicht vorschnell ohne Not von einer Rechtsfigur verabschieden sollte, die sich in Randbereichen doch noch als nützlich erweisen könnte.

5.3 Bürgerlich-rechtliche Prospekthaftung im weiteren Sinne

5.3.1 Verständnis des II. und III. Zivilsenats

Weniger ungewiss erschien dagegen bis vor kurzem noch die Zukunft der Prospekthaftung im weiteren Sinne. Hierbei handelt es sich um eine „uneigentliche" Prospekthaftung, bei der zwar ein Prospekt verwendet wird, aber der Schwerpunkt der Vorwerfbarkeit in weiteren haftungsbegründenden Elementen gesehen wird.[127] Als solche werden zwei Fallgruppen unterschieden: Die erste Fallgruppe zeichnet sich dadurch aus, dass sich jemand zur Erfüllung seiner vorvertraglichen oder vertraglichen Beratungspflicht eines Prospekts bedient. In der zweiten Fallgruppe nimmt jemand im Zusammenhang mit Vertragsverhandlungen in besonderem Maße persönliches Vertrauen in Anspruch, ohne selbst Vertragspartner

126 Vgl. dazu bereits die Nachw. in Fn. 121.

127 *Grunewald* in MüKoBGB, 4. Aufl., 2019, § 161 Rn. 196; *Buck-Heeb/Dieckmann*, ZHR 184 (2020), 646, 679 f.

des Anlegers zu sein.[128] Für beide Fallgruppen ziehen der II. und der III. Zivilsenat aus dem zusätzlichen haftungsbegründenden Element die Konsequenz, dass der Anknüpfungspunkt der Prospekthaftung im weiteren Sinne nicht die Verantwortlichkeit für einen fehlerhaften Prospekt ist, sondern eine selbständige Aufklärungspflicht als Vertragspartner oder Sachwalter aufgrund persönlich in Anspruch genommenen – eben nicht nur typisierten – besonderen Vertrauens, zu deren Erfüllung er sich des Prospekts bedient.[129]

Unter die erste Fallgruppe fallen bei dem besonders praxisrelevanten Beitritt zu einer Kommanditgesellschaft grundsätzlich auch die schon zuvor beigetretenen Gesellschafter, weil der Aufnahmevertrag bei einer Personengesellschaft zwischen dem neu eintretenden Gesellschafter und den Altgesellschaftern geschlossen wird.[130] Es ist nicht erforderlich, dass die Anleger mit den Altgesellschaftern persönlich in Kontakt treten, sondern es genügt die rein formale Stellung als künftiger Vertragspartner.[131] Aus dieser konkreten Vertrauenswerbung leiten der II. und der III. Zivilsenat eine Prospekthaftung im weiteren Sinne ab, die durch die spezialgesetzlichen Formen der Prospekthaftung nicht außer Kraft gesetzt werde.[132] Nach herrschender Meinung sollen dann auch die Haftungsprivilegierungen der spezialgesetzlichen Prospekthaftung nicht zur Anwendung gelangen.[133] Eine Einschränkung wird nur insofern vorgenommen, als bei einer Publikumspersonengesellschaft eine Haftung wegen Verschuldens bei Vertragsschluss insoweit ausgeschlossen ist, als sie sich gegen Altgesellschafter richten würde, die nach der Gründung der Gesellschaft rein kapitalistisch als Anleger beigetreten sind.[134] Auf die in der Praxis häufig begegnenden Treuhand-Konstellationen wird diese Rechtsprechung in der Weise übertragen, dass das vor-

---

128 Vgl. zu diesen beiden Fallgruppen *Ellenberger,* Prospekthaftung im Wertpapierhandel, 2001, S. 100.

129 Vgl. etwa BGH NZG 2012, 744 Rn. 23 (II. ZS); BGH NZG 2013, 980 Rn. 26 ff. (II ZS); BGH BeckRS 2015, 18540 Rn. 15 (III. ZS); BGH NJOZ 2019, 480 Rn. 10 (II. ZS); BGH BeckRS 2018, 28422 Rn. 10 (II. ZS); BGH BKR 2018, 520 Rn. 12 (II. ZS); BGH NJOZ 2021, 366 Rn. 20 (III. ZS).

130 Vgl. etwa BGH NJW 1985, 380; BGH NJW 1987, 2677; BGH NJW 2006, 2410 Rn. 7; BGH NZG 2017, 737 Rn. 17; BGH BKR 2017, 479 Rn. 15; BGH NZG 2017, 1033 Rn. 8; BGH NJOZ 2021, 366 Rn. 20.

131 Ausdrücklich in diesem Sinne BGH NZG 2009, 218 Rn. 4; weitere Nachw. bei *Klöhn,* NZG 2021, 1063, 1064 Fn. 16.

132 Ausdr. BGH NZG 2013, 980 Rn. 26; so auch *Grunewald* in MüKoBGB, 4. Aufl., 2019, § 161 Rn. 196; *Doblinger,* Prospekthaftung, 2019, S. 260 ff.; *Nobbe,* WM 2013, 193, 204; *Schürnbrand,* ZGR 2014, 256, 274; *Suchomel,* NJW 2013, 1126, 1131; aA *Reinelt,* NJW 2009, 1, 3.

133 So speziell für die Verjährung *Grunewald* in MüKoBGB, 4. Aufl., 2019, § 161 Rn. 202.

134 Vgl. zu dieser Einschränkung etwa BGHZ 71, 284, 286 = NJW 1978, 1625; BGH NJW 1987, 2677; BGH NZG 2004, 961, 962; BGH NJW 2006, 2410 Rn. 7; BGH NZG 2013, 980 Rn. 28; BGH NZG 2021, 394 Rn. 10; BGH NJOZ 2021, 366 Rn. 20; *Schürnbrand,* ZGR 2014, 256, 275.

vertragliche Schuldverhältnis zu dem Treuhand-Gesellschafter entsteht, aber zusätzlich auch zu den übrigen Gründungsgesellschaftern, wenn der Treugeber nach dem Gesellschaftsvertrag wie ein unmittelbar beitretender Gesellschafter behandelt werden soll.[135]

5.3.2 Verständnis des XI. Zivilsenats

In dem HCI-Beschluss vom 19. Januar 2021 ist der XI. Zivilsenat von dieser Rechtsprechung im Anwendungsbereich der Veranlasserhaftung nach § 13 VerkProspG a.F. iVm § 44 Abs. 1 S. 1 Nr. 2 BörsG a.F. abgewichen[136] und nimmt auch in diesem Verhältnis an, dass die spezialgesetzliche Prospekthaftung in ihrem Anwendungsbereich die Prospekthaftung im weiteren Sinne verdrängt. Anderenfalls würden in solchen Fällen, wo der Emittent oder Anbieter nicht nur der Prospektverantwortliche ist, sondern auch der potenzielle Vertragspartner des geschädigten Anlegers, die einschränkenden Voraussetzungen der spezialgesetzlichen Prospekthaftung auf diesem Wege unterlaufen werden.[137]

Eine solche Doppelung hat der XI. Zivilsenat namentlich in der Person der Gründungsgesellschafter gesehen.[138] Die Haftung nach den spezialgesetzlichen Vorschriften verwirkliche in ihrer Person stets auch die Voraussetzungen des Verschuldens bei Vertragsschluss mittels Verwendens eines fehlerhaften Verkaufsprospekts (§ 280 Abs. 1 BGB iVm § 311 Abs. 2 BGB). Wollte man diese allgemeinen Haftungsgrundsätze neben den spezialgesetzlichen Vorschriften ohne jede Einschränkung zur Anwendung bringen, liefe die gesetzgeberische Entscheidung, dem Gründungsgesellschafter als Veranlasser die Möglichkeit zu eröffnen, sich mit dem Nachweis einfach fahrlässiger Unkenntnis der Unrichtigkeit oder Unvollständigkeit des Verkaufsprospekts zu entlasten, und eine – damals noch bestehende – Sonderverjährungsfrist anzuordnen, vollständig leer. Die Haftung eines Gründungsgesellschafters nach § 280 Abs. 1 BGB iVm § 311 Abs. 2 BGB komme daher nur bei Sachverhaltskonstellationen in Betracht, die von den spezialgesetzlichen Regelungen nicht erfasst seien.[139]

---

135 BGH NJW 2006, 2410 Rn. 7; BGH NZG 2011, 1432 Rn. 16; BGH NZG 2012, 744 Rn. 10; BGH NZG 2012, 787 Rn. 18; BGH NZG 2013, 980 Rn. 30; BGH NZG 2017, 1033 Rn. 8.

136 Zum Grad der Abweichung vgl. noch die Ausführungen unter 5. 3. 6.

137 So zu § 13 VerkProspG a.F. iVm § 44 BörsG a.F. BGH BKR 2021, 374 Rn. 26 f.; ebenso bereits für § 127 Abs. 1 InvG a.F. BGH BKR 2019, 94 Rn. 57 mit zust. Anm. *Dieckmann*, BKR 2019, 102 ff.

138 Zum besonderen Stellenwert dieser Fallgruppe vgl. auch *Klöhn*, NZG 2021, 1063, 1065.

139 BGH BKR 2021, 374 Rn. 26 f.

5.3.3 Relevanz der Entscheidung

Im Schrifttum wird der Entscheidung durchgängig eine außerordentlich große Relevanz beigemessen,[140] wobei allerdings zu Recht darauf hingewiesen wird, dass sie im Grunde genommen schon in der drei Jahre zuvor ergangenen Entscheidung zu § 127 InvG a.F. (dem heutigen § 306 KAGB) angelegt war.[141] Es bestehen kaum Zweifel, dass der XI. Zivilsenat diese Rechtsprechung auch auf die heute geltenden Vorschriften nach §§ 9, 10 WpPG, § 20 VermAnlG, § 306 KAGB[142] und wohl auch auf die ähnlich gelagerte Konstellation des § 12 WpÜG übertragen wird.[143]

Wesentlich größere Relevanz hat diese Entscheidung aber insbesondere für Altfälle, in denen nach der allgemeinen bürgerlich-rechtlichen Prospekthaftung nicht nur der Verschuldensmaßstab für die Anleger günstiger ist, sondern darüber hinaus auch die Verjährungsfrist deutlich länger. Nach der früheren Rechtslage galt für Prospekte nach dem alten VerkProspG, die zwischen dem 1. Juli 2005 und dem 31. Mai 2012 veröffentlicht wurden, eine spezialgesetzliche Prospekthaftung mit einer maximal dreijährigen Verjährung, die ab dem Datum der Veröffentlichung kenntnisunabhängig zu laufen begann.[144] Für die bürgerlich-rechtliche Prospekthaftung galt und gilt dagegen die allgemeine zivilrechtliche Regelverjährung von drei Jahren ab Schluss des Jahres, in dem der Anleger Kenntnis der anspruchsbegründenden Umstände erlangt oder grob fahrlässig in Unkenntnis darüber ist. Eine kenntnisunabhängige Verjährung greift erst zehn Jahre ab Zeichnung.[145] Für eine hohe Zahl derzeit noch laufender Anlegerklagen bedeutet

---

140 *Henning,* jurisPR-BKR 5/2021 Anm. 2: „große Sprengkraft“; *Ott,* NJW 2021, 1321: „Paukenschlag“; *Klöhn,* NZG 2021, 1063, 1064: „praktische Bedeutung der Entscheidung ist enorm“; *F. Schulz,* EWiR 2021, 325, 326: „bahnbrechend“; stark relativierend *Fohrer,* BKR 2021, 377 ff.

141 Vgl. dazu schon die Prognose von *Dieckmann,* BKR 2019, 102, 104; *Voß,* WuB 2019, 559, 560; ebenso im Sinne einer Verallgemeinerung auch schon die Antwort der Bundesregierung im Juni 2019 auf eine Kleine Anfrage BT-Drucks. 19/10920, S. 12. Auch der XI. Zivilsenat weist in einem auf eine Gehörsrüge ergangenen Beschluss vom 27.4.2021 auf diese Kontinuität hin (BGH BeckRS 2021, 12340 Rn. 5 – vgl. dazu noch die Ausführungen unter 5.3.6.).

142 *Klöhn,* NZG 2021, 1063, 1065; zuvor auch bereits *Dieckmann,* BKR 2019, 102, 104.

143 *Assmann* in Assmann/Pötzsch/Schneider WpÜG, 3. Aufl., 2020, § 12 Rn. 68; zust. *Klöhn,* NZG 2021, 1063, 1065.

144 Ein abweichender kenntnisunabhängiger Verjährungsbeginn galt dagegen für Prospekthaftungsansprüche gem. § 20 Abs. 5 KAGG aF oder § 12 Abs. 5 AuslInvG aF: ab Erwerb der Anteile – vgl. zu diesen Unterschieden *Klöhn,* NZG 2021, 1063, 1062.

145 *Fohrer,* BKR 2021, 377, 378; *Klöhn,* NZG 2021, 1063, 1064.

die Anwendung des damaligen spezialgesetzlichen Haftungsregimes deshalb, dass sie „quasi über Nacht“ abweisungsreif geworden sind.[146]

5.3.4 Inhaltliche Würdigung

Vor dem Hintergrund dieser weitgehenden Auswirkungen überrascht es nicht, dass im Schrifttum schon um die Richtigkeit dieser Entscheidung gestritten wird, man sich zugleich aber auch darum bemüht, die Deutungshoheit darüber zu erlangen. Was die Richtigkeit angeht, so muss die Rechtsanwendung zunächst (nach aktualisierter, aber schon zuvor identisch geregelter Rechtslage) von § 16 Abs. 2 WpPG, § 20 Abs. 6 S. 2 VermAnlG und § 306 Abs. 2 KAGB ausgehen, die das Problem paralleler Haftungsvorschriften ausdrücklich ansprechen. In allen genannten Vorschriften wird mehr oder weniger gleichlautend[147] festgestellt, dass weitergehende Ansprüche, die nach den Vorschriften des bürgerlichen Rechts auf Grund von Verträgen oder unerlaubten Handlungen erhoben werden können, von den spezialgesetzlichen Haftungstatbeständen unberührt bleiben. Unabhängig davon, ob man die vorvertraglichen Ansprüche den vertraglichen Ansprüchen in diesem Sinne zuordnet oder nicht,[148] liegt die entscheidende Weichenstellung doch in dem Wort „weitergehende“, das letztlich auf allgemeine Spezialitätsgrundsätze verweist, auf die auch der BGH im Ergebnis rekurriert. Auch bei der dogmatischen Figur der Spezialität handelt es sich aber nicht um eine aus dem Nichts entstandene Zauberformel, sondern um einen allgemeinen Ausfluss der systematisch-logischen Auslegung, der dazu dient, Widersprüche innerhalb der Rechtsordnung zu vermeiden.[149] Anders als in den Fällen der Prospekthaftung im engeren Sinne (dazu oben unter 5.2) lässt sich ein solcher Widerspruch in der hier zu beleuchtenden Konstellation allerdings nicht eindeutig feststellen. Der Prospektveranlasser muss keineswegs stets am Vertragsschluss beteiligt sein, so dass man in diesem Beteiligungselement also ein zusätzlich qualifizierendes Merkmal sehen könnte, das die Anwendung des weiteren Haftungsregimes rechtfertigt.

Dennoch ist der Rechtsprechung des XI. Zivilsenats zuzustimmen, weil diese Vertragsbeteiligung bei Gründungsgesellschaftern doch derart typisch ist, dass die vom Gesetzgeber bezweckte Einbeziehung in das besondere Haftungsregime der spezialgesetzlichen Prospekthaftung konterkariert würde, wollte man sie in diesen Fällen stets auch der bürgerlich-rechtlichen Prospekthaftung im weiteren

146 *Ott*, NJW 2021, 1321.
147 Zu Unterschieden in den Formulierungsdetails vgl. *Doblinger*, Prospekthaftung, 2019, S. 259.
148 Verneinend BGH BKR 2021, 374 Rn. 27; bejahend *Doblinger*, Prospekthaftung, 2019, S. 260.
149 Vgl. dazu schon *J. Koch*, ZIP 2005, 1621, 1623.

Sinne unterstellen.[150] Eine solche Typizität würde wohl nicht ausreichen, um über das Vehikel der Spezialität eine ausdrückliche Gesetzesvorschrift beiseite zu schieben. Wo es aber darum geht, die ohnehin nur ganz konturenschwach formulierte bürgerlich-rechtliche Prospekthaftung im weiteren Sinne auszuformen und negativ abzugrenzen, kann man schon eine solche Typizität ausreichen lassen. Für dieses Verständnis lassen sich auch die Gesetzesmaterialien zum Anlegerschutzverbesserungsgesetz vom 28. Oktober 2004 anführen, in denen ausdrücklich festgestellt wurde, Ansprüche aus zivilrechtlicher Haftung im weiteren Sinne gegen von § 13 VerkProspG, § 44 BörsG a. F. „nicht erfasste am Vertrieb der Vermögensanlagen im Sinne des § 8f Abs. 1 [VerkProspG a. F.] Beteiligte, z. B. Vermittler", würden nicht berührt.[151] Das lässt den Rückschluss zu, dass die von diesem Gesetz erfassten Personen einer solchen Haftung nicht unterliegen sollen.

Noch nicht ganz klar ist, ob mit dieser Rechtsprechung der bislang allgemein anerkannte Grundsatz relativiert wird, dass die Prospekthaftung im weiteren Sinne nicht von der spezialgesetzlichen Haftung verdrängt wird.[152] Ordnet man die Haftung der Gründungsgesellschafter weiterhin der Prospekthaftung im weiteren Sinne zu, würde dieser Satz nicht mehr ausnahmslos gelten. Eine solche Lesart ist aber nicht alternativlos. Konstruktiv näherliegend wäre es wohl, für die Gründungsgesellschafter davon auszugehen, dass es an dem für die Prospekthaftung im weiteren Sinne charakteristischen zusätzlichen Haftungselement fehlt, so dass die Gründungsgesellschafter nicht der Prospekthaftung im weiteren, sondern der Prospekthaftung im engeren Sinne zuzuordnen sind.[153] Dann wäre bei der Zuordnung zu bleiben, dass die Prospekthaftung im engeren Sinne verdrängt wird, die im weiteren Sinne aber nicht. Eine andere Konstruktion erscheint zirkulär, weil man sonst auf Tatbestandsebene ein zusätzliches Verantwortungselement behaupten und es dann später wieder leugnen müsste, um die Verdrängungswirkung zu begründen.

---

150 So im Ergebnis auch *Buck-Heeb,* BKR 2021, 317, 318; *Klöhn,* NZG 2021, 1063, 1066; *Ott,* NJW 2021, 1321, 1322; *F. Schulz,* EWiR 2021, 325, 326.

151 RegBegr., BT-Drs. 15/3174, S. 44; dieser Nachweis wird auch in BGH BKR 2021, 374 Rn. 27 in Bezug genommen.

152 Vgl. dazu etwa *Emmerich* in MüKoBGB, 8. Aufl., 2019, § 311 Rn. 168.

153 Auch *Klöhn,* NZG 2021, 1063, 1064 weist darauf hin, dass die Gründungsgesellschafter, deren Prospektverantwortung allein auf der formalen Stellung als Vertragspartner basiert, „bei Lichte betrachtet näher an der Prospekthaftung ieS als an klassischen Fällen der *culpa in contrahendo*" stehen.

5.3.5 Hinzutreten weiterer Elemente

Diese neue Grenzziehung wirft zugleich aber auch die Frage auf, welche weiteren Elemente zu der Prospektveranlassung noch hinzutreten müssen, um die Zuordnung zur Prospekthaftung im weiteren Sinne zu rechtfertigen. Das können – in der Logik der Entscheidung vom 19. Januar 2021 – nur solche Elemente sein, die weder zwangsläufig noch typischerweise mit der spezialgesetzlichen Prospekthaftung verbunden sind und zudem eine gesteigerte Verantwortung des Haftungsadressaten rechtfertigen. Auch der XI. Zivilsenat selbst deutet dies an, wenn er als verbleibenden Anwendungsbereich für die Prospekthaftung im weiteren Sinne in der Person der Gründungsgesellschafter etwa unrichtige mündliche Zusicherungen oder irreführende Vertragsgestaltungen nennt.[154]

Es wird im Lichte dieser Beispiele auszuarbeiten sein, welche weiteren Fallgruppen anzuerkennen sind, um den Wechsel vom großzügigeren in das schärfere Haftungsregime zu rechtfertigen.[155] Das kann im Rahmen dieses Beitrags nicht geleistet werden, sondern muss im anstehenden Folgedialog von Rechtsprechung und Wissenschaft weiter präzisiert werden, wobei man sich des schwerer wiegenden Rechtsfolgenregimes bewusst sein muss, in das diese Weichenstellung führt.

Keine Spezialitätsprobleme ergeben sich gegenüber dem von der bürgerlichrechtlichen Prospekthaftung im weiteren Sinne ebenfalls erfassten Personenkreis der Sachwalter, die besonderes Vertrauen für sich in Anspruch nehmen, ohne Vertragspartner zu sein.[156] Auch für sie muss aber möglicherweise im Lichte der neueren Rechtsprechung nochmals die Frage aufgeworfen werden, welche Intensität ihre Vertrauenswerbung haben muss, damit es gerechtfertigt erscheint, sie einem deutlich strengeren Haftungsregime zu unterwerfen als die Gründungsgesellschafter.

Eher kontraintuitiv erscheint dagegen der im Schrifttum formulierte Ansatz, dass auch der weniger involvierte Akteur trotzdem unter das strengere Rechtsfolgenregime fallen könne. Die zugrunde liegende Argumentation lautet, dass die spezialgesetzlichen Regelungen gegenüber der bürgerlich-rechtlichen Prospekthaftung eine „Privilegierung" begründen, in deren Genuss nur diejenigen Akteure kommen, die unter die besonders hochschwellige Definition des Prospektveranlassers fallen. Dazu gehöre, dass ein Prospektveranlasser einen beherrschenden

154 BGHZ 220, 110 Rn. 57 = BKR 2019, 94 – für die erste Konstellation unter Verweis auf BGH NJW 2004, 3706.

155 Erste Konkretisierungsbemühungen bei *Klöhn*, NZG 2021, 1063, 1067.

156 Vgl. dazu schon die Nachw. in Fn. 129; im Lichte der Entscheidung vom 19.1.2021 auch *Klöhn*, NZG 2021, 1063, 1067.

Einfluss besitze und diesen auch ausgeübt habe. Wo es daran fehle, greife die Privilegierung der spezialgesetzlichen Prospekthaftung nicht ein, so dass die umfassendere bürgerlich-rechtliche Prospekthaftung weiterhin zur Anwendung gelange.[157]

Das Problem dieser Argumentation liegt auf der Hand: Derjenige, der stärker involviert ist und größeren Einfluss nimmt, wird schwächer zur Verantwortung gezogen als derjenige, der einen geringen Einfluss ausübt.[158] Um dieses offenkundig sachwidrige Ergebnis zu vermeiden, stehen zwei Ansätze offen: Der erste liegt darin, zu untersuchen, ob der XI. Zivilsenat tatsächlich – wie hier behauptet wird – an die Person des Prospektveranlassers derart hohe Anforderungen stellt. Tatsächlich deuten zahlreiche Entscheidungen darauf hin, dass der Senat insofern eher großzügig ist und Treuhand- und Gründungsgesellschafter geschlossener Publikumsfonds umfassend zum Kreis der Prospektveranlasser zählt.[159]

Aber auch wenn sich dieser Befund nicht bestätigen sollte,[160] ist dieser Literaturauffassung nicht zu folgen. Man mag zwar anführen, dass der Spezialitätsgedanke, den der BGH hier heranzieht, nicht für diejenigen gilt, die von der spezialgesetzlichen Prospekthaftung nicht erfasst sind.[161] Dann wird man aber trotzdem aus systematisch-teleologischen Gründen eine Sperrwirkung in dem Sinne anzunehmen haben, dass eine schwächer ausgeprägte Version der gesetzlich umschriebenen Vertrauenswerbung auch eine bürgerlich-rechtliche Prospekthaftung nicht begründen kann. Die sehr deutungsfreie Grundlage in der Vertrauenshaftung, auf die sich die bürgerlich-rechtliche Prospekthaftung auch weiterhin stützt, lässt für solche Nachschärfungen hinreichend Raum.[162] Das gleiche Ergebnis muss gelten, wo der Anwendungsbereich der gesetzlichen Prospekthaftung erfüllt ist, ihre Voraussetzungen aber aus anderen Gründen nicht erfüllt sind, etwa weil der Anleger die Fondsanteile sechs Monate nach dem ersten öffentlichen Angebot erworben hat.[163]

---

157 *Fohrer*, BKR 2021, 377 ff.

158 Vgl. auch *Klöhn*, NZG 2021, 1063, 1067: „kuriose Situation".

159 Vgl. dazu die Analyse bei *Klöhn*, NZG 2021, 1063, 1068 unter Verweis namentlich auf BGH NZG 2021, 1073 Rn. 25.

160 *Klöhn*, NZG 2021, 1063, 1068 stellt zwar das weite Verständnis des XI. Zivilsenats fest, hält es aber jedenfalls in der Begründung für nicht überzeugend (wohl aber im Ergebnis).

161 Zu verschiedenen Formulierungen in der Rspr. des XI. Zivilsenats und den Gesetzesmaterialien, die ein solches Verständnis ebenfalls zu tragen scheinen, vgl. *Klöhn*, NZG 2021, 1063, 1067 f.

162 Im Ergebnis wie hier *Klöhn*, NZG 2021, 1063, 1068 f.: „a maiore ad minus".

163 Vgl. auch dazu *Klöhn*, NZG 2021, 1063, 1067.

5.3.6 Verhältnis zur Rechtsprechung anderer Senate

Schließlich wird im Zuge dieser konkreten Grenzziehung auch die Frage zu beantworten sein, wie sich die Rechtsprechung des XI. Zivilsenats zu der Rechtsprechung der übrigen Senate verhält. Bereits oben ist darauf hingewiesen worden, dass der II. und der III. Zivilsenat hier augenscheinlich deutlich großzügigere Maßstäbe zugrunde legen. Es ist allerdings auffällig, dass im Schrifttum nahezu durchgängig die deutliche Abweichung von der Entscheidungslinie namentlich des II. Zivilsenats betont wird,[164] während der XI. Zivilsenat, der sich im Telekom III-Urteil so überaus intensiv mit jeder anderen Schrifttumsauffassung auseinandersetzt, darauf in der Entscheidung vom 19. Januar 2021 mit keinem Wort eingeht.

Tatsächlich hat er diese Abweichung allerdings an anderer Stelle doch noch einmal kommentieren müssen, und zwar aus Anlass einer Gehörsrüge nach § 321a ZPO.[165] In seinem Beschluss vom 27. April 2021, mit dem der Senat über diese Gehörsrüge entschieden hat, führt er aus, dass er für eine Divergenzvorlage nach § 132 GVG keinen Anlass gesehen habe, da den vom Kläger angeführten gegenläufigen Entscheidungen des II. und III. Zivilsenats „kein tragender Rechtssatz zugrunde gelegen“ habe, der von dem im Beschluss vom 19. Januar 2021 aufgestellten tragenden Grundsatz abweiche. Unterschiede, die lediglich die Begründung der Entscheidung beträfen, deren Ergebnis jedoch nicht berührten, seien kein Anlass für eine Anfrage gem. § 132 GVG.[166]

Diese Ausführungen sind formal zutreffend, doch scheint in der Sache durchaus ein Widerspruch zu bestehen, der eine Abweichung im Sinne des § 132 Abs. 2 GVG begründen könnte, wenn einer der anderen Senate das obiter dictum zum tragenden Rechtsgrund erheben wollte. Abzuwarten bleibt, ob dazu noch einmal eine Gelegenheit bestehen wird und die Bereitschaft, diese Gelegenheit auch zu nutzen. Nach dem geltenden Geschäftsverteilungsplan des BGH ist allein der XI. Zivilsenat für die gesetzliche Prospekthaftung zuständig und damit wohl auch für das Konkurrenzverhältnis zur bürgerlich-rechtlichen Prospekthaftung. Der Umstand, dass der II. Zivilsenat das zugrunde liegende Musterverfahren auf dieser Grundlage dem XI. Zivilsenat zur Übernahme angeboten hat,[167] deutet darauf hin, dass er bereit ist, dessen Festlegung des Konkurrenzverhältnisses zu akzeptieren. Es wird deshalb womöglich vornehmlich eine wissenschaftliche

---

164 *Henning*, jurisPR-BKR 5/2021 Anm. 2; *Ott*, NJW 2021, 1321; *F. Schulz*, EWiR 2021, 325, 326.
165 BGH BeckRS 2021, 12340 Rn. 6 ff.
166 BGH BeckRS 2021, 12340 Rn. 6 ff.; ausf. und zust. Analyse dieses Beschlusses bei *Klöhn*, NZG 2021, 1063, 1069 ff.
167 Vgl. zu diesem Hintergrund BGH BeckRS 2021, 12340 Rn. 9.

Aufgabe sein, die zusätzlich qualifizierenden Elemente näher herauszuarbeiten, die innerhalb der Konzeption des XI. Zivilsenats haftungsverschärfend wirken können.

6 Einbindung in das KapMuG

Das Thema der Prospekthaftung wäre nur unzureichend dargestellt, wenn man in diesem Zusammenhang nicht abschließend auch einen Blick auf die prozessuale Durchsetzung im Rahmen des Klageverfahrens werfen würde, da ein Anspruch immer nur so gut ist wie die Regeln, die zu seiner Durchsetzung verhelfen. Das Musterverfahren zur Telekom-Klage nahm seinen Ausgangspunkt im unrichtigen Prospekt zum so genannten dritten Börsengang der Deutschen Telekom AG vom 26. Mai 2000. Bereits im Jahr 2004 wurde im Rahmen einer Verfassungsbeschwerde die lange Verfahrensdauer moniert, woraufhin das Bundesverfassungsgericht feststellte, dass ein effektiver Rechtsschutz in einem zivilrechtlichen Rechtsstreit voraussetze, dass über die streitigen Rechtsverhältnisse in angemessener Zeit entschieden werde (Art. 2 Abs. 1 iVm Art. 20 Abs. 3 Grundgesetz). Diese Zeitspanne sei damals noch nicht verletzt gewesen.[168] Seit dieser Entscheidung sind aber weitere 17 Jahre vergangen.

Selbstverständlich sind die zivilprozessualen Implikationen zu komplex, um sie am Rande eines schwerpunktmäßig haftungsrechtlichen Beitrags mitbehandeln zu können, doch soll zumindest festgestellt werden, dass eine Neugestaltung hier unbestreitbar erforderlich ist.[169] Der Gesetzgeber selbst hat diesen möglichen Anpassungsbedarf durch eine Sunset-Clause antizipiert, die ursprünglich am 1. November 2020 enden sollte. Dieser Ablauf wurde seinerzeit noch nicht zu einer Neuausrichtung genutzt, weil erst noch abgewartet werden sollte, wie sich die Einführung der generellen Musterfeststellungsklage auswirken würde.[170] Deshalb wurde die Klausel noch einmal bis zum 31. Dezember 2023 verlängert. Gerade im Vergleich dieser beiden Gesetzeswerke sollte aber der Umstand, dass nur zwei Jahre nach Einführung der neuen Kollektivklage im Februar 2020 das VW-Musterverfahren bereits durch einen Vergleich abgeschlossen werden konnte, hinreichend Anlass sein, um die Überarbeitung nicht länger aufzuschieben.[171]

---

168 BVerfG NJW 2004, 3320 f.

169 Vgl. zu den möglichen legislativen Ansatzpunkten *Liebscher,* AG 2020, 35 Rn. 1 ff.; *Möllers/Wolf,* BKR 2021, 249 ff.

170 Vgl. dazu den Gesetzesentwurf der Fraktionen CDU/CSU und SPD, Entwurf eines Gesetzes zur Änderung des Kapitalanleger-Musterverfahrensgesetzes vom 30. 6. 2020, BT-Drs. 19/20599, S. 5.

171 Vgl. dazu auch *Möllers/Wolf,* BKR 2021, 249, 252 f.

7 Zusammenfassung in Thesen

1. Die Prospekthaftung erweist sich, namentlich aufgrund der steten Neufassung der gesetzlichen Grundlagen und der flankierenden bürgerlich-rechtlichen Prospekthaftung, als eine außerordentlich schwer greifbare Gesetzesmaterie, deren Bedeutung gerade durch das sehr dynamische Börsengeschehen des vergangenen Jahres wieder deutlich zugenommen hat.
2. Auf Tatbestandsseite tut sich die Rechtsanwendung auch weiterhin mit der fortschreitenden Europäisierung dieser Materie schwer, die es erforderlich macht, vermeintlich gefestigte Erkenntnisgewinne der nationalen Rechtsprechung neuerlich auf den Prüfstand zu stellen und im Dialog mit den europäischen Gerichten fortzuentwickeln.
3. Auf der Rechtsfolgenseite hat namentlich die Telekom III-Entscheidung vom 15. Dezember 2020 wesentliche Neuerungen gebracht, weil sie insbesondere die Haftungsausschlussgründe abweichend vom bisher herrschenden Verständnis neu ausgedeutet hat. Dazu gehört insbesondere, dass der XI. Zivilsenat auf der Ebene der haftungsbegründenden Kausalität die Figur der Anlegerstimmung auch in ihrer neueren negativen Lesart klar verworfen hat.
4. Daneben hat der XI. Zivilsenat auf der Ebene der haftungsausfüllenden Kausalität festgestellt, dass – wiederum abweichend von der herrschenden Meinung – der ursächliche Zusammenhang hier nicht zwischen der fehlerhaften Darstellung und dem Schaden des Anlegers bestehen muss, sondern zwischen dem unrichtig oder unvollständig prospektierten Sachverhalt und einer Minderung des Börsenpreises nach Erwerb.
5. Diese letztgenannte Neuinterpretation entspricht dem Wortlaut und trägt auch den Grundsätzen der Privatautonomie durchaus Rechnung. In Kombination mit der Umkehr der Beweislast kann sie aber dazu führen, dass es dem Emittenten kaum noch möglich sein wird, den Gegenbeweis zu führen. Das generell konsentierte Anliegen der Vorschrift, dass allgemeine Markt- und Spekulationsrisiken nicht auf den Emittenten abgewälzt werden sollen, bleibt damit zwar formal gewahrt, wird faktisch aber doch stark ausgehöhlt.
6. Als verbleibende Verteidigungsmöglichkeit rückt damit insbesondere der Haftungsausschlussgrund des fehlenden Verschuldens nach § 12 Abs. 1 WpPG (sowie den entsprechenden Parallelvorschriften) in den Blick. Hier gilt es insbesondere, die noch nicht abschließend geklärten Fragen auszuleuchten, wie weit die Prospektveranlasser und -verantwortlichen auch für das Handeln Dritter einzustehen haben und wie im Rahmen der Prospekthaftung mit Rechtsirrtümern umzugehen ist.

7. Die bürgerlich-rechtliche Prospekthaftung im engeren Sinne spielt heute noch für die Bewältigung von Altfällen eine Rolle, wird sonst aber nahezu durchgängig von der spezialgesetzlichen Prospekthaftung verdrängt. Die analoge Heranziehung dieser Regeln auf davon nicht erfasste Sachverhalte überzeugt im Ergebnis, wenngleich nicht unbedingt in der dogmatischen Herleitung.
8. Die bürgerlich-rechtliche Prospekthaftung im weiteren Sinne zeichnet sich durch einen über die spezialgesetzliche Haftung hinausschießenden Unwertgehalt aus, weshalb sie von diesen Regeln nicht verdrängt wird. Für die besonders praxisrelevante Fallgruppe der Gründergesellschafter einer Publikums-KG hat der XI. Zivilsenat ein solches „Mehr" an Verantwortung gegenüber den gesetzlichen Regeln indes verneint und deshalb auch hier eine Verdrängungswirkung angenommen.
9. Materiell-rechtliche Regelungen sind immer nur so gut wie die flankierenden prozessrechtlichen Regelungen, die ihnen zur Durchsetzung verhelfen sollen. Der Umstand, dass am 23. Dezember 2023 das Kapitalanleger-Musterverfahrensgesetz aufgrund einer Sunset-Clause ausläuft, sollte deshalb genutzt werden, um diese Materie aufgrund der bislang erzielten praktischen Erkenntnisgewinne neu zu ordnen und insbesondere auf eine kürzere Verfahrensdauer hinzuwirken.

Univ.-Prof. Dr. Beate Gsell, Ludwig-Maximilians-Universität München sowie Richterin am Oberlandesgericht München

Europäische Verbandsklagen zum Schutz kollektiver Verbraucherinteressen

Königs- oder Holzweg?

1 Einleitung und Genese der Richtlinie

Deutschland zählt zur Minderheit[1] der Mitgliedstaaten der EU, deren Rechtsordnung bis heute kein Instrument des kollektiven Rechtsschutzes kennt, welches eine

---

Die Verfasserin ist Inhaberin des Lehrstuhles für Bürgerliches Recht, Zivilverfahrensrecht, Europäisches Privat- und Verfahrensrecht an der Ludwig-Maximilians-Universität München; der Beitrag ist die schriftliche Fassung eines am 25. 6. 2021 auf dem Bankrechtstag gehaltenen Vortrages und bereits in der BKR 2021, 521ff. erschienen.

1 Näher zum Stand des kollektiven Rechtsschutzes in den Mitgliedstaaten der Europäischen Union der Bericht der Europäischen Kommission über die Umsetzung der Empfehlung der Kommission vom 11. Juni 2013 über gemeinsame Grundsätze für kollektive Unterlassung- und

https://doi.org/10.1515/9783110790191-003

gebündelte Geltendmachung von Schadensersatzansprüchen ermöglicht. Die angesichts der Diesel-Kfz-Abgasmanipulationen eilig geschaffene zivilprozessuale Musterfeststellungsklage[2] brachte keine Wende, bleibt sie doch beschränkt auf das Klageziel tatsächlicher und rechtlicher Feststellungen.[3]Mit Grund wird deshalb der kollektive Rechtsschutz in Deutschland immer wieder als reformbedürftig kritisiert[4] und hat namentlich der 72. Deutsche Juristentag in Leipzig im Jahr 2018 die Einführung einer Gruppenklage zur Erwirkung von Schadensersatz mehrheitlich empfohlen und zwar unter Erstreckung des Anwendungsbereichs auf den unternehmerischen Geschäftsverkehr.[5]

Jedenfalls für Rechtsverletzungen gegenüber Verbrauchern muss sich nun aber die Rechtslage in Deutschland demnächst ändern und dies auch mit Folgen für bankrechtliche Rechtsbeziehungen mit Verbrauchern. Denn bis zum 25. Dezember 2022 muss die neue europäische Richtlinie (EU) 2020/1828 über Verbandsklagen zum Schutz der kollektiven Interessen der Verbraucher vom 25. November 2020[6] (nachfolgend: Verbandsklagen-RL) ins nationale Recht umgesetzt werden.[7]

Mit dieser neuen Richtlinie werden die Mitgliedstaaten erstmals dazu verpflichtet, Verbandsklagen zu schaffen, die auf sogenannte „Abhilfeentscheidungen" zugunsten von Verbrauchern gerichtet werden können.[8] Mit „Abhilfe" ist ge-

---

Schadensersatzverfahren in den Mitgliedstaaten bei Verletzung von durch Unionsrecht garantierten Rechten vom 25.1.2018, COM(2018) 40 final, unter 2.1.1 S. 3 ff.

2 S. §§ 606 ff. ZPO i.d.F. des am 1.11.2018 in Kraft getretenen Gesetzes zur Einführung einer zivilprozessualen Musterfeststellungsklage, BGBl. 2018-I, S. 1151 ff.

3 S. § 606 Abs. 1 S. 1 ZPO n.F.

4 S. nur Meller-Hannich, in: Ständige Deputation des Deutschen Juristentages (Hrsg.), Verhandlungen des 72. Deutschen Juristentages Leipzig 2018, Band I: Gutachten A: Sammelklagen, Gruppenklagen, Verbandsklagen – Bedarf es neuer Instrumente des kollektiven Rechtsschutzes im Zivilprozess?, S. A 24 ff. m.w.Nachw.

5 S. die Beschlüsse des 72. Deutschen Juristentages in der Abteilung Verfahrensrecht, insb. A.I.3., abrufbar (am 28.7.2021) unter https://djt.de/wp-content/uploads/2020/03/181130_djt_internet_72_beschluesse.pdf.

6 ABlEU vom 4.12.2020 L 409/1; s. zur neuen Verbandsklagen-RL Augenhofer, NJW 2021, 113 ff.; Meller-Hannich, vbr 2021/1; Röthemeyer, VuR 2021, 43 ff.; Schläfke/Lühmann, PHI 2020, 164 ff.; Vollkommer, MDR 2021, 129 ff., Gsell, CMLRev(58) 2021, 1365; s. zu dem nachfolgend dargestellten Inhalt der Verbandsklagen-RL auch bereits das im Auftrag der Verbraucherzentrale Bundesverband erstellte Gutachten mit einem Umsetzungsvorschlag von Gsell/Meller-Hannich vom 4.2.2021, abrufbar (am 28.7.2021) unter https://www.vzbv.de/pressemitteilungen/mehr-sammelklage-wagen.

7 S. Art. 24 Abs. 1 Verbandsklagen-RL, wonach die neuen Regelungen erst ab dem 25.6.2023 anzuwenden sind.

8 S. Art. 1 Abs. 2 S. 2 sowie Erwägungsgrund 7 Verbandsklagen-RL.

meint „Schadenersatz, Reparatur, Ersatzleistung, Preisminderung, Vertragsauflösung oder Erstattung des gezahlten Preises“[9]. Dabei erfasst die neue Verbandsklagen-RL Verstöße und drohende Verstöße gegen das Unionsverbraucherrecht.[10] Ihr räumlicher Anwendungsbereich erstreckt sich sowohl auf inländische als auch auf grenzüberschreitende Rechtsverstöße[11] und Verbandsklagen[12].

Das neue europäische Verbandsklageregime beansprucht keine Ausschließlichkeit, sondern ist vom Respekt gegenüber den verschiedenen Rechtstraditionen der Mitgliedstaaten[13] geprägt. Es tritt deshalb neben etwaige andere europäische wie auch nationale Durchsetzungsmechanismen. Die Mitgliedstaaten bleiben also frei, andere und weiterreichende Instrumente des Kollektiven Rechtsschutzes beizubehalten oder einzuführen.[14] Aber auch im Anwendungsbereich der Richtlinie werden den Mitgliedstaaten – wie noch zu zeigen sein wird – weitreichende Umsetzungsspielräume eröffnet. Einerseits wird der harmonisierende Effekt auf diese Weise stark begrenzt, andererseits erleichtert dies den Mitgliedstaaten die Integration der europäischen Vorgaben ins nationale Recht.

Der Erlass der Richtlinie kam insoweit nicht überraschend, als sich die Europäische Kommission seit vielen Jahren um eine Stärkung des kollektiven Rechtsschutzes und speziell um kollektive Schadensersatzinstrumente bemüht, und zwar vor allem im Verbraucherrecht und im Kartellrecht[15]. Schon seit 1998

---

9 S. Art. 9 Abs. 1 sowie Erwägungsgrund 37, Satz 2 Verbandsklagen-RL.

10 S. Art. 2 Abs. 1 und 2 und Anhang I Verbandsklagen-RL und noch näher unter 3.3.

11 S. Art. 2 Abs. 1 S. 2 und Erwägungsgründe 20 und 73 Verbandsklagen-RL.

12 Die Verbandsklagen-RL meint mit „grenzüberschreitende Verbandsklage“ ausschließlich eine solche „Verbandsklage, die von einer qualifizierten Einrichtung in einem anderen Mitgliedstaat als dem erhoben wird, in dem die qualifizierte Einrichtung benannt wurde“, s. Art. 3 Nr. 7 und Erwägungsgrund 23 Verbandsklagen-RL.

13 S. insbesondere Erwägungsgründe 11, 18 und 24 Verbandsklagen-RL.

14 S. Art. 1 Abs. 2 und Art. 2 Abs. 2 Verbandsklagen-RL sowie Erwägungsgründe 11, wo die gegebenenfalls bestehende Wahlmöglichkeit qualifizierter Einrichtungen zwischen verschiedenen Verfahren betont und ausdrücklich klargestellt wird, dass auf Feststellung gerichtete Verbandsklagen nach nationalem Recht zulässig bleiben, s. ferner Erwägungsgrund 15 Verbandsklagen-RL.

15 Erwähnenswert sind insbesondere das „Grünbuch Schadensersatzklagen wegen Verletzung des EU-Wettbewerbsrechts“ vom 19.12. 2005, KOM(2005) 672 endg. und das „Grünbuch über kollektive Rechtsdurchsetzungsverfahren für Verbraucher“ vom 27.11.2008, KOM(2008) 794 endg., ferner das „Weißbuch Schadenersatzklagen wegen Verletzung des EG-Wettbewerbsrechts“ vom 2.4.2008, KOM(2008) 165 endg.; außerdem die Empfehlung der Kommission vom 11. Juni 2013 „Gemeinsame Grundsätze für kollektive Unterlassungs- und Schadensersatzverfahren in den Mitgliedstaaten bei Verletzung von durch Unionsrecht garantierten Rechten“ (2013/396/EU), ABlEU 2013 L 201/60.

gibt es die Unterlassungsklagen-RL[16], die Verbandsklagen bei Verstößen gegen europäisches Verbraucherrecht vorsieht, aber eben begrenzt auf Unterlassung. Die Bemühungen der Kommission um kollektive Schadensersatzinstrumente waren aber lange Zeit nur von mäßigem Erfolg gekrönt. So lancierte die Kommission zwar im Jahre 2013 „Gemeinsame Grundsätze" zum kollektiven Rechtsschutz, die Gruppenklagen auf Schadensersatz mit einem Opt-in-Mechanismus befürworteten. Diese Grundsätze hatten aber lediglich die Form einer nicht streng bindenden Empfehlung[17] und stießen bei den nationalen Gesetzgebern nur auf wenig Resonanz. Und die im Jahre 2014 erlassene kartellrechtliche Schadensersatz-RL 2014/104/EU[18] enthält gar kein Kollektivklagen-Instrument. Mitte der 2010er Jahre konnte man deshalb fast den Eindruck gewinnen, die europäische Kommission habe ihren Fokus verschoben und setze nun nicht mehr primär auf Verbraucherrechtsdurchsetzung durch kollektiven Rechtsschutz, sondern vielmehr auf die außergerichtliche Streitbeilegung.[19]

Es war dann wohl erst der Diesel-Abgas-„Skandal" mit seinen Millionen von Käufern manipulierter Dieselfahrzeuge, der dem europäischen Bemühen um mehr kollektiven Rechtsschutz ein günstiges Momentum verschaffte. Die Europäische Kommission wusste es zu nutzen, als sie im April 2018 im Rahmen ihres „New Deal for consumers" den Vorschlag für eine neue Verbandsklage-RL unterbreitete[20], die dann gut zweieinhalb Jahre später im November 2020 verabschiedet wurde und künftig unionsweit die gebündelte Geltendmachung von Schadensersatzansprüchen ermöglicht.

---

16 RL 98/27/EG vom 19.5.1998 über Unterlassungsklagen zum Schutz der Verbraucherinteressen, ABlEG 1998 L 166/51, ersetzt durch RL 2009/22/EG vom 23.4.2009 über Unterlassungsklagen zum Schutz der Verbraucherinteressen (kodifizierte Fassung), ABlEU 2009 L 110/30.

17 S. den Nachw. in Fn. 15.

18 RL 2014/104/EU vom 26.11.2014 über bestimmte Vorschriften für Schadensersatzklagen nach nationalem Recht wegen Zuwiderhandlungen gegen wettbewerbsrechtliche Bestimmungen der Mitgliedstaaten und der Europäischen Union, ABLEU 2014 L 349/1.

19 S. insbesondere die Verordnung (EU) Nr. 254/2014 vom 26.2.2014 über ein mehrjähriges Verbraucherprogramm für die Jahre 2014 – 2020, ABLEU 2014 L 84/42, welche die Bedeutung des verbesserten Zugangs von Verbrauchern zu Streitbeilegungsmechanismen hervorhebt und wiederholt auf alternative Streitbeilegung Bezug nimmt, den kollektiven Rechtsschutz aber nicht einmal erwähnt; s. ferner die Richtlinie 2013/11/EU vom 21.5.2013 über die alternative Beilegung verbraucherrechtlicher Streitigkeiten, ABlEU 2013 L 165/63, kritisch dazu Roth, JZ 2012, 637 ff. und die Verordnung (EU) Nr. 524/2013 vom 21.5.2013 über die Online-Beilegung verbraucherrechtlicher Streitigkeiten, ABlEU 2013 L 165/1.

20 Vorschlag für eine Richtlinie des Europäischen Parlaments und des Rates über Verbandsklagen zum Schutz der Kollektivinteressen der Verbraucher und zur Aufhebung der Richtlinie 2009/22/EG vom 11.4.2018 COM (2018) 184 final.

Nachfolgend sollen wesentliche Eckpunkte des neuen Verbandsklagen-Regimes erläutert werden. Anschließend sollen dann einige Anregungen erfolgen, wie die Richtlinie ins deutsche Recht umgesetzt werden könnte. Vorweg soll aber noch einmal kurz ins Gedächtnis gerufen werden, in welchen Konstellationen und warum kollektiver Rechtsschutz für sinnvoll erachtet wird.

2 Fallgruppen und Ziele des kollektiven Rechtsschutzes

Im Zusammenhang mit dem kollektiven Rechtsschutz und seinen Zielen werden typischerweise zwei Fallgruppen[21] hervorgehoben: Erstens geht es um sogenannte Streuschäden, bei denen einzelne Geschädigte jeweils individuell nur einen minimalen Schaden erleiden, dem illegal agierenden Unternehmen in der Summe aber beträchtliche Gewinne aus rechtswidrigen Geschäftspraktiken erwachsen. Beispiele sind ein paar Gramm, die in der Waschmittelpackung fehlen, oder die um wenige Cent überhöhte Mobilfunkrechnung. Einzelne Geschädigte werden hier, sofern sie nicht besonders kämpferisch veranlagt sind, Besseres mit ihrer Zeit anzufangen wissen, als eine Zivilklage anzustrengen. Man spricht deshalb von „rationaler Apathie“ oder „rationalem Desinteresse“. Die gebündelte Durchsetzung sämtlicher Ansprüche im Wege des kollektiven Rechtsschutzes dient hier denn auch weniger dem Zweck einer Verwirklichung der subjektiven Rechte aller Geschädigten. Ob der einzelne am Ende ein paar Cent erhält oder nicht, davon hängt für ihn typischerweise nicht viel ab. Primär geht es hier vielmehr um Prävention und objektive Wahrung des Rechts, kurz: Illegale Geschäftspraktiken sollen sich nicht lohnen.

Anders ist die Situation bei den sogenannten Massenschäden. Hier erleidet der einzelne durch ein einheitliches Schadensereignis oder eine gleichartige Geschäftspraxis einen beträchtlichen Einzelschaden. Die Bereitschaft zur Einzelklage wird deshalb an sich bei vielen Geschädigten gegeben sein, jedenfalls dann, wenn sie rechtsschutzversichert sind oder das Prozessrisiko auf sonstige Weise finanziell gut schultern können. Beispiele sind etwa die Diesel-Kfz-Fälle, aber auch gleichartige Kartell- oder Anlegerschäden oder Zug- oder Flugunfälle. In solchen Situationen senkt die Möglichkeit einer Kollektivklage die Hürden der

---

21 S. zu beiden Fallgruppen und den Schwierigkeiten einer trennscharfen Abgrenzung statt vieler Eichler, Kollektive Rechtsschutzinstrumente im Bereich der Massen- und Streuschäden unter besonderer Berücksichtigung der europarechtlichen Entwicklung, 2012, S. 26ff. m.w.Nachw.

Rechtsdurchsetzung für den einzelnen ab, indem sie ihm Prozessrisiken und -mühen abnimmt. Darüber hinaus dient kollektiver Rechtsschutz aber auch ganz maßgeblich einer beschleunigten und prozessökonomischen Gesamtbereinigung von Großschadensereignissen. Zeugen müssen nicht wiederholt gehört werden, Sachverständigengutachten nicht mehrfach eingeholt werden, und es wird eine stark divergierende Kasuistik der Instanzgerichte vermieden. Kollektiver Rechtsschutz liegt damit hier im Interesse einer effektiven wie effizienten und auch einheitlichen Rechtsprechung. Der Vorteil einer prozessökonomischen Bewältigung von Massenschäden sei mit Blick darauf besonders betont, dass wir derzeit landauf landab beobachten können, wie die Ziviljustiz trotz an sich sinkender Eingangszahlen durch Zigtausende von Einzelklagen in den Diesel-Kfz-Fällen an ihre Grenzen stößt und viele andere Klagen schlicht einstweilen liegen bleiben müssen. Ich möchte auch nicht verhehlen, dass mir dieser Aspekt des kollektiven Rechtsschutzes besonders dringlich erscheint. Ich meine, dass sich insofern in den vergangenen Jahren infolge der Digitalisierung, aber auch der Lockerung des anwaltlichen Berufsrechts zur Zulässigkeit von Werbung[22] die tatsächlichen Rahmenbedingungen für die Bündelung von Ansprüchen grundlegend geändert haben. Dass gleichartig Geschädigte sich online austauschen und organisieren oder Ansprüche über digitale Plattformen, etwa von gezielt dafür gegründeten Unternehmen oder Rechtsanwaltskanzleien „eingesammelt" werden können[23], ist Ausprägung des allgemeinen digitalisierungsbedingten sozialen Phänomens eines stark erleichterten „Matchings" gleichartig Interessierter oder Betroffener. Diese mittlerweile allgegenwärtigen digitalen Wege der Bündelung gleicher und ähnlicher Begehren liegen quer zu unserem traditionellen Verständnis vom Zivilprozess als Individualprozess. Wir werden diese Matchingkultur aber in näherer Zukunft vermutlich nicht mehr loswerden, sondern sie wird sich mit fortschreitender Digitalisierung eher noch verstärken. Damit steht jede Zivilprozessrechtsordnung vor der Herausforderung, geeignete Verfahren zu schaffen, in denen massenhaft verfolgte gleichartige Ansprüche effektiv und zugleich ressourcenschonend für die Justiz geltend gemacht werden können. Und diese Herausforderung stellt sich übrigens ganz unabhängig davon, ob man einen Ausbau des Verbraucherschutzes für sinnvoll erachtet oder nicht.

---

22 S. vor allem § 43b BRAO und zur Entwicklung Hartung/Scharmer/v. Lewinski, Berufs- und Fachanwaltsordnung, 7. Aufl. 2020, BRAO § 43b Rn. 1ff. sowie allgemein Häcker/Trück in: Müller-Gugenberger/Gruhl/Hadamitzky, Wirtschaftsstrafrecht, 7. Aufl. 2021, Staatlich gebundene Beraterberufe, Rn. 91.21.

23 Vgl. z. B. die Website von myRight, über die das Unternehmen die Käufer von Mercedes-Dieselfahrzeugen online zur Prüfung ihrer Ansprüche einlädt, abrufbar am 27.7.2021 unter https://www.myright.de/abgasskandal-mercedes.

3 Eckpunkte des neuen Verbandsklagen-Regimes

3.1 Fortschreibung des Modells der Unterlassungsklagen-RL

Was nun die wesentlichen Charakteristika des neuen europäischen Verbandsklageregimes anbelangt, so ist zunächst hervorzuheben, dass die neue Verbandsklagen-RL die bisherige Unterlassungsklagen-RL 2009/22/EG ersetzt und in ihrer Struktur dem bisherigen Modell der Verbandsklage auf Unterlassung folgt. Sie geht aber inhaltlich vor allem insofern darüber hinaus, als sie eben als zulässiges Verbandsklageziel nunmehr auch Abhilfeentscheidungen vorschreibt. Zur Erinnerung: Die Unterlassungsklagen-RL 2009/22/EG ermöglicht es, qualifizierten Einrichtungen, also insbesondere Verbraucherverbänden, auf Unterlassung von Verstößen gegen Unionsrecht zu klagen.[24]

3.2 Klagebefugnis „qualifizierter Einrichtungen“

Die neue Verbandsklagen-RL schließt vor allem insoweit an die Unterlassungsklagen-RL 2009/22/EG[25] an, als sie die Klageberechtigung ebenfalls qualifizierten Einrichtungen (nachfolgend: QE) und damit vor allem Verbraucherorganisationen zuweist: Auf ihren Antrag hin werden solche QE von einem Mitgliedstaat als zu grenzüberschreitenden Verbandsklagen befugt benannt[26] und in ein Verzeichnis der Kommission aufgenommen[27], wenn sie bestimmte materielle Qualitäts- und Seriositätsanforderungen[28] erfüllen. Dazu gehört, dass eine Einrichtung als Juristische Person nach dem nationalen Recht des benennenden Staates gegründet worden und schon vor ihrem Antrag zwölf Monate tätig gewesen sein muss.[29] Außerdem dürfen keine Erwerbszwecke verfolgt werden[30] und muss wirtschaftliche Unabhängigkeit[31] gewährleistet sein. Gleichsam die Kehrseite dieser An-

---

24 S. vor allem Art. 2 und 3 Unterlassungsklagen-RL 2009/22/EG und bereits oben vor und mit Fn. 16.

25 S. Art. 4 Abs. 2 und Art. 3 lit. b Unterlassungsklagen-RL 2009/22/EG.

26 S. Art. 4 Abs. 2 Verbandsklagen-RL; außerdem können öffentliche Stellen benannt werden, siehe Art. 4 Abs. 7 Verbandsklagen-RL und bereits Art. 3 lit. a Unterlassungsklagen-RL 2009/22/EG.

27 S. Art. 5 Abs. 1 Unterabs. 2 Verbandsklagen-RL.

28 S. Art. 4 Abs. 3 Verbandsklagen-RL.

29 S. Art. 4 Abs. 3 lit. a Verbandsklagen-RL.

30 S. Art. 4 Abs. 3 lit. c Verbandsklagen-RL.

31 S. Art. 4 Abs. 3 lit. e Verbandsklagen-RL.

forderungen ist, dass jeder Mitgliedstaat die Klagebefugnis der in anderen Mitgliedstaaten benannten QE anerkennen muss.[32] Auch dies entspricht dem Modell der Unterlassungsklagen-RL 2009/22/EG[33]. Dass künftig ausländische QE im Inland massenhaft Verbandsklagen auf Schadensersatz erheben werden, ist dennoch nicht zu erwarten. Denn die Erfahrungen mit der Unterlassungsklagen-RL 2009/22/EG zeigen, dass die klageberechtigten Einrichtungen meist nur im Inland klagen.[34] Vermutlich hängt dies mit den sonstigen Hürden einer grenzüberschreitenden Klage zusammen, also Sprachbarrieren, mangelnder Kenntnis des fremden Prozessrechts und der Kostenstruktur usw.

Für QE, die ausschließlich zu inländischen Verbandsklagen berechtigt sein sollen, gibt es hingegen keine entsprechend strengen Qualitäts- und Seriositätsanforderungen. Die Mitgliedstaaten müssen deren Voraussetzungen allerdings so regeln, dass sie „mit den Zielen dieser Richtlinie im Einklang stehen, um ein wirksames und effizientes Funktionieren dieser Verbandsklagen zu gewährleisten“, wobei sie die für grenzüberschreitende QE geltenden Kriterien übernehmen können, aber eben nicht müssen.[35] Für innerstaatliche Klagen können die Mitgliedstaaten QE schließlich auch *ad hoc* für eine bestimmte Verbandsklage benennen.[36]

3.3 Verstoß gegen Unionsverbraucherrecht

Die neue Verbandsklagen-RL folgt auch insoweit dem Modell der Unterlassungsklagen-RL 2009/22/EG, als ihr Anwendungsbereich nur bei Verletzung von Unionsrecht eröffnet ist, das in einem Anhang 1 aufgelistet ist, der fortgeschrieben werden kann.[37] Nationales Umsetzungsrecht zählt ebenfalls dazu. Zu dem in diesem Anhang I erfassten maßgeblichen Unionsrecht rechnet auch die Richtlinie 93/13/EWG über missbräuchliche Klauseln in Verbraucherverträgen[38]. Parallel zur

32 S. Art. 6 Abs. 1 Verbandsklagen-RL.

33 S. Art. 3 Unterlassungsklagen-RL 2009/22/EG.

34 S. dazu den Commission Report of the Fitness Check on various European Directives vom 23.5. 2017, SWD(2017)209, Annex I, S. 105.

35 S. Art. 4 Abs. 4 und Abs. 5 Verbandsklagen-RL.

36 S. Art. 4 Abs. 6 Verbandsklagen-RL. Daran wären die Mitgliedstaaten aber wohl ohnehin nicht gehindert, da das Richtlinien-Regime neben nationalrechtliche Instrumente des kollektiven Rechtsschutzes tritt, siehe bereits oben unter 1. vor und mit Fn. 14.

37 S. bereits oben unter 1., vor und mit Fn. 10.

38 S. Anhang I Nr. 2 Verbandsklagen-RL.

bisherigen Verbandsunterlassungsklage wird deshalb wohl im bankrechtlichen Kontext auch die neue Verbandsabhilfeklage praktische Bedeutung voraussichtlich vor allem bei missbräuchlichen AGB entfalten.

Weiter ist nach der neuen Verbandsklagen-RL erforderlich, dass der Rechtsverstoß Kollektivinteressen der Verbraucher beeinträchtigt. Das ist aber bereits dann der Fall, wenn „die Interessen einer Gruppe von Verbrauchern“[39] betroffen sind. Wie groß die Gruppe sein muss, wird nicht präzisiert. Umgekehrt soll es laut den Erwägungsgründen den Mitgliedstaaten überlassen bleiben, an welches Quorum betroffener Verbraucher sie die Zulässigkeit einer Verbandsklage auf Abhilfe knüpfen.[40] Da aber ein sehr hohes Quorum den *effet utile* des Verbandsklagenregimes beeinträchtigen würde, ist zu bezweifeln, dass die Mitgliedstaaten insoweit wirklich autonom entscheiden können.

Wichtig ist noch der Hinweis, dass die Richtlinie selbst keine materiellrechtlichen Ansprüche schafft, sondern insoweit an einschlägige unionsrechtliche und nationale Anspruchsgrundlagen anknüpft.[41] Das ist bemerkenswert, wenn man sich die Diesel-Kfz-Fälle vergegenwärtigt, die einen entscheidenden Impuls für die neue Verbandsklagen-RL gaben. Weil die manipulierten Diesel-Kfz meist beim Händler und nicht bei der Herstellerin gekauft wurden, konnten die in Deutschland gegen die Herstellerin geführten Klagen regelmäßig nur auf die Verletzung von § 826 BGB, also nationales Deliktsrecht gestützt werden[42], das selbstverständlich im Anhang der neuen Verbandsklagen-RL nicht gelistet ist. Ebenfalls nicht verzeichnet ist dort das europäische Kfz-Typgenehmigungsrecht, dessen Schutzgesetzcharakter i. S. v. § 823 Abs. 2 BGB zwar teilweise in der Literatur diskutiert, aber vom BGH abgelehnt wurde[43]. Bei Diesel-Klagen gegen die Herstellerin wäre also der Anwendungsbereich der neuen Verbandsklagen-RL gar nicht eröffnet gewesen, selbst wenn diese im Jahre 2015 schon existiert hätte. Der europäische Gesetzgeber hat dieses Problem allerdings erkannt und mit der ebenfalls im Rahmen des „New Deal for consumers“ lancierten Omnibus-RL[44] die

---

39 S. Art. 2 Abs. 1 und Art. 3 Nr. 3 Verbandsklagen-RL, wonach „Kollektivinteressen der Verbraucher“ das allgemeine Interesse der Verbraucher und, insbesondere im Hinblick auf Abhilfeentscheidungen, die Interessen einer Gruppe von Verbrauchern“ sind.

40 S. Erwägungsgrund 12.

41 Siehe Art. 9 Abs. 1 und Erwägungsgrund 42 Verbandsklagen-RL.

42 S. nur den der ersten Grundsatzentscheidung des BGH vom 25. 5. 2020 – VI ZR 252/19, BGHZ 225, 316 zugrunde liegenden Sachverhalt.

43 S. BGH, Urt. v. 25. 5. 2020 – VI ZR 252/19, BGHZ 225, 316, juris Rn. 72 ff.; kritisch Gsell, JZ 2020, 1142, 1148 f. m.w.Nachw. zum Meinungsstand.

44 Siehe die Richtlinie 2019/2161/EU zur Änderung der Richtlinie 93/13/EWG des Rates und der Richtlinien 98/6/EG, 2005/29/EG und 2011/83/EU des Europäischen Parlaments und des Rates zur

Richtlinie über unlautere Geschäftspraktiken 2005/29/EG [45] reformiert und eine neue Schadensersatzgrundlage geschaffen: Danach müssen die Mitgliedstaaten Verbrauchern, die durch unlautere Geschäftspraktiken geschädigt wurden, „Zugang zu angemessenen und wirksamen Rechtsbehelfen, einschließlich Ersatz des dem Verbraucher entstandenen Schadens sowie gegebenenfalls Preisminderung oder Beendigung des Vertrags“ eröffnen.[46] Der neue individuelle Schadensersatzanspruch für Verbraucher bei Lauterkeitsverstößen wird nun im UWG umgesetzt.[47] Es bleibt aber dabei, dass reine Verstöße gegen nationales Deliktsrecht jenseits des Anwendungsbereichs der neuen Verbandsklagen-RL liegen. Etwas anderes gilt nur, wenn ein Mitgliedstaat das europäische Verbandsklagen-Regime überschießend auf die Verletzung autonomer nationaler Rechtsvorschriften erstreckt, was den Mitgliedstaaten freisteht.[48]

3.4 Repräsentation der Verbraucher und Verfahrenskoordination bei Abhilfeklagen

Die Diskussion um Sammel- und Gruppenklagen konzentriert sich oft stark auf die Frage, ob für die Repräsentation der Geschädigten ein Opt-in- oder aber besser ein Opt-out-Mechanismus gewählt werden sollte. Die jeweiligen Vor- und Nachteile sind wohlbekannt[49], weswegen hier nur zwei Aspekte ins Gedächtnis gerufen werden sollen: Ein Opt-in funktioniert insbesondere bei Streuschäden schlecht, weil erfahrungsgemäß nur wenige Geschädigte ihre rationale Apathie überwinden. Umgekehrt wirft ein Opt-out-Mechanismus in besonderem Maße die Frage

besseren Durchsetzung und Modernisierung der Verbraucherschutzvorschriften der Union, ABlEU 2019 L 328/17, sog. Omnibus-RL.

45 Richtlinie 2005/29/EG vom 11.5.2005 über unlautere Geschäftspraktiken im binnenmarktinternen Geschäftsverkehr zwischen Unternehmen und Verbrauchern, ABlEU 2005 L 149/22.

46 Siehe Art 11a Abs 1 Geschäftspraktiken-RL 2005/29/EG i.d.F. von Art. 3 Abs. 5 Omnibus-RL 2019/2161/EU und bereits Gsell, Editorial, NJW-aktuell, NJW 2018, Nr 3.

47 S. § 9 Abs. 2 UWG i.d.F. des Regierungsentwurfes eines Gesetzes zur Stärkung des Verbraucherschutzes im Wettbewerbs- und Gewerberecht vom 20.1.2021, abrufbar (am 28.7.2021) unter https://www.bmjv.de/SharedDocs/Gesetzgebungsverfahren/DE/Staerkung_Verbraucherschutz_Wettbewerbs-und_Gewerberecht.html. Der Deutsche Bundestag hat am 10.6.2021 den Gesetzentwurf in der Fassung der Beschlussempfehlung des Ausschusses für Recht und Verbraucherschutz, angenommen, vgl. BT-Drs. 19/30527; s. zu der Novelle auch Köhler, WRP 2021, 129 ff.

48 S. Erwägungsgrund 18 Verbandsklagen-RL.

49 S. dazu näher Meller-Hannich, in: Ständige Deputation des Deutschen Juristentages (Hrsg.), Verhandlungen des 72. Deutschen Juristentages Leipzig 2018, Band I: Gutachten A: Sammelklagen, Gruppenklagen, Verbandsklagen – Bedarf es neuer Instrumente des kollektiven Rechtsschutzes im Zivilprozess?, S. A 58 f. m.w.Nachw.

hinreichenden rechtlichen Gehörs auf, sofern nicht lückenlos gewährleistet werden kann, dass repräsentierte Geschädigte ihre Austrittsmöglichkeit effektiv wahrnehmen können.

In Bezug auf die Verbandsklagen-RL ist zunächst klarzustellen, dass sich für Unterlassungsklagen die Frage einer Mandatierung der klagebefugten Verbände durch die Verbraucher nicht stellt. Wie schon bislang unter der Unterlassungsklagen-RL 2009/22/EG ist auch nach der Verbandsklagen-RL insofern keine Mandatierung durch die betroffenen Verbraucher erforderlich.[50] Hingegen überlässt die Verbandsklagen-RL für Abhilfe-, also vor allem Schadensersatzklagen, die Entscheidung darüber, wie und in welchem Stadium des Verfahrens die klageberechtigten Einrichtungen durch die betroffenen Verbraucher mandatiert werden sollen, den Mitgliedstaaten. Zulässig sind danach sowohl Opt-in als auch Opt-out-Mechanismen oder eine Kombination beider Modelle[51]. Noch weitergehend möchte es die Verbandsklagen-RL den Mitgliedstaaten „aus Gründen der Zweckmäßigkeit und der Effizienz" sogar ermöglichen, Verbraucher von Verbandsklagen auf Abhilfe[52] profitieren zu lassen, ohne dass diese dem klagenden Verband ein individuelles Mandat erteilen.[53] Dies wird man dahin verstehen dürfen, dass – parallel zur Verbandsunterlassungsklage – selbst völlig mandatslose Abhilfeklagen zulässig sind.[54]

Insofern wird die Richtlinie also grundsätzlich keine Harmonisierung bringen, es wird vielmehr die Bandbreite der bereits in den Mitgliedstaaten etablierten Modelle respektiert.

Ein Opt-out wird durch die Verbandsklagen-RL lediglich insoweit ausgeschlossen, als Verbraucher, die ihren gewöhnlichen Aufenthalt nicht im Gerichtsstaat haben, nicht ohne ausdrückliche Mandatierung der QE an das Verfahrensergebnis gebunden werden dürfen.[55]

---

50 S. Art. 8 Abs. 3 und Erwägungsgrund 40 Verbandsklagen-RL.

51 Siehe Art. 9 Abs. 2 und Erwägungsgrund 43 Verbandsklagen-RL; allerdings scheidet ein Opt-out in Bezug auf Verbraucher aus, die ihren gewöhnlichen Aufenthalt in einem anderen Staat als demjenigen haben, in dem die Verbandsklage erhoben wird, s. Art. 9 Abs. 3 und Erwägungsgrund 45 Verbandsklagen-RL.

52 Hingegen bedarf es bei Verbandsklagen auf Unterlassung und Feststellung nach Artikel 8 Absatz 3 Verbandsklagen-RL ohnehin keiner Mandatierung durch die Verbraucher; siehe auch Erwägungsgrund 40 Verbandsklagen-RL.

53 S. Erwägungsgrund 47 Verbandsklagen-RL.

54 So bereits Gsell/Meller-Hannich (oben Fn. 6), S. 8.

55 Art. 9 Abs. 3 Verbandsklagen-RL. Es fragt sich allerdings, wie sich diese Ausschlussregelung dazu verhält, dass die Richtlinie gerade keine Ausschließlichkeit beansprucht, nationale Instrumente des kollektiven Rechtsschutzes also nicht verdrängt werden und der Verbraucher-

Speziell für Abhilfeklagen ist in der Verbandsklagen-RL weiter angeordnet, dass die im Wege der Verbandsklage erstrittenen Abhilfeentscheidungen den Verbrauchern zu Gute kommen, ohne dass diese eine gesonderte Klage erheben müssen.[56] Zugleich muss allerdings gewährleistet werden, dass Verbraucher „nicht mehr als einmal eine Entschädigung aus demselben Klagegrund gegen denselben Unternehmer erhalten" [57].

3.5 Verjährungshemmung

Eine bemerkenswerte Neuerung gegenüber der bisherigen Unterlassungklagen-RL enthält die neue Verbandsklagen-RL insofern, als hinsichtlich der Individualansprüche der von der Verbandsklage betroffenen Verbraucher eine Verjährungshemmung durch Erhebung der Verbandsklage angeordnet wird.[58] Für die Unterlassungsklage ist die Reichweite dieser Verjährungshemmung einigermaßen klar. Denn – wie schon erwähnt[59] – werden Unterlassungsklagen auch unter der Verbandsklagen-RL genauso wie bislang mandatsunabhängig geführt, also ohne die Möglichkeit eines individuellen Opt-in oder Opt-out der einzelnen Verbraucher. Folglich führt die Erhebung der Verbandsunterlassungsklage zu einer Hemmung der Verjährung zugunsten all derjenigen Verbraucher, die aus der mit der Unterlassungsklage geltend gemachten Rechtsverletzung individuelle Ansprüche herleiten.

Nicht ganz so klar ist die Rechtslage in Bezug auf Abhilfeklagen. Denn hier ist nicht völlig zweifelsfrei, ob die „von der Verbandsklage betroffenen Verbraucher" alle diejenigen meint, die in das Verfahren hinein optieren bzw. heraus optieren könnten oder nur diejenigen, die tatsächlich ein Opt-in bzw. kein Opt-out erklärt haben. Für Ersteres[60] spricht der Gleichklang mit der Unterlassungsklage und der

schutz nicht abgesenkt werden soll, s. Art. 1 Abs. 2 und Art. 2 Abs. 2 Verbandsklagen-RL sowie Erwägungsgründe 11 und bereits oben unter 1. vor und mit Fn. 14.

56 S. Art. 9 Abs. 6 Verbandsklagen-RL.

57 S. Art. 9 Abs. 4 S. 2 Verbandsklagen-RL.

58 S. Art. 16 Abs. 1 und Abs. 2 Verbandsklagen-RL.

59 S. oben unter 3.4. vor und mit Fn. 50.

60 S. auch bereits Gsell/Meller-Hannich (oben Fn. 6), S. 37 gegen Domej/Honegger-Müntener, in: Gsell/Möllers (Hrsg.), Enforcing Consumer and Capital Markets Law, Cambridge 2020, S. 365, 386, die zu Art. 11 S. 2 Verbandsklagen-RL in der Fassung des RL-Vorschlages durch den Rat vom 28.11. 2019 (Allgemeine Ausrichtung) als Vorläufernorm des – insofern identischen – endgültigen Art. 16 S. 2 Verbandsklagen-RL annehmen, dessen Wirkung auf die Verjährung erfasse für die Abhilfeklage mit der Formulierung „für die von der Klage betroffenen Verbraucher" nur diejenigen Verbraucher, die in einem Opt-in-System tatsächlich für das Verbandsklageverfahren votieren.

Umstand, dass die Verbandsklagen-RL die Begünstigten der Verjährungshemmung einheitlich als die von der Verbandsklage „betroffenen Verbraucher" bezeichnet, obwohl es bei der Unterlassungsklage gerade keine individuelle Mandatierung gibt. Es erscheint außerdem nicht konsistent, dass die weniger weitreichende Unterlassungsklage die Verjährung großzügiger hemmen soll als die weiterreichende Leistungsklage. Im Übrigen rechnet die Verbandsklagen-RL Anträge auf Feststellung einer bereits beendeten Rechtsverletzung der Unterlassungsklage zu[61], so dass es auch insofern unabhängig vom Opt-in oder unterbliebenen Opt-out des Verbrauchers zu einer Verjährungshemmung kommen muss.

Die großzügige Verjährungshemmung der Verbandsklagen-RL scheint bedeutsam vor allem für Massenschäden, also Konstellationen, in denen der Einzelne einen beträchtlichen Einzelschaden erleidet. Sie liegt hier nicht zuletzt im Interesse der Prozessökonomie. Denn diejenigen, die klagebereit sind, etwa weil sie rechtsschutzversichert sind, werden von einer Einzelklage einstweilen nur dann Abstand nehmen, wenn sie risikolos zuwarten können, wie das Verbandsklageverfahren ausgeht. Auf diese Weise wird ein entscheidender Anreiz gesetzt, frühe parallele Einzelklagen zu vermeiden, bis durch eine höchstrichterliche Entscheidung über die Verbandsklage zentrale Rechtsfragen geklärt werden.[62]

3.6 Offenlegung von Beweismitteln und Wirkungen rechtskräftiger Entscheidungen

Verbraucherklagen sind häufig gekennzeichnet von einer Informationsasymmetrie.[63] Insbesondere haben geschädigte Verbraucher regelmäßig keinen Einblick in die unternehmensinterne Wissensorganisation und Entscheidungsfindung. Eindrücklich belegt wird dies beispielsweise durch den Umstand, dass der Erfolg der Diesel-Klagen gegen VW sich maßgeblich darauf stützt, dass eine sekundäre Darlegungslast hinsichtlich der Frage bejaht wird, ob dem Vorstand von VW bzw. Repräsentanten im Sinne von § 31 BGB der für die Haftung aus § 826 BGB erfor-

---

61 S. Art. 8 Abs. 2 lit. a sowie Erwägungsgrund 40 Verbandsklagen-RL

62 S. auch bereits Gsell/Meller-Hannich (oben Fn. 6), S. 38.

63 In diesem Sinne auch Erwägungsgrund 68 Satz 2 der Verbandsklagen-RL; s. ferner Erwägungsgrund 15 der kartellrechtlichen Schadensersatz-RL 2014/104/EU in Bezug auf wettbewerbsrechtliche Streitigkeiten; s. dazu auch Domej/Honegger-Müntener, in: Gsell/Möllers (Hrsg.), Enforcing Consumer and Capital Markets Law, Cambridge 2020, S. 365, 392f.

derliche Sittenwidrigkeitsvorwurf und Vorsatz zugerechnet werden konnte.[64] Bemerkenswert ist deshalb eine in Anleihe an die kartellrechtliche Schadensersatz-RL 2014/104/EU[65] gefasste Bestimmung der Verbandsklagen-RL. Sie sieht ein Antragsrecht der QE im Verbandsklageverfahren vor auf Offenlegung von Beweismitteln durch den Prozessgegner oder Dritte.[66] Und spiegelbildlich soll auch der beklagte Unternehmer eine entsprechende Offenlegung verlangen dürfen. Allerdings ist die Offenlegungspflicht mit massiven Vorbehalten versehen. So gilt sie nur für „zusätzliche Beweismittel" und erst dann, wenn die „qualifizierte Einrichtung alle unter zumutbarem Aufwand zugänglichen Beweismittel vorgelegt hat, die zur Stützung einer Verbandsklage ausreichen". Versteht man das „ausreichen" so, dass Beweis für sämtliche Voraussetzungen angeboten worden sein muss, für die der klagende Verband die Beweislast trägt, dann läuft die Regelung Gefahr, zahnlos zu bleiben und erschiene kaum geeignet, Beweisnot effektiv zu begegnen. Schließlich greift sie nur ein „vorbehaltlich der geltenden unionsrechtlichen und nationalen Vorschriften über Vertraulichkeit und Verhältnismäßigkeit". Es ist nicht zu verkennen, dass die Regelung der Kooperation des Prozessgegners oder Dritter bei der Tatsachenermittlung und zur Überwindung von Beweisnot eine schwierige und komplexe Aufgabe ist, die ein Austarieren komplexer Interessenlagen erfordert und eine unzulässige Ausforschung verhindern sollte. Insofern wird man sehen müssen, ob die Rechtsprechung des EuGH der Bestimmung klarere Konturen und einen echten *effet utile* verschaffen wird.

Noch weicher und auslegungsbedürftiger ist übrigens eine weitere, ebenfalls in Anleihe an die Schadensersatz-RL 2014/104/EU[67] gefasste, jedoch gegenüber dem ursprünglichen Kommissionsentwurf[68] stark abgeschwächte Vorschrift der Verbandsklagen-RL: Sie behandelt die Bindungswirkung rechtskräftiger Entscheidungen mitgliedstaatlicher Gerichte und Behörden, die einen Verstoß gegen einschlägiges Unionsrecht durch einen Unternehmer feststellen. Die Mitgliedstaaten müssen sicherstellen, dass solche Entscheidungen bei Follow on-Klagen auf Abhilfe gegen denselben Unternehmer wegen derselben Praktik „als Beweismittel gemäß dem nationalen Recht über die Beweismittelwürdigung" vorgelegt werden können.[69] Für Tatsachenfeststellungen ergibt sich daraus wohl

---

64 Grdlgd. BGH, Urt. v. 25.5.2020 – VI ZR 252/19, BGHZ 225, 316, juris Rn. 34 ff., 39; dazu Gsell, JZ 2020, 1142 m.w.Nachw.

65 S. Art. 5 Schadensersatz-RL 2014/104/EU.

66 Art. 18 Verbandsklagen-RL.

67 S. Art. 9 Abs. 1 und 2 Schadensersatz-RL 2014/104/EU.

68 S. Art. 10 des ursprünglichen Vorschlages der Kommission COM (2018) 184 final.

69 S. Art. 15 Verbandsklagen-RL.

allenfalls Umsetzungsbedarf aus Gründen der Transparenz, also klarstellender Natur.[70] Denn selbstverständlich können entsprechende Entscheidungen als Indizien für eine Rechtsverletzung schon jetzt von den Parteien vorgetragen werden und sind dann im Rahmen der freien Beweiswürdigung nach § 286 ZPO zu würdigen. Dass mit dieser Bestimmung der Verbandsklagen-RL darüber hinaus eine Bindung – und sei es eine eingeschränkte Bindung – auch an rechtliche Feststellungen angeordnet werden soll, kann nach dem vagen Wortlaut der Bestimmung kaum angenommen werden. Eine allgemeine rechtliche Bindungswirkung an vorausgehende behördliche oder gerichtliche Entscheidungen für nachfolgende Verfahren wäre insofern problematisch, als sie einerseits bei behördlichen Entscheidungen in Spannung steht zur Unabhängigkeit der Gerichte und andererseits unionsweit gewährleistet sein müsste, dass die ursprüngliche Entscheidung auf einer hinreichend validen Tatsachengrundlage getroffen wurde.[71]

3.7 Prozessvergleiche

Die Verbandsklagen-RL ermöglicht nicht allein eine Entscheidung über Abhilfeklagen im Urteilswege. Alternativ sind vielmehr gerichtlich geprüfte und bestätigte Abhilfevergleiche vorgesehen.[72] Wie insbesondere die Erfahrung mit dem niederländischen WCAM zeigen[73], können Kollektivvergleiche eine effektive und verfahrenseffiziente Gesamterledigung von Massenschadensereignissen bedeuten. Nach der Verbandsklagen-RL muss ein Gericht die Ablehnung des Vergleiches prüfen, wenn der Vergleich gegen zwingende Vorschriften des nationalen Rechts verstößt oder nicht vollstreckbar ist.[74] Zusätzlich können die Mitgliedstaaten eine Prüfung vorsehen, ob der Vergleich unfair ist.[75] Eine solche Fairnessprüfung müssen sie aber nicht einführen. Außerdem dürfen die Mitgliedstaaten den betroffenen Verbrauchern die Freiheit eröffnen, den Vergleich anzunehmen oder

---

70 So auch bereits Gsell/Meller-Hannich (oben Fn. 6), S. 34.

71 S. zu beidem Gsell/Möllers, in: Gsell/Möllers (Hrsg.), Enforcing Consumer and Capital Markets Law, Cambridge 2020, S. 493 f; Wollenschläger/Wurmnest in: Wollenschläger/Wurmnest/Möllers (Hrsg.), Private Enforcement of European Competition and State Aid Law, Current Challenges and the Way Forward, 2020, S. 363 ff.

72 S. Art. 11 Verbandsklagen-RL.

73 S. zu den unter dem Regime des WCAM behandelten Fällen den Länderbericht zu den Niederlanden von Tzankova/Tjong Tjin Tai auf der Website des British Institute of International and Comparative Law (am 28.7.2021) unter https://www.collectiveredress.org/collective-redress/reports/thenetherlands/caselaw unter V.

74 Art. 11 Abs. 3 Verbandsklagen-RL

75 Art. 11 Abs. 2 S. 3 Verbandsklagen-RL.

abzulehnen.[76] Es besteht aber keine Verpflichtung der Mitgliedstaaten, ein solches Opt-in speziell zum Vergleich bzw. ein Opt-out speziell aus dem Vergleich heraus zu eröffnen.

Die explizite Aufnahme von Prozessvergleichen in die Verbandsklagen-RL ist gewiss sinnvoll und das Modell einer gerichtlichen Prüfung vernünftig. Allerdings erscheint es bedenklich, dass die Verbandsklagen-RL keinen Fairnesstest durch das Gericht vorschreibt, zugleich aber den Mitgliedstaaten eine Bindung der einzelnen Verbraucher an den Vergleich erlaubt, ohne erst deren Opt-in zu verlangen bzw. ohne ihnen ein Opt-out zu eröffnen. Damit wird die Möglichkeit geschaffen, Verbraucher an ein unfaires Prozessergebnis zu binden, ohne dass sie die Möglichkeit hatten, darauf konkret Einfluss zu nehmen.

Im Übrigen zeigt die Praxis und nicht zuletzt das Beispiel der Musterfeststellungsklage gegen Volkswagen[77], dass die Parteien einer gerichtlichen Prüfung womöglich ausweichen werden durch eine außergerichtliche Einigung und anschließende Rücknahme der Klage. Ein solches Vorgehen wird man wohl auch weiterhin für zulässig erachten können, sofern es den einzelnen Verbrauchern – so wie im Falle der außergerichtlichen Einigung zwischen dem Verbraucherzentrale Bundesverband (vzbv) und Volkswagen[78] – vorbehalten bleibt, diese Einigung zu akzeptieren oder abzulehnen.[79]

3.8 Finanzierung und Kosten

Kollektiver Rechtsschutz steht und fällt mit seiner soliden Finanzierung. Das beste Verfahrensdesign bleibt ineffektiv, wie die Erfahrungen mit kollektiven Rechts-

---

76 S. Art. 11 Abs. 4 Unterabs. 2 Verbandsklagen-RL.

77 S. zu der Klagerücknahme nur die Mitteilung des OLG Braunschweig vom 13.5.2020, abrufbar (am 28.7.2021) unter https://www.bundesjustizamt.de/DE/Themen/Buergerdienste/Klageregister/Klagen/201802/Verfahren/Verfahrensstand.html?nn=11994364#doc11743832bodyText17.

78 S. § 1 der Rahmenvereinbarung zwischen der Volkswagen AG und dem Verbraucherzentrale Bundesverband (vzbv), abrufbar (am 28.7.2021) unter https://www.musterfeststellungsklagen.de/sites/default/files/2020-03/Rahmenvergleich%20zwischen%20vzbv%20und%20Volkswagen%2028.02.2020.pdf, wonach sich VW verpflichtete, Einzelvergleiche mit den „qualifizierten" angemeldeten Verbrauchern zu schließen.

79 Im Übrigen wurde die Plausibilität der Höhe der den einzelnen Diesel-Kfz-Käufern unterbreiteten Angebote im Fall der zwischen der Volkswagen AG und dem Verbraucherzentrale Bundesverband (vzbv) erzielten Rahmeneinigung durch unabhängige Wirtschaftsprüfer geprüft, vgl. die Pressemitteilung des vzbv vom 28.2.2020, abrufbar (am 28.7.2021) unter https://www.vzbv.de/urteile/vzbv-und-vw-erzielen-vergleich-fuer-betrogene-kaeufer

schutzinstrumenten etwa in Frankreich[80] oder auch Dänemark[81] gezeigt haben, wenn die klageberechtigten Verbände wegen klammer Kassen gar keine Klagen erheben können. Davon abgesehen ist eine hinreichende Finanzierung eine Frage der prozessualen Waffengleichheit. Wo Verbraucherverbände großen Unternehmen gegenüberstehen, die üblicherweise beträchtliche Mittel in ihre Unterstützung durch Großkanzleien wie auch in Rechtsgutachten stecken[82], droht eine David gegen Goliath-Situation und bedarf es einer soliden finanziellen Basis, um ein einigermaßen akzeptables *level playing field* zu erreichen.[83] Angesichts dieser erheblichen Bedeutung von Finanzierungs- aber auch Kostenfragen erscheinen die Antworten der neuen Verbandsklagen-RL[84] darauf eher dürftig, wenn nicht enttäuschend. Den Mitgliedstaaten werden weitreichende Umsetzungsspielräume eröffnet zur Gestaltung der Finanzierung der Verbandsklagen, es droht aber nach meiner Einschätzung die Gefahr einer strukturellen Unterfinanzierung der Verbände.

Recht eindeutig ist die Verbandsklagen-RL insofern, als sie für Abhilfeklagen den *loser-pays*-Grundsatz für die von der obsiegenden Partei getragenen Verfahrenskosten anordnet, wenn auch „nach Maßgabe der im geltenden nationalen Recht für Gerichtsverfahren im Allgemeinen vorgesehenen Bedingungen und Ausnahmen“[85]. Weiter ist bemerkenswert, dass die Verbandsklagen-RL gewisse Vorgaben zur Vermeidung von Interessenkonflikten bei Drittfinanzierung enthält.[86] Insbesondere wird eine Finanzierung durch einen Wettbewerber des beklagten Unternehmers verboten.[87]

---

80 S. nur Jeuland, in: Gsell/Möllers (Hrsg.), Enforcing Consumer and Capital Markets Law, 2020, 71, 82.

81 S. nur Schäfer, in: Gsell/Möllers (Hrsg.), Enforcing Consumer and Capital Markets Law, 2020, S. 69 f.

82 So hatte beispielsweise die Volkswagen AG im Zusammenhang mit den Diesel-Klagen laut einem Pressebericht des Handelsblattes vom 6.11.2019 bereits an die zwanzig Rechtsgutachten in Auftrag gegeben, abrufbar (am 28.7.2021)unter http://www.handelsblatt.com/unternehmen/industrie/abgasaffaere-vw-und-diewissenschaft-unklare-verhaeltnisse-bei-der-aufklaerung-des-dieselskandals/25191942html?ticket=ST-958291-7q1FZbJqjVtH0aSNchEF-ap2.

83 S. dazu auch bereits Gsell/Möllers, in: Gsell/Möllers (Hrsg.), Enforcing Consumer and Capital Markets Law, 2020, 482 ff.; dass Prozesskostenfinanzierer Waffengleichheit zwischen den Parteien herstellen können, wird auch betont von Wolf/Flegler, Anmerkung zu BGH NJW 2018, 3581, 3586.

84 S. zum Nachfolgenden auch bereits Gsell/Meller-Hannich (oben Fn. 6), S. 45 ff.

85 S. Art. 12 Abs. 1 Verbandsklagen-RL.

86 S. Art. 10 und Erwägungsgründe 25 und 52 Verbandsklagen-RL.

87 S. Art. 10 Abs. 2 lit. b Verbandsklagen-RL.

Die Entscheidung über die Zulässigkeit einer Drittfinanzierung bleibt aber den Mitgliedstaaten überlassen.[88] Dabei ist allerdings unklar, ob die Verbandsklagen-RL Drittfinanzierungsmodelle mit einer Erfolgsbeteiligung der repräsentierten Verbraucher erlaubt. Denn die Verbandsklagen-RL verbietet grundsätzlich eine nennenswerte Kostenbeteiligung der Verbraucher und gestattet lediglich eine moderate Beitrittsgebühr oder eine vergleichbare Teilnahmegebühr".[89] Es ist allerdings fraglich, ob das Verbot, die betroffenen Verbraucher mit den Kosten des Verbandsklageverfahrens zu belasten, auch eine mittelbare Kostenbelastung in Gestalt eines Erfolgshonorars des Prozessfinanzierers erfasst. Klarheit kann hier wohl nur der EuGH herstellen.[90]

Weiter verpflichtet die Verbandsklagen-RL die Mitgliedstaaten dazu, durch geeignete Maßnahmen wie etwa eine öffentliche Finanzierung einschließlich einer strukturellen Unterstützung für QE oder eine Begrenzung der einschlägigen Gerichtsgebühren oder Prozesskostenhilfe sicherzustellen, dass qualifizierte Einrichtungen nicht durch die Verfahrenskosten von der Erhebung von Verbandsklagen abgehalten werden.[91] Umgekehrt wird aber in den Erwägungsgründen explizit klargestellt, dass die Mitgliedstaaten nicht verpflichtet werden sollten, Verbandsklagen zu finanzieren.[92] Nimmt man nun an, dass ein Mitgliedstaat sich gegen eine Zulassung kommerzieller Drittfinanzierung entscheidet, zugleich aber eine öffentliche Finanzierung ablehnt, so fragt man sich, wie die Verbände sich angesichts ihres in der Verbandsklagen-RL – jedenfalls für Verbände mit grenzüberschreitender Klageberechtigung – vorgeschriebenen non-profit-Charakters[93] hinreichende Finanzmittel verschaffen können sollen.

Ein verlässlich konturiertes Modell europäischer Verbandsklagenfinanzierung ist das alles nicht und erst recht kein großer Wurf.

---

88 S. Art. 10 Abs. 1 Verbandsklagen-RL: „...soweit eine Drittfinanzierung nach dem nationalen Recht zulässig ist,..."; s. ferner Erwägungsgrund 52 Satz 2.

89 Siehe Artikel 12 Absatz 2 und Erwägungsgründe 36 und 38 Verbandsklagen-RL; zwar wird andererseits in Artikel 20 Absatz 3 „eine moderate Beitrittsgebühr oder eine vergleichbare Teilnahmegebühr" für zulässig erachtet. Erfolgshonorare in einer Größenordnung von 30 % dürften darunter aber freilich nicht fallen.

90 S. auch bereits Gsell/Meller-Hannich (oben Fn. 6), S. 49.

91 S. Art. 20 und Erwägungsgrund 70 Verbandsklagen-RL.

92 S. Erwägungsgrund 70, letzter Satz Verbandsklagen-RL.

93 S. Art. 4 Abs. 3 lit. c Verbandsklagen-RL und bereits oben unter 3.2. vor und mit Fn. 30.

3.9 Gesamtbewertung

Erkennt man die eingangs[94] skizzierten Ziele des kollektiven Rechtsschutzes als grundsätzlich legitim an, so ist es gewiss ein bedeutsamer Schritt vorwärts, dass bei Verstößen gegen Unionsverbraucherrecht künftig unionsweit Verbandsklagen auf Schadensersatz verfügbar sein müssen.

Bedauerlich ist hingegen, dass wesentliche Voraussetzungen für einen funktionierenden kollektiven Rechtsschutz mit der Verbandsklagen-RL nur unzureichend harmonisiert werden. Dazu gehört insbesondere die Finanzierung.[95] Wünschenswert wäre die zuverlässige Gewährleistung hinreichender Finanzierung der klageberechtigten Verbände und ein klares Bekenntnis zur Zulässigkeit einer kommerziellen Drittfinanzierung mit Erfolgsbeteiligung der Verbraucher, sofern genügende Finanzmittel für die Prozessführung der Verbände nicht anderweitig gesichert werden. Allem Anschein nach lag dies aber jenseits des politisch Machbaren.

Ärgerlich sind außerdem redaktionelle Unklarheiten, so etwa diejenige nach der Reichweite der Verjährung bei Abhilfeklagen.[96]

Bedauerlich ist schließlich, dass mancher bedeutsame Aspekt in der Richtlinie gar keine Regelung erfährt. So enthält die Richtlinie keine Bestimmungen zur internationalen Zuständigkeit bei grenzüberschreitenden Verbandsklagen.[97] Nach der damit maßgeblichen Brüssel Ia-Verordnung (EU) Nr. 1215/2012 über die gerichtliche Zuständigkeit und die Anerkennung und Vollstreckung von Entscheidungen in Zivil- und Handelssachen sind Verbraucherverbände aber nicht berechtigt, einen den Verbrauchern selbst in ihrem Heimatland zustehenden Verbrauchergerichtsstand wahrzunehmen.[98] Folglich wird es bei vertraglichen

---

94 S. oben unter 2.

95 S. oben unter 3.8.

96 S. oben unter 3.5.

97 S. Art. 2 Abs. 3 Verbandsklagen-RL, wonach die Verbandsklagen-RL „nicht die Unionsvorschriften im Bereich des Internationalen Privatrechts, insbesondere nicht die Vorschriften über die Zuständigkeit der Gerichte sowie über die Anerkennung und Vollstreckung von Entscheidungen in Zivil- und Handelssachen und die Vorschriften über das auf vertragliche und außervertragliche Schuldverhältnisse anzuwendende Recht" berührt.

98 S. EuGH, Urt. v. 25.01.2018 – C-498/16 (Maximilian Schrems v. Facebook Ireland Limited), juris Rn. 49, wonach Art. 16 Abs. 1 der Brüssel I-Verordnung (EU) Nr. 44/2001, i. e. die Vorläufernorm des Art 18 Abs. 1 Brüssel Ia-Verordnung (EU) Nr. 1215/2012, dahin auszulegen ist, „dass er keine Anwendung auf die Klage eines Verbrauchers findet, mit der dieser am Klägergerichtsstand nicht nur seine eigenen Ansprüche geltend macht, sondern auch Ansprüche, die von anderen Verbrauchern mit Wohnsitz im gleichen Mitgliedstaat, in anderen Mitgliedstaaten oder in Dritt-

Streitigkeiten dann, wenn ein Unternehmen in einem anderen Staat als die geschädigten Verbraucher und der Verbraucherverband sitzt, regelmäßig an einer internationalen Zuständigkeit fehlen.[99] Angesichts des obligatorischen non-profit-Charakters der klageberechtigten Verbände[100] steht nicht zu erwarten, dass sie diese besonderen Hürden einer grenzüberschreitenden Verbandsklagen leicht werden überwinden können. Damit droht eine Rechtsschutzlücke in Fällen, in denen der Sitz des geschädigten Unternehmers und das Heimatland der geschädigten Verbraucher auseinanderfallen.

Bewertet man die Verbandsklagen-RL insgesamt, dann darf schließlich nicht vergessen werden, dass sie auf die b2c-Perspektive und die Verletzung von Unionsrecht begrenzt ist. Weder für Schadensersatzklagen geschädigter Unternehmer wegen Kartellrechtsverstößen oder Verstößen gegen das europäische Kapitalmarktrecht noch für Schadensersatzklagen aus autonom nationalem Deliktsrecht bringt die Richtlinie damit einen unmittelbaren Fortschritt. Allerdings ist nicht auszuschließen, dass sich manche Mitgliedstaaten zumindest mittelfristig von der Verbandsklagen-RL zu einem weitergehenden allgemeinen Ausbau des kollektiven Rechtsschutzes inspirieren lassen.

4 Anregungen für die Umsetzung ins deutsche Recht

Die zentrale Herausforderung für die Umsetzung der Verbandsklagen-RL ins deutsche Recht besteht zweifellos darin, die neuen Verbandsklagen auf Abhilfeentscheidungen, also insbesondere auf Schadensersatz, in das deutsche Zivilprozessrecht zu integrieren. Denn nochmals[101]: Bislang gibt es im deutschen Zivilprozessrecht keine auf positive Leistung gerichtete Kollektivklage, die es dem Repräsentanten einer Gruppe ohne materiell-rechtliche Abtretung oder Einzie-

---

staaten abgetreten wurden"; s. ferner Hess, Europäisches Zivilprozessrecht, 2. Aufl. 2021, S. 383 Rn. 6109 m.w.Nachw.

99 S. aber immerhin für deliktsrechtliche Klagen EuGH, Urt. v. 9.7.2020 – C-343/19 (Verein für Konsumenteninformation v. Volkswagen AG), juris Rn. 40, wonach Art. 7 Nr. 2 der Brüssel Ia-Verordnung 1215/2012 dahin auszulegen ist, „dass sich der Ort der Verwirklichung des Schadenserfolgs in einem Fall, in dem Fahrzeuge von ihrem Hersteller in einem Mitgliedstaat rechtswidrig mit einer Software ausgerüstet worden sind, die die Daten über den Abgasausstoß manipuliert, und danach bei einem Dritten in einem anderen Mitgliedstaat erworben werden, in diesem letztgenannten Mitgliedstaat befindet".

100 S. Art. 4 Abs. 3 lit. c Verbandsklagen-RL und bereits oben unter 3.2. vor und mit Fn. 30.

101 S. bereits oben unter 1.

hungsermächtigung erlaubt, Ansprüche der Gruppenmitglieder gebündelt titulieren zu lassen.

Idealiter sollte dabei ein effektives und zugleich Justizressourcen schonendes Verfahren geschaffen werden. Insbesondere sollte eine – oft auch im Interesse des Schädigers liegende – Gesamterledigung von Massenschadensereignissen praktikabel gemacht werden, ohne eine Flut paralleler Einzelklagen zu provozieren und all dies ohne Verbände und Gerichte zu überfordern. Zugleich sollten Interessen und rechtliches Gehör der betroffenen Verbraucher hinreichende Berücksichtigung finde. Es ist nun hier nicht der Ort, Vorschläge zur Umsetzung der Verbandsklagen-RL breit auszuführen. Zwei zentral erscheinende Aspekte einer Umsetzung sollen nachfolgend aber angesprochen werden, wobei sich die Verfasserin gemeinsam mit Caroline Meller-Hannich im Auftrag des Verbraucherzentrale Bundesverbandes (vzbv) bereits konkrete Gedanken gemacht hat, wie eine Umsetzung aussehen könnte.[102].

4.1 Mandatsfreie Verbandsklage mit spätem Opt-in versus Modell der Musterfeststellungsklage mit frühem bindenden Opt-in

Der erste Aspekt betrifft die Frage des Zeitpunktes eines Opt-in der betroffenen Verbraucher zur Abhilfeklage. Während die Verbandsunterlassungsklagen ohne individuelles Mandat der betroffenen Verbraucher geführt werden, ist für die zivilprozessualen Musterfeststellungklage ein frühes verbindliches Opt-in vorgesehen, d. h. Verbraucher können nur bis zum Ablauf des Tages vor Beginn des ersten Termins hineinoptieren und nur bis zum Ablauf des Tages des Beginns der mündlichen Verhandlung wieder hinausoptieren[103]. Für die neu zu schaffende Verbandsklage auf Abhilfe empfiehlt sich eine Orientierung am bewährten Modell der Unterlassungsklage und damit ein zweiphasiges Modell einer zunächst mandatslosen Verbandsklage mit erst spätem Opt-in:[104] Danach führt der klageberechtigte Verband die Klage zunächst ohne jede Beteiligung und auch ohne jede Registrierung der betroffenen Verbraucher. D. h., der Verband bestimmt zwar in der Klageschrift, um welche Gruppe es geht und welche Abhilfe für diese Ver-

---

102 S. Gsell/Meller-Hannich (oben Fn. 6), passim.

103 S. § 608 Abs. 1, Abs 3 ZPO.

104 S. eingehend Gsell/Meller-Hannich (oben Fn. 6), S. 21 ff. dabei sollte die bisherige zivilprozessuale Musterfeststellungsklage ebenfalls in dieses Modell integriert werden und parallel zur Unterlassungsklage auf eine mandatsfreie Führung durch den Verband umgestellt werden.

braucher aufgrund welcher Geschehnisse begehrt wird, also z. B. Schadensersatz oder Rückabwicklung eines Vertrages usw. Die betroffenen Verbraucher brauchen aber noch nicht aktiv zu werden. Die Verjährung ihrer Ansprüche wird mit der Erhebung der Verbandsklage automatisch gehemmt und sie können damit die Füße still halten und den Erfolg oder Misserfolg der Verbandsklage abwarten.

Der Verband führt also als Repräsentant der gruppenangehörigen Verbraucher das Verfahren alleine und mandatslos und zwar im Erfolgsfall bis zum Erlass eines Abhilfeurteils, also Leistungsurteils. Dieses Abhilfeurteil sollte eine Leistung an jeden einzelnen betroffenen Verbraucher ausurteilen, wobei die Gruppe der berechtigten Verbraucher bestimmt werden muss.

Erst nach Erlass des Abhilfeurteiles oder nach Abschluss eines Prozessvergleiches sollte eine zweite Phase des Opt-in folgen, in der sich die gruppenangehörigen Verbraucher zum Klageregister anmelden.[105] Die Anmeldung sollte dabei ausschließlich der Feststellung der individuellen Leistungsberechtigung, also dem Zweck dienen, die Zugehörigkeit des einzelnen Verbrauchers zu der im Abhilfeurteil benannten Gruppe geltend zu machen.

Was sind nun die Vorteile einer solchen zunächst mandatslosen Verbandsklage? Das späte Opt-in befreit die erste Phase der Verbandsklage von den administrativen Mühen eines Registers. Dies ist sinnvoll, wenn das Register – so wie derzeit bei der zivilprozessualen Musterfeststellungsklage – in dieser Phase ohnehin funktionslos, außerdem aber auch unzuverlässig ist, weil die registrierten Verbraucher weder beteiligt werden, noch ihre Gruppenzugehörigkeit überprüft wird.[106] Tatsächlich zeigt die Erfahrung etwa mit der Musterfeststellungsklage gegen die Volkswagen AG, dass sich ein nicht ganz unerheblicher Prozentsatz an Personen anmeldet, die mehr oder weniger offensichtlich nicht anspruchsberechtigt sind.

Wesentliche Vorteile ergeben sich ferner daraus, dass die Verbraucher sich erst dann, wenn der Erfolg der Verbandsklage feststeht, für oder gegen eine Beteiligung entscheiden müssen. Sie müssen also nicht die „Katze im Sack" kaufen, sondern können in Kenntnis des Abhilfeurteils frei entscheiden, beizutreten oder nicht.[107] Diese Entscheidungsfreiheit macht es unproblematisch, dass die Verbraucher zuvor keinerlei rechtliches Gehör und keinerlei Beteiligungsrechte genießen. Außerdem wird ein Haftungsrisiko für die klageberechtigten Verbände vermieden. Verbraucher, die nicht einverstanden sind, werden eben schlicht nicht beitreten.

---

105 S. näher Gsell/Meller-Hannich (oben Fn. 6), S. 25 f.
106 S. Gsell/Meller-Hannich (oben Fn. 6), S. 21, 25.
107 S. Gsell/Meller-Hannich (oben Fn. 6), S. 53.

Für Massenschäden mit beträchtlichen Einzelschäden beseitigt das späte Opt-In in Verbindung mit der von der Richtlinie angeordneten großzügigen Verjährungshemmung[108] aber auch Anreize für Einzelklagen vor allem rechtsschutzversicherter Verbraucher. Dasselbe gilt für eine Beteiligung an „unechten Sammelklagen", d.h. Abtretungsmodelle, bei denen Verbraucher ihre Ansprüche über Internet-Plattformen und gegen eine Erfolgsbeteiligung an Klagevehikel abtreten.[109] Da der einzelne Verbraucher den Ausgang der Verbandsklage zunächst risikolos abwarten kann, fehlt ein vernünftiger Grund für eine frühzeitige Einzelklage. Eine Prozessflut wird so vermieden. Dies liegt vor allem im Interesse einer Schonung von Justizressourcen.

Aber auch für Streuschäden und das Problem rationaler Apathie bringt das späte Opt-in Vorteile. Denn die Hürde für ein Opt-in ist jedenfalls niedriger, wenn die Verbraucher im Zeitpunkt der Anmeldung schon wissen, dass und welche Leistung sie zu erwarten haben.

Schließlich bietet eine durchgängig stets zunächst mandatslose Prozessführung durch den Verband auch den Vorteil eines einheitlichen Modells der Verbandsklage.[110] Unabhängig davon, welchen Antrag der Verband stellt, immer führt der Verband das Verfahren in einer ersten Phase mandatslos, was auch Klageänderungen und damit Flexibilität erlaubt.

4.2 Summarische Prüfung der Anmeldungen durch einen Treuhänder

Ein zweiter Aspekt, der in Bezug auf die Umsetzung der Verbandsklagen-RL noch angesprochen werden soll, betrifft die Frage, wie der einzelne gruppenzugehörige Verbraucher am Ende zu seinem Geld kommt. Dabei sei betont, dass jedes Modell, unabhängig davon, ob ein frühes oder spätes Opt-in vorgesehen ist oder gar die Möglichkeit zu einem Opt-out besteht, das Sachproblem bewältigen muss, wann und wie und mit welcher Intensität die Gruppenzugehörigkeit des einzelnen (möglicherweise) leistungsberechtigten Verbrauchers geprüft wird. Denn nochmals[111]: Nicht einmal die formale Anmeldung zum Klageregister bietet eine zuverlässige Gewähr dafür, dass materiell wirklich eine Berechtigung besteht. So

108 Dazu oben unter 3.5.

109 Dazu bereits oben unter 2. vor und mit Fn. 23.

110 S. Gsell/Meller-Hannich (oben Fn. 6), S. 7, 43 und dazu, dass es sich empfiehlt, auch die bisherige zivilprozessuale Musterfeststellungsklage in dieses Modell einzubeziehen und mandatslos auszugestalten bereits Fn. 104.

111 S. schon oben unter 4.1.

mag etwa ein Verbraucher zu Unrecht behaupten, er habe einen Vertrag mit der beklagten Bank geschlossen, in dem die vom Gericht als missbräuchlich eingeordnete Klausel enthalten sei uns deshalb berechtigt, von dem Abhilfeurteil zu profitieren. Damit nicht die bloße, vielleicht unberechtigte Geltendmachung der angeblichen Leistungsberechtigung eine Leistung an den betreffenden Verbraucher nach sich zieht, muss also notwendig eine mehr oder weniger strenge Prüfung der Gruppenzugehörigkeit des einzelnen erfolgen.

Für diese Prüfung, die bei Massenschadensereignissen mit Tausenden von Geschädigten erheblichen administrativen Aufwand erfordern kann, empfiehlt sich eine Ausgestaltung als summarische Prüfung, die einem unabhängigen Treuhänder anvertraut wird.[112] Dieser unabhängige Treuhänder sollte vom Gericht bestimmt werden und das Gericht sollte in dem Abhilfeurteil auch die Modalitäten der Anmeldung zum Klageregister festlegen, also etwa bestimmen, welche Dokumente die Verbraucher zum Nachweis ihrer Leistungsberechtigung in elektronischer Form hochladen müssen usw. Der Treuhänder, der selbstverständlich einen Mitarbeiterstab unterhalten dürfte, hätte dann die Anmeldungen auf ihre Vollständigkeit und äußere Schlüssigkeit zu prüfen. Bei unzureichenden Anmeldungen würde er zur Vervollständigung bzw. zur Zurücknahme auffordern. Außerdem hätte er etwaigen Einwendungen, die vom Unternehmer gegen Anmeldungen erhoben werden, nachzugehen.

Das Ergebnis der summarischen Prüfung des Treuhänders sollte dann grundsätzlich endgültig über die Leistungsberechtigung der angemeldeten Verbraucher entscheiden. Nur wenn sich Einwendungen durch Intervention des Treuhänders nicht ausräumen lassen, sollte darüber gerichtlich entschieden werden. Sofern der Treuhänder Einwendungen des beklagten Unternehmers nicht teilt, sollte dabei den Unternehmer die Prozesslast für die gerichtliche Klärung treffen.

Ein solcher Vollzug des Abhilfeurteils unter Regie eines Treuhänders würde also Elemente der einvernehmlichen Streitbeilegung fruchtbar machen. Auf diese Weise würde ein niedrigschwelliger und Ressourcen sparenden Vollzug von Abhilfeurteilen ermöglicht und es könnte die erste Phase des Verfahrens als eigentlicher Verbandsklageprozess schlank gehalten werden.

---

112 S. dazu eingehend S. Gsell/Meller-Hannich (oben Fn. 6), S. 26 ff.; dessen Vergütung wäre als Teil der Verfahrenskosten vom unterlegenen Beklagten zu tragen.

5 Fazit

Die in Deutschland offenbar noch immer verbreitete Skepsis gegenüber kollektivem Rechtsschutz ist aus der traditionellen Perspektive des Zivilprozesses heraus gewiss verständlich. So ist nicht zu leugnen, dass es bei Verbands-, Gruppen- und Sammelklagen typischerweise zu einer Entkoppelung von Prozesschance und Prozessrisiko kommt. Den Gruppenangehörigen, die von einer erfolgreichen Kollektivklage profitieren, werden Risiken und Mühen des Prozesses abgenommen. Die legitimen Ziele des kollektiven Rechtsschutzes, so insbesondere die Präventivwirkung bei Streuschäden und die prozessökonomischen Vorteile einer Gesamterledigung bei Massenschäden, vermögen diese asymmetrische Risikoverteilung aber allgemein und auch im bankrechtlichen Kontext zu rechtfertigen. Dabei macht es die zunehmende digitale Erleichterung eines „Matching“ gleichartiger Betroffenheiten besonders dringlich, die traditionelle Einzelklage durch prozessuale Instrumente zu ergänzen, die eine prozessökonomische Bewältigung gebündelter Ansprüche ermöglicht. Die Verbandsklagen-RL ist mit allen ihren Unzulänglichkeiten ein wichtiger Schritt auf diesem Weg. Es hängt nun vom Umsetzungsgeschick und -willen des deutschen Gesetzgebers ab, ob er mehr daraus macht, als er unbedingt muss.

Univ.-Prof. Dr. Dörte Poelzig, M.Jur. (Oxon),
Universität Hamburg

Durchsetzung von Verbraucherrechten durch Private, BaFin und BkartA

Entwicklungen und Herausforderungen eines zivil- und aufsichtsrechtlichen Verbraucherschutzes

Alle zitierten Internetquellen wurden zuletzt abgerufen am 18.10.2021. Die vorliegende Schriftfassung des Referats auf dem Bankrechtstag entspricht in Teilen den Ausführungen der Autorin in BKR 2021, 589.

https://doi.org/10.1515/9783110790191-004

1 Einleitung

Verbraucherschutzrecht wird in Deutschland – anders als in vielen anderen Mitgliedstaaten – vornehmlich durch Private vor den Zivilgerichten durchgesetzt. Dies erfolgt insbesondere im Wege der kollektiven Verbraucherrechtsdurchsetzung, die durch die europäische Verbandsklage[1] weiter gestärkt wird.[2] Sowohl auf deutscher als auch auf europäischer Ebene gibt es aber Tendenzen, die Durchsetzung von Verbraucherrechten verstärkt in die Hände von Aufsichtsbehörden zu legen. So hat die BaFin am 21. Juni 2021 – wie bereits zu Beginn des Jahres angekündigt[3] – Kreditinstitute durch Allgemeinverfügung verpflichtet, Prämiensparkunden über unwirksame Zinsanpassungsklauseln zu informieren und eine Nachberechnung anzubieten.[4] Mit dem FISG, das am 1. Juli in Kraft getreten ist, kann die BaFin zudem Testkäufe im Interesse des kollektiven Verbraucherschutzes durchführen. Auch das Bundesamt für Justiz beteiligte sich an EU-weiten Untersuchungen von Verbraucherkrediten, um grenzüberschreitende Verbraucherrechtsverstöße festzustellen. Auf rechtspolitischer Ebene wird außerdem darüber diskutiert, das Bundeskartellamt zu einer schlagkräftigen Verbraucherschutzbehörde auszubauen. Doch dieses Nebeneinander von zivilgerichtlicher und aufsichtsbehördlicher Verbraucherrechtsdurchsetzung führt zu Spannungen: So wird der BaFin beispielsweise vorgeworfen, sie wolle sich mit ihrer Allgemeinverfügung im Zinsstreit in rechtsstaatswidriger Weise „auf den Stuhl des BGH" setzen.[5] Dementsprechend hatte das VG Frankfurt eine Untersagungsverfügung der BaFin vom 15. Juli 2019 zur Einführung von Negativzinsen aufgehoben,

---

1 Richtlinie (EU) 2020/1828 des Europäischen Parlaments und des Rates vom 25. November 2020 über Verbandsklagen zum Schutz der Kollektivinteressen der Verbraucher und zur Aufhebung der Richtlinie 2009/22/EG, ABl. L 409 v. 4.12.2020, S. 1.

2 Hierzu Gsell, in diesem Band.

3 BaFin Pressemitteilung v. 29.1.2021, abrufbar https://www.bafin.de/SharedDocs/Veroeffentlichungen/DE/Pressemitteilung/2021/pm_210129_praemiensparen.html.

4 BaFin Allgemeinverfügung bezüglich Zinsanpassungsklauseln bei Prämiensparverträgen v. 21.6.2021, abrufbar unter https://www.bafin.de/SharedDocs/Veroeffentlichungen/DE/Aufsichtsrecht/Verfuegung/vf_210621_allgvfg_Zinsanpassungsklauseln_Praemiensparvertraege.html?nn=7846960.

5 Siehe Schleweis, in: Süddeutsche Zeitung v. 28.3.2021, abrufbar unter: https://www.sueddeutsche.de/wirtschaft/praemiensparen-zinsnachzahlungen-sparkassen-bafin-1.5249354. Siehe nur das Musterfeststellungsverfahren vor dem OLG Dresden, BeckRS 2020, 6640, das beim BGH anhängig ist (Az. XI ZR 234/20).

da eine Entscheidung des BGH zu der maßgeblichen Rechtsfrage in absehbarer Zeit zu erwarten war.[6]

Im Folgenden soll zunächst dargestellt werden, warum Aufsichtsbehörden überhaupt zur Verbraucherrechtsdurchsetzung neben Zivilgerichten befugt sein sollen, also welche Schwächen die private Verbraucherrechtsdurchsetzung hat (B.). Anschließend werden die aufsichtsbehördlichen Kompetenzen der BaFin, des BKartA und des Bundesamtes für Justiz sowie aktuelle europäische Entwicklungen zur weiteren Stärkung der Aufsichtsbehörden zur Verbraucherrechtsdurchsetzung dargestellt (C.). Abschließend geht es um die Spannungen, die aus dem Nebeneinander von privater und behördlicher Verbraucherrechtsdurchsetzung entstehen und wie diese aufgelöst werden könnten (D.).

2 Schwächen privater Verbraucherrechtsdurchsetzung

Das tradierte System der privaten Verbraucherrechtsdurchsetzung mit Hilfe von Zivilgerichten hat sich nach einer wissenschaftlichen Studie im Auftrag des Bundeswirtschaftsministeriums 2018 im Großen und Ganzen bewährt und gilt gemeinhin als effektiv und schlagkräftig.[7] Daher stellt sich die Frage, warum der Gesetzgeber gleichwohl zunehmend meint, verstärkt Aufsichtsbehörden in die Durchsetzung von Verbraucherrechten einbinden zu müssen, ob und inwieweit eine ausschließlich private Verbraucherrechtsdurchsetzung also trotz allen Erfolgs Schwächen hat. Ziel einer effektiven Verbraucherrechtsdurchsetzung ist es erstens, Rechtsverstöße schnell und wirksam abzustellen bzw. zu verhindern.[8] Das erfolgt auf zivilrechtlichem Wege vor allem über außergerichtliche Abmahnungen mit strafbewährter Unterlassungserklärung sowie Unterlassungsklagen bzw. einstweiligem Rechtsschutz. Zweitens geht es bei einer effektiven Verbraucherrechtsdurchsetzung um die Kompensation von wirtschaftlichen Schäden einzelner Verbraucher. Dies bereitet derzeit vor allem bei Streuschäden Schwierigkeiten. Denn hier setzen die geschädigten Verbraucher ihre Ansprüche wegen der individuell geringen Schäden einerseits und der hohen Prozesskosten ande-

---

6 VG Frankfurt BKR 2021, 583. Die Berufung ist anhängig beim 6. Senat des Hessischen VGH unter dem Az. 6 A 1531/21.

7 *Podszun/Busch/Henning-Bodewig*, Behördliche Durchsetzung des Verbraucherrechts?, 2018, S. 2, 183. Ferner *Brinker*, NZKart 2017, 141 („aus dem heiteren Himmel“).

8 Zu den Zielen der Verbraucherrechtsdurchsetzung *Podszun/Busch/Henning-Bodewig*, Behördliche Durchsetzung des Verbraucherrechts?, 2018, S. 167 f.

rerseits nur selten durch. Sie leiden unter einer sog. „rationalen Apathie".[9] Dem soll jedoch vor allem auch die künftige europäische Verbandsklage entgegenwirken.[10] Drittens gehört zur effektiven Verbraucherrechtsdurchsetzung die Prävention durch Sanktionierung von Rechtsverletzern. Das europäische Unionsrecht, auf dem die Mehrzahl der verbraucherschützenden Vorschriften beruht, verlangt Sanktionen, die wirksam, abschreckend und verhältnismäßig sind. Zur Prävention hat der deutsche Gesetzgeber vor allem die Verbände in § 10 UWG mit einem Gewinnabschöpfungsanspruch ausgestattet.[11]

2.1 Fehlen von Ermittlungsbefugnissen

Eine wirksame Durchsetzung setzt voraus, dass Verstöße überhaupt aufgedeckt und aufgeklärt werden können. Der besondere Vorteil der privaten Verbraucherrechtsdurchsetzung besteht zwar darin, dass Private ihr Ohr am Markt haben und verbraucherschädigende Verhaltensweisen, wie unzulässige Klauseln, häufig offen zu Tage liegen.[12] Private stoßen aber dann an ihre Grenzen, wenn Verstöße nicht ohne Weiteres für sie erkennbar sind und besondere Ermittlungen notwendig werden.[13] Schwierigkeiten können vor allem intransparente Geschäftsmodelle und Finanzströme bereiten, denen nicht zuletzt die Digitalisierung Vorschub leistet.[14] Auch wenn die private Durchsetzung durch Beweiserleichterungen gestärkt werden kann,[15] sind die Aufsichtsbehörden mit ihren Ermittlungsbefugnissen den Privaten hier gleichwohl überlegen.

2.2 Unzureichende Prävention

Der zweite Schwachpunkt einer rein zivilgerichtlichen Verbraucherrechtsdurchsetzung besteht darin, dass das richtige Maß an Abschreckung auf zivilrechtli-

---

9 Näher hierzu *Poelzig*, Normdurchsetzung durch Privatrecht, 2012, S. 40 f.
10 Hierzu *Gsell*, in diesem Band.
11 *Poelzig*, Normdurchsetzung durch Privatrecht, 2012, S. 494 ff.
12 *Poelzig*, Normdurchsetzung durch Privatrecht, 2012, S. 570.
13 *Poelzig*, Normdurchsetzung durch Privatrecht, 2012, S. 572.
14 Siehe dazu *Podszun/Busch/Henning-Bodewig*, Behördliche Durchsetzung des Verbraucherrechts?, S. 165; Stellungnahme des VZBV zum Grünbuch Digitale Plattformen vom 26.9.2016, S. 23 f., https://www.vzbv.de/sites/default/files/16-09-22_vzbv_stellungnahme_gruenbuch_digitale_plattformen.pdf.
15 *Künstner*, ZRP 2019, 98, 99.

chem Wege nicht immer leicht zu finden ist: Eine abschreckende Wirkung entfalten Sanktionen nur dann, wenn der Adressat damit rechnen muss, dass sich Verstöße nicht lohnen, also jedenfalls der Gewinn aus dem Verstoß abzuführen ist.[16] Das ist bei bloßen Unterlassungsansprüchen nicht der Fall. Sie entfalten daher nur geringe abschreckende Wirkung.[17] Schadensersatzansprüche können zwar abschreckende Wirkung entfalten, aber nur dann, wenn sie tatsächlich geltend gemacht werden, was derzeit insbesondere bei Streuschäden noch nicht der Fall ist. Zwar hat der deutsche Gesetzgeber vor diesem Hintergrund eigens zur Prävention die zivilrechtliche Gewinnabschöpfung gem. § 10 UWG eingeführt; diese ist aber bislang nicht mehr als ein „zahnloser Tiger".[18] Denn den hohen Voraussetzungen des Anspruchs auf der einen Seite steht kein Nutzen für die klagebefugten Verbände auf der anderen Seite gegenüber. Der abgeschöpfte Gewinn kommt nicht den Verbänden, sondern kommt dem Staatshaushalt zugute. Aber auch wenn die zivilrechtlichen Regelungen so gestaltet werden, dass Ansprüche möglichst einfach durchsetzbar sind, lässt sich das genaue Maß der Prävention insgesamt nur schwer kalibrieren.[19] Denn Private handeln nach eigenen Kosten- und Nutzenerwägungen und nicht unter Berücksichtigung anderer, insbesondere öffentlicher Interessen. So wird vor allem mit Blick in die USA die Sorge geäußert, mit der kollektiven Durchsetzung eine Klageindustrie und Missbrauch zu befördern und so Unternehmen übermäßig zu belasten.[20] Vor allem bei schwerwiegenden Verbraucherrechtsverstößen mit erheblichen volkswirtschaftlichen Folgen scheinen Bußgeldsanktionen besser zur Generalprävention geeignet,[21] denn bei ihrer Bemessung sind der gesamtwirtschaftliche Schaden und die erzielten Vorteile zu berücksichtigen (siehe § 17 Abs. 3 und 4 OWiG).

2.3 Fehlen einer Breitenwirkung

Neben den fehlenden Ermittlungsmöglichkeiten Privater und der ungenauen Steuerungswirkung zivilrechtlicher Ansprüche ist drittens auch die fehlende Breitenwirkung zivilgerichtlicher Urteile ein Defizit der privaten Verbraucher-

---

16 *Poelzig*, Normdurchsetzung durch Privatrecht, 2012, S. 375 ff.

17 *Poelzig*, Normdurchsetzung durch Privatrecht, 2012, S. 471 f.

18 *Stadler/Micklitz*, WRP 2003, 559, 562; *Goldmann*, in: Harte-Bavendamm/Henning-Bodewig, 4. Aufl. 2016, § 10 UWG Rn. 11; *Poelzig*, Normdurchsetzung durch Privatrecht, 2012, S. 498 ff.

19 *Poelzig*, Normdurchsetzung durch Privatrecht, 2012, S. 572 f.

20 Vgl. auch *Stadler*, WuW 2018, 189 („Schreckgespenst"), *Basedow*, EuZW 2018, 609, 614 („ein an die Wand gemaltes Menetekel").

21 *Podszun*, in: Brönneke/Willburger/Bietz (Hrsg.), Verbraucherrechtsvollzug, 2020, S. 274.

rechtsdurchsetzung.[22] Zwar entfalten grundlegende höchstrichterliche Urteile nicht selten eine faktische Breitenwirkung. In rechtlicher Hinsicht greift die Rechtskraft zivilrechtlicher Urteile aber nur inter partes zwischen den Parteien des Zivilverfahrens. Auch die Rechtskrafterweiterung speziell für AGB in § 11 Abs. 1 UKlaG beschränkt sich auf andere Verbraucher, die in selber Weise durch das verurteilte Unternehmen betroffen sind, und gilt nicht für andere Unternehmen, die inhaltsgleiche Klauseln verwenden. Verbraucherrechtswidrige Praktiken, die branchenweit ausgeübt werden, erfordern daher eine Vielzahl von zivilgerichtlichen Parallelprozessen. Demgegenüber können Aufsichtsbehörden Unterlassungsanordnungen im Wege der Allgemeinverfügung gem. § 35 Abs. 2 VwVfG erlassen.

3 Vordringen einer behördlichen Verbraucherrechtsdurchsetzung

Vor diesem Hintergrund werden auf nationaler und europäischer Ebene zunehmend Aufsichtsbehörden mit der Durchsetzung zivilrechtlicher Verbraucherschutzvorschriften betraut.

3.1 Verbraucherrechtsdurchsetzung durch die BaFin

Bereits mit dem Kleinanlegerschutzgesetz 2015 wurde die BaFin in § 4 Abs. 1a FinDAG verpflichtet, „innerhalb ihres gesetzlichen Auftrags auch dem Schutz der kollektiven Verbraucherinteressen" zu dienen. Sie kann demnach „[u]nbeschadet weiterer Befugnisse nach anderen Gesetzen [...] gegenüber den Instituten und anderen [beaufsichtigten] Unternehmen [...] alle Anordnungen treffen, die geeignet und erforderlich sind, um verbraucherschutzrelevante Missstände zu verhindern oder zu beseitigen, wenn eine generelle Klärung im Interesse des Verbraucherschutzes geboten erscheint". Die Bewertung dieser Vorschrift fällt weitgehend kritisch aus und reicht von „gut gemeint [...] aber letztendlich misslungen"[23] bis hin zu „Schaufenstervorschrift [mit] Placebo-Charakter"[24] oder „mehr eine politische Botschaft als eine belastbare Rechtsnorm".[25] Die BaFin

22 *Poelzig*, Normdurchsetzung durch Privatrecht, 2012, S. 573.
23 *Buck-Heeb*, BKR 2021, 141.
24 *Möllers/Kastl*, NZG 2015, 849, 855.
25 *Laars*, Finanzdienstleistungsaufsichtsgesetz, 4. Aufl. 2017, § 4 Rn. 4.

hat der Regelung jedoch mittlerweile Leben eingehaucht. Im Streit um die Wirksamkeit von Zinsanpassungsklauseln in Prämiensparverträgen veröffentlichte die Behörde nach Gesprächen mit den Branchenverbänden ihre Rechtsauffassung zunächst noch unverbindlich im BaFin-Journal, berief sodann einen „Runden Tisch“ ein und forderte anschließend die Verbraucher auf, ihre Prämiensparverträge zu überprüfen. Am 21. Juni 2021 erließ die Behörde dann auf Grundlage des § 4 Abs. 1a FinDAG die bereits im Januar angekündigte Allgemeinverfügung: Darin werden Kreditinstitute, die in langfristigen Prämiensparverträgen ein uneingeschränktes einseitiges Leistungsbestimmungsrecht zu ihren Gunsten bezüglich des Vertragszinses vereinbart haben, verpflichtet, ihre Kunden über die Unwirksamkeit dieser Zinsanpassungsklauseln zu informieren. Außerdem müssen sie dies mit der unwiderruflichen Zusage verbinden, die entstandene Vertragslücke zu schließen, indem sie entweder eine Zinsnachberechnung auf Grundlage einer noch zu erwartenden zivilgerichtlichen ergänzenden Vertragsauslegung zusichern oder einen Änderungsvertrag mit einer wirksamen Zinsanpassungsklausel anbieten.[26] Besondere Kritik hat das Vorgehen der BaFin hervorgerufen, da bei Erlass der Allgemeinverfügung bereits zahlreiche Musterfeststellungsklagen mit dem Ziel erhoben worden waren, die inhaltlichen Anforderungen an eine Zinsanpassungsklausel im Wege ergänzender Vertragsauslegung gerichtlich klären zu lassen,[27] diese Verfahren beim BGH anhängig waren und daher zeitnah mit einer höchstrichterlichen Entscheidung zu rechnen war.[28] Aus diesem Grund hob das VG Frankfurt die bereits im Jahr 2019 erlassene Untersagungsverfügung der BaFin zur Einführung von Negativzinsen auf.[29] Damit ist die Frage virulent geworden, wie weit die aufsichtsbehördliche Befugnis der BaFin bei Verstößen gegen zivilrechtliche Verbraucherschutzvorschriften, hier die AGB-rechtlichen Maßgaben, reicht.

26 BaFin Allgemeinverfügung bezüglich Zinsanpassungsklauseln bei Prämiensparverträgen v. 21.6.2021, abrufbar unter https://www.bafin.de/SharedDocs/Veroeffentlichungen/DE/Aufsichtsrecht/Verfuegung/vf_210621_allgvfg_Zinsanpassungsklauseln_Praemiensparvertraege.html?nn=7846960.

27 Siehe nur OLG Dresden BeckRS 2020, 6640; OLG Dresden Urt. v. 17.6.2020 – Az. 5 MK 1/20; Urt. v. 9.9.2020 – Az. 5 MK 2/19; s. auch Klageregister des Bundesamts für Justiz (abrufbar unter https://www.bundesjustizamt.de/DE/Themen/Buergerdienste/Klageregister/Bekanntmachungen/Klagen_node.html).

28 Vgl. die anhängige Revision zu OLG Dresden BeckRS 2020, 6640 (XI ZR 234/20);

29 VG Frankfurt BKR 2021, 583.

3.1.1 Anordnungsbefugnis bei qualifizierten Verbraucherrechtsverstößen

Die BaFin kann zunächst nur „innerhalb ihres gesetzlichen Auftrags", also im Rahmen ihrer fachgesetzlich geregelten Aufsichtstätigkeit, eingreifen[30] und zudem nur zum Schutz kollektiver Verbraucherinteressen und nicht zur Durchsetzung von Individualansprüchen.[31] Sie kann Anordnungen erlassen, wenn sie verbraucherschutzrelevante Missstände feststellt: Ein verbraucherschutzrelevanter Missstand setzt gem. § 4 Abs. 1a S. 3 FinDAG zunächst einen Verstoß gegen ein Verbraucherschutzgesetz voraus. Zu den Verbraucherschutzgesetzen gehören auch zivilrechtliche Vorschriften, die dem Schutz von Verbraucherinteressen dienen, wie die AGB-Vorschriften, die Vorschriften des UWG oder die Verbraucherkreditvorschriften des BGB.[32] Erfasst sind allerdings nur qualifizierte Verbraucherrechtsverstöße. Das sind gem. § 4 Abs. 1a S. 3 FinDAG erhebliche, dauerhafte oder wiederholte Verstöße, die nicht nur die Interessen einzelner gefährden, sondern eine Vielzahl von Verbrauchern betreffen. Durch diese Einschränkung wird sichergestellt, dass es ein öffentliches Interesse am Einschreiten der BaFin gibt und damit eine Legitimation für eine behördliche Tätigkeit besteht. Das aufsichtsbehördliche Tätigwerden muss zudem geeignet und erforderlich sein.

Unter diesen Voraussetzungen kann die BaFin Anordnungen erlassen, um Missstände zu verhindern oder zu beseitigen: Um Missstände zunächst erst einmal aufdecken zu können, stehen der BaFin die aufsichtsbehördlichen Ermittlungsbefugnisse zur Verfügung. Dazu gehört seit Inkrafttreten des FISG am 1. Juli 2021 gem. § 4 Abs. 1a S. 4 FinDAG nF vor allem auch die Möglichkeit von Testkäufen, das sog. Mystery Shopping. Der Begriff der Anordnung ist im Übrigen weit zu verstehen, so dass informelle Hinweisschreiben ebenso möglich sind wie Verwaltungsakte und insbesondere auch Allgemeinverfügungen.[33] Demnach kann die BaFin beispielsweise das Unterlassen verbraucherrechtswidriger Praktiken, wie die Verwendung unwirksamer AGB-Klauseln anordnen. Nach teilweise vertretener Auffassung im Schrifttum kann die BaFin darüber hinaus zur Beseitigung von Missständen Kreditinstitute beispielsweise verpflichten, Verbraucher über die Unwirksamkeit von Klauseln zu informieren oder ihnen zuviel gezahlte

---

30 Begr. RegE, BT-Drs. 18/3994, S. 36.

31 *Buck-Heeb*, BKR 2021, 141.

32 *Gurlit*, Bankrechtstag 2015, S. 16; *Köhler*, in: Köhler/Bornkamm/Feddersen, UWG, 39. Aufl. 2021, § 2 UKlaG Rn. 30 ff.

33 *Döhmel* in: Assmann/Schneider/Mülbert, Wertpapierhandelsrecht, 7. Aufl. 2019, § 6 WpHG Rn. 46.

Entgelte zurückzuerstatten bzw. Zinsen nachzuzahlen.[34] Jedenfalls die Anordnung einer Rückerstattung oder Nachzahlung ginge aber wohl zu weit, denn dies wäre im Ergebnis die gebündelte Durchsetzung individueller Verbraucheransprüche im Gewande einer behördlichen Anordnung, ohne dass die Verbraucher die Behörde hiermit beauftragt oder sonst ihre Zustimmung erteilt hätten.[35] Damit würden nicht nur die Verteidigungsmöglichkeiten der Unternehmen im Hinblick auf Einwendungen und Einreden, wie insbesondere die Einrede der Verjährung, beschränkt. Dies wäre auch ein Eingriff in die Privatautonomie der Verbraucher,[36] denn ihnen wäre die Disposition über ihre eigenen Ansprüche genommen.

3.1.2 Verhältnis zu den Zivilgerichten

Umstritten ist das Verhältnis der BaFin zur zivilgerichtlichen Verbraucherrechtsdurchsetzung. Fraglich ist, ob die BaFin vor allem auch dann eingreifen darf, wenn zur Klärung der Rechtsfrage bereits zivilgerichtliche Verfahren anhängig sind. Während manche für eine parallele und ebenbürtige Zuständigkeit der BaFin eintreten,[37] stellen andere die verfassungsrechtliche Unbedenklichkeit einer solch weitreichenden Befugnis mit Blick auf den Gewaltenteilungsgrundsatz in Frage und plädieren jedenfalls für eine enge Auslegung der Norm.[38] Für eine weitreichende und gleichrangige Kompetenz der BaFin neben den Zivilgerichten wird vor allem auf eine Entscheidung des BVerwG im Jahr 1998 zur Kontrolle von Allgemeinen Versicherungsbedingungen durch das damalige Bundesamt für Versicherungswesen gem. § 81 VAG aF verwiesen:[39] Darin hat das Gericht festgestellt, dass die Aufsichtsbehörde über die AGB-rechtliche Wirksamkeit von Klauseln unabhängig von einem zivilgerichtlichen Verfahren entscheiden kann.

Anders als im Versicherungsaufsichtsrecht wollte der Gesetzgeber mit § 4 Abs. 1a FinDAG aber gerade keine allgemeine und parallele Zuständigkeit der BaFin zur Verbraucherrechtsdurchsetzung schaffen, sondern lediglich eine die

34 *Brömmelmeyer*, VersR 2019, 909, 915; *Rott*, WM 2019, 1189, 1193 f.

35 So auch zum Folgenbeseitigungsanspruch durch Verbände gem. § 8 UWG Köhler, WRP 2019, 269, 276.

36 *Buck-Heeb*, BKR 2021, 141, 148 f.

37 *Rott*, WM 2019, 1189, 1191.

38 *Buck-Heeb*, BKR 2021, 141, 147, *Edelmann/Schultheiß/Hölldampf*, BB 2021, 835, 842 f.; *Gurlit*, Bankrechtstag 2015, S. 3, 16 ff.; *Herresthal*, BKR 2021, 131, 140; *Hölldampf/Schultheiß*, BB 2020, 651, 652

39 *Brömmelmeyer*, VersR 2019, 909, 914 f.

zivilgerichtliche Durchsetzung ergänzende Kompetenz der BaFin zum Schutz kollektiver Verbraucherinteressen.[40] So soll nach den Gesetzesmaterialien ein Eingreifen der BaFin insbesondere dann möglich sein, wenn „ein Institut oder Unternehmen [...] eine einschlägige Entscheidung des Bundesgerichtshofes zur Anwendung einer zivilrechtlichen Norm mit verbraucherschützender Wirkung nicht beachtet". In einem solchen Fall soll die BaFin vor allem die den zivilrechtlichen Urteilen fehlende Breitenwirkung erzeugen. Darüber hinaus kann die BaFin bei systematischen und gewichtigen Verstößen tätig werden, wenn „in absehbarer Zeit kein höchstrichterliches Urteil zu erwarten ist".[41] Ist aber in absehbarer Zeit mit einer Klärung der maßgeblichen Rechtsfragen durch den BGH zu rechnen, weil Verfahren dort bereits anhängig sind, ist ein Tätigwerden der BaFin nicht erforderlich und damit ausgeschlossen.[42] Die Behörde hat daher im Rahmen des Aufgreifermessens auch zu berücksichtigen, ob und inwieweit dem Verbraucherschutz bereits auf zivilrechtlichem Wege – insbesondere durch kollektiven Rechtsschutz – ausreichend Rechnung getragen werden kann.[43]

3.2 Verbraucherrechtsdurchsetzung durch das BKartA

Seit einiger Zeit wird auf rechtspolitischer Ebene außerdem über den Ausbau des Bundeskartellamtes zu einer starken Verbraucherschutzbehörde diskutiert.[44] Allerdings werden – ähnlich wie im Falle der BaFin – auch gegenüber dem BKartA als Verbraucherschutzbehörde erhebliche Vorbehalte angemeldet.[45] Befürchtet

---

40 *Brömmelmeyer*, VersR 2019, 909, 915; *Buck-Heeb*, BKR 2021, 141, 142 ff.; *Edelmann/Schultheiß/Hölldampf*, BB 2021, 835, 843, *Herresthal*, BKR 2021, 131, 140. Für eine weitergehende Befugnis der BaFin jedoch *Präve*, VersR 1998, 1137; *Rott*, WM 2019, 1189, 1191.

41 Begr. RegE, BT-Drucks. 18/3994, S. 36; Rott, WM 2019, 1189, 1191. In diese Richtung auch *Roegele*, in: Kenning/Oehler/Reisch/Grugel, Verbraucherwissenschaften, 2017, S. 589 (607); *Hufeld*, VuR 2015, 401 f.

42 *Brömmelmeyer*, VersR 2019, 909, 915; *Buck-Heeb*, BKR 2021, 141, 142 ff.; *Edelmann/Schultheiß/Hölldampf*, BB 2021, 835, 843, *Herresthal*, BKR 2021, 131, 140. Siehe nun auch PM des VG Frankfurt a. M. Nr. 21/2021 v. 6.7.2021.

43 So auch *Köhler*, WRP 2020, 803, 806. Ablehnend *Rott*, WM 2019, 1189, 1194.

44 Siehe http://www.fiw-online.de/de/aktuelles/aktuelles/9.-gwb-novelle-geplantes-vorhaben-zur-staerkung-des-verbraucherschutzes-uwg-im-kartellrecht. Hierzu insbesondere die Studie von *Podszun/Busch/Henning-Bodewig*, Behördliche Durchsetzung des Verbraucherrechts?, zusammengefasst in *Podszun/Busch/Henning-Bodewig*, GRUR 2018, 1004 ff. Kritisch hingegen aus kartellrechtlicher Perspektive *Ackermann*, NZKart 2016, 397, 398;

45 Vor allem aus dem Kartellrecht siehe nur *Ackermann*, NZKart 2016, 397; ebenso aus lauterkeitsrechtlicher Perspektive allgemein zur behördlichen Verbraucherrechtsdurchsetzung *Ohly*, in: FS Köhler, 2014, 507, 509 ff. Positiver hingegen aus dem Verbraucherrecht, vgl. statt aller *Micklitz*,

werden u. a. Konflikte mit dem etablierten und vor allem bewährten privatrechtlichen Durchsetzungsmodell und eine außer Verhältnis zum verbraucherrechtlichen Nutzen stehende Belastung der Unternehmen. Das Bundeskartellamt solle seine vergleichsweise „scharfen Schwerter", die für den Kampf gegen Kartelle gedacht sind,[46] nicht zur Sanktionierung von Verbraucherrechtsverstößen einsetzen. Denn Verbraucherrechtsverstöße – wie etwa rechtswidrige Klauseln im „Kleingedruckten" – reichen oftmals nicht an das Schädigungspotential von Kartellverstößen heran.

3.2.1 Punktuelle Befugnisse bei qualifizierten Verbraucherrechtsverstößen

Wegen dieser grundsätzlichen Bedenken hat sich der Gesetzgeber mit der 9. GWB-Novelle 2017 daher zunächst erst einmal darauf beschränkt, eine spezielle Beschlussabteilung Verbraucherschutz zu schaffen und dem Amt im GWB punktuelle Befugnisse zur Durchsetzung von Verbraucherrechten einzuräumen.[47] Die Befugnisse des BKartA knüpfen – wie diejenigen der BaFin – jeweils an qualifizierte Verbraucherrechtsverstöße an. Erforderlich für ein Tätigwerden der BaFin sind also erhebliche, dauerhafte oder wiederholte Verstöße gegen verbraucherrechtliche Vorschriften, wie das AGB-Recht oder das UWG, die nach ihrer Art oder ihrem Umfang die Interessen einer Vielzahl von Verbrauchern beeinträchtigen.[48] Bei einem begründeten Verdacht auf derartige Verbraucherrechtsverstöße kann das BKartA gem. § 32e Abs. 5 S. 1 GWB Sektoruntersuchungen durchführen, also die verbraucherrechtliche Situation in einem bestimmten Sektor ausleuchten.[49] Darüber hinaus kann sich das BKartA gem. § 90 Abs. 6 GWB als amicus curiae, als Freund des Gerichts,[50] an zivilgerichtlichen Streitigkeiten zu Verbraucherrechtsverstößen beteiligen und seine Erkenntnisse, etwa aus den Sektoruntersuchungen, und seine ökonomische Expertise in das zivilgerichtliche Verfahren einbringen.[51] Indem das BKartA so die Aufdeckung von Verbraucherrechtsverstößen

---

Gutachten A zum 69. DJT, 2012; *Weber*, VuR 2013, 323 ff.; *Rott*, VuR 2016, 281 ff. Eingehend zur rechtspolitischen Diskussion *Podszun/Schmieder* in: Kersting/Podszun, Die 9. GWB-Novelle, 2017, Kap. 6 Rn. 3 ff.

46 *Brinker*, NZKart 2017, 141.

47 *Brinker*, NZKart 2017, 141, 142.

48 Beschlussempfehlung und Bericht, BT-Drs. 18/11446, S. 26, abrufbar unter: https://dserver.bundestag.de/btd/18/114/1811446.pdf).

49 *Podszun*, in: KölnKomm KartellR, GWB, § 32e Rn. 1; *Podszun/Schmieder*, in: Kersting/Podszun, Die 9. GWB-Novelle, 2017, Kap. 6 Rn. 16.

50 Monographisch hierzu *Kühne*, Amicus Curiae, 2015, S. 169 ff.

51 Allgemein hierzu *Poelzig*, Normdurchsetzung durch Privatrecht, 2012, S. 198 f., 513 f.

verbessern und besondere Kenntnisse in zivilgerichtliche Verfahren einbringen kann, dient es auch der Stärkung der privaten Verbraucherrechtsdurchsetzung.[52]

3.2.2 Verhältnis zu Zivilgerichten und BaFin

Da das BKartA damit eine lediglich ergänzende Funktion in der Verbraucherrechtsdurchsetzung übernimmt, greifen die aufsichtsbehördlichen Befugnisse ebenso wie diejenigen der BaFin nur subsidiär: Das BKartA soll das Ermessen zur Durchführung von Sektoruntersuchungen gem. § 32e Abs. 6 GWB danach ausüben, ob die private Rechtsdurchsetzung erheblich eingeschränkt oder angesichts der Art und der Schwere der Verstöße weitgehend wirkungslos ist.[53] Darüber hinaus ist die Zuständigkeit des BKartA gem. §§ 32e Abs. 5 S. 2, 90a Abs. 6 S. 2 GWB aber auch subsidiär gegenüber der Zuständigkeit anderer Bundesbehörden, insbesondere der BaFin. Denn die BaFin verfügt als sachnähere Behörde über größere Kompetenzen im Finanzdienstleistungssektor.[54] Die Subsidiarität des BKartA ist nach dem Wortlaut strikt ausgestaltet und gilt unabhängig davon, ob der anderen Bundesbehörde gleichwertige Befugnisse zustehen.[55] Eine Zuständigkeit des BKartA scheidet daher im Geltungsbereich des § 4 Abs. 1a FinDAG aus, obgleich die BaFin nicht zu Sektoruntersuchungen befugt und nur in den begrenzten Fällen des § 8 Abs. 2 UKlaG im Rahmen von Unterlassungsklagen anzuhören ist.

3.3 Verbraucherrechtsdurchsetzung bei grenzüberschreitenden Verstößen

Der wesentliche Treiber für die Stärkung der aufsichtsbehördlichen Verbraucherrechtsdurchsetzung und der Grund, warum sich der Paradigmenwechsel von der ausschließlich privaten Verbraucherrechtsdurchsetzung in Deutschland zu einem Nebeneinander privater und behördlicher Durchsetzung, wohl nicht mehr aufhalten lässt, ist der europäische Gesetzgeber.[56] Dieser hat aufsichtsbehördliche Kompetenzen im Verbraucherrecht bei grenzüberschreitenden Verstößen inner-

52 Beschlussempfehlung 9. GWB-Novelle, BT-Drs. 18/11446, S. 26.

53 *Otto*, in: LMRKM, 4. Aufl. 2020, GWB, § 32e Rn. 20.

54 Brömmelmeyer VersR 2019, 909, 916.

55 Vgl. *Alexander* NZKart 391, 393; Bach in Immenga/Mestmäcker § 32e GWB Rn. 56; Bornkamm/Tolkmitt in Langen/Bunte § 32e GWB Rn. 24.

56 Zu dieser Entwicklung im europäischen Unionsrecht *Poelzig*, Normdurchsetzung durch Privatrecht, 2012, S. 91 ff.

halb der EU mit der CPC-VO Verordnung (EG) Nr. 2006/2004 vom 27. Oktober 2004 formuliert und diese mit der neugefassten CPC-Verordnung (EU) 2017/2394 vom 12. Dezember 2017 noch einmal gestärkt. Die Europäische Kommission hält eine aufsichtsrechtliche Lösung zum Schutz der Verbraucher im grenzüberschreitenden Verkehr für notwendig, da die Mitgliedstaaten Privatpersonen nicht zur Klageerhebung zwingen und deshalb eine möglichst weitreichende Durchsetzung des europäischen Verbraucherrechts nicht ausreichend beeinflussen könnten.[57] Daher soll die Zusammenarbeit der nationalen Verwaltungsbehörden untereinander und mit der Kommission bei der Feststellung, Ermittlung und Bekämpfung von innergemeinschaftlichen Verstößen gegen bestimmte Verbraucherschutzrichtlinien verbessert werden (vgl. Art. 1 und EwG 7 VO [EG] 2006/2004).[58] Zu den erfassten Richtlinien gehören u.a. auch die für das AGB-Recht verantwortliche Klauselrichtlinie,[59] die Richtlinie über den elektronischen Geschäftsverkehr,[60] die Richtlinie über den Fernabsatz von Finanzdienstleistungen,[61] die für das Lauterkeitsrecht maßgebliche UGP-RL,[62] die Verbraucherkreditrichtlinie[63] und die Zahlungskontenrichtlinie.[64]

---

57 *Henning-Bodewig*, GRUR Int 2003, 926, 929. Vgl. etwa die Richtlinie 2005/29/EG des europäischen Parlaments und des Rates vom 11.5.2005 über unlautere Geschäftspraktiken im binnenmarktinternen Geschäftsverkehr zwischen Unternehmen und Verbrauchern und zur Änderung der Richtlinie 84/450/EWG des Rates, der Richtlinien 97/7/EG, 98/27/EG und 2002/65/EG des Europäischen Parlaments und des Rates sowie der Verordnung (EG) Nr. 2006/2004 des Europäischen Parlaments und des Rates (Richtlinie über unlautere Geschäftspraktiken), ABl. L 149 vom 11.6.2005, S. 22, ErwGr 22.

58 Erfasst sind überwiegend zivilrechtliche Regelungsbereiche: Wettbewerbsrecht, Haustürgeschäfte, Pauschalreiserecht, Fernabsatzgeschäfte, Recht der Allgemeinen Geschäftsbedingungen, Fernabsatz von Finanzdienstleistungen, Verbraucherkredite, die bislang überwiegend mittels zivilrechtlicher Instrumente durchgesetzt werden (Begr. RegE, BT-Drs. 16/2930, S. 15).

59 Richtlinie 93/13/EWG des Rates vom 5.4.1993 über missbräuchliche Klauseln in Verbraucherverträgen, ABl. L 95 v. 21.4.1993, S. 29.

60 Richtlinie 2000/31/EG des Europäischen Parlaments und des Rates vom 8.6.2000 über bestimmte rechtliche Aspekte der Dienste der Informationsgesellschaft, insbesondere des elektronischen Geschäftsverkehrs, im Binnenmarkt (Richtlinie über den elektronischen Geschäftsverkehr), ABl. L 178 v. 17.7.2000, S. 1.

61 Richtlinie 2002/65/EG des Europäischen Parlaments und des Rates vom 23.9.2002 über den Fernabsatz von Finanzdienstleistungen an Verbraucher und zur Änderung der Richtlinie 90/619/EWG des Rates und der Richtlinien 97/7/EG und 98/27/EG, ABl. L 271 v. 9.10.2002, S. 16.

62 Richtlinie 2005/29/EG des Europäischen Parlaments und des Rates vom 11.5.2005 über unlautere Geschäftspraktiken im binnenmarktinternen Geschäftsverkehr zwischen Unternehmen und Verbrauchern und zur Änderung der Richtlinie 84/450/EWG des Rates, der Richtlinien 97/7/EG, 98/27/EG und 2002/65/EG des Europäischen Parlaments und des Rates sowie der Verordnung (EG) Nr. 2006/2004 des Europäischen Parlaments und des Rates (Richtlinie über unlautere Geschäftspraktiken), ABl. L 149 v. 11.6.2005, S. 22.

In Deutschland wurden im EG-Verbraucherschutzdurchsetzungsgesetz (VSchDG)[65] u.a. die BaFin und zunächst das Bundesministerium für Justiz und Verbraucherschutz als zuständige Behörden eingesetzt. An die Stelle des BMJV ist im Juni 2020 das Bundesamt für Justiz getreten. Mitgliedstaaten mit einem nahezu ausschließlich privatrechtlichen Durchsetzungssystem – wie Deutschland – mussten unter dem Regime der ursprünglichen CPC-VO noch keine größeren Systembrüche hinnehmen. Denn die von einem anderen Mitgliedstaat ersuchte Behörde konnte ihren Verpflichtungen auch dadurch nachkommen, dass sie die aktivlegitimierten Verbände mit der zivilgerichtlichen Durchsetzung beauftragte.[66] In der neugefassten CPC-VO wird die Verantwortlichkeit der Behörde jedoch stärker betont: So sind umfangreiche Mindestbefugnisse vorgesehen, die die klagebefugten Verbände nicht wahrnehmen können und die daher die Aufsichtsbehörde selbst ausüben muss.[67] Dazu gehören zum einen Ermittlungsbefugnisse, etwa das Recht auf Zugang zu relevanten Dokumenten, Auskunfts- und Prüfungsrechte, und zum anderen Durchsetzungsbefugnisse, insbesondere die Befugnis zum Erlass von Geldbußen, aber auch die Befugnis, Abhilfezusagen des Unternehmers zugunsten der betroffenen Verbraucher entgegenzunehmen (siehe Art. 9 CPC-VO). Daher müssen die Aufsichtsbehörden, namentlich die BaFin und das Bundesamt für Justiz, künftig jedenfalls bei grenzüberschreitenden Verbraucherrechtsverstößen eine aktivere Rolle als zuvor einnehmen.

3.4 Aktuelle Entwicklungen auf europäischer Ebene

Einen weiteren Schub könnte die behördliche Durchsetzung auch bei rein innerstaatlichen Verbraucherrechtsverstößen durch den „New Deal for Consumers" erhalten.[68] Inhalt dieses Pakets ist nicht nur die Verbandsklagerichtlinie (EU)

---

63 Richtlinie 2008/48/EG des Europäischen Parlaments und des Rates vom 23.4.2008 über Verbraucherkreditverträge und zur Aufhebung der Richtlinie 87/102/EWG des Rates, ABl. L 133 v. 22.5.2008, S. 66.

64 Richtlinie 2014/92/EU des Europäischen Parlaments und des Rates vom 23.7.2014 über die Vergleichbarkeit von Zahlungskontoentgelten, den Wechsel von Zahlungskonten und den Zugang zu Zahlungskonten mit grundlegenden Funktionen, ABl. L 257 v. 28.8.2014, S. 214.

65 Gesetz über die Durchsetzung der Verbraucherschutzgesetze bei innergemeinschaftlichen Verstößen vom 21.12.2006, BGBl. 2006 I, S. 3367.

66 Grundlage hierfür ist Art 8 Abs. 4 und 5 CPC-VO (EG) 2006/2004.

67 So auch *Podszun*, in FS Harte-Bavendamm, 2020, S. 417, 433 f.

68 Der sog. New Deal for Consumers bestand aus der Mitteilung der Kommission v. 11.4.2018, COM(2018) 183 sowie zwei Richtlinienvorschlägen, COM(2018) 184 und COM(2018) 185. Letzterer wurde zwischenzeitlich als RL (EU) 2019/2161 verabschiedet. Nachdem der sog. Fitness-Check des

2020/1828 vom 25. November 2020, sondern auch die Omnibusrichtlinie 2019/2161/EU.[69] In der Omnibusrichtlinie werden verschiedene verbraucherschützende Richtlinien, u. a. die Klauselrichtlinie und die UGP-Richtlinie, um die Pflicht der Mitgliedstaaten ergänzt, hinreichend bestimmte Verbraucherrechtsverstöße wirksam, abschreckend und verhältnismäßig zu sanktionieren und insbesondere weitverbreitete Verbraucherrechtsverstöße, die Verbraucher in mindestens zwei weiteren Mitgliedstaaten betreffen, mit einem Bußgeld von mindestens bis zu vier Prozent des Jahresgesamtumsatzes zu ahnden (siehe etwa Art. 8b Abs. 1 und 2 Klauselrichtlinie 93/13/EWG n.F.). Die Vorgaben der Omnibusrichtlinie hat der deutsche Gesetzgeber durch das Gesetz zur Änderung des BGB und EGBGB in Umsetzung der EU-Richtlinie zur besseren Durchsetzung und Modernisierung der Verbraucherschutzvorschriften im August 2021 umgesetzt.

Das Gesetzt beschränkt sich allerdings darauf, Bußgelder – wie ausdrücklich von der Omnibusrichtlinie verlangt – für weitverbreite, dh. grenzüberschreitende Verstöße u. a. gegen das AGB-Recht vorzusehen. Weiteren Handlungsbedarf bei rein innerstaatlichen Verstößen durch Ergänzung einer behördlichen Verbraucherrechtsdurchsetzung lehnte der Gesetzgeber ab. Hierfür spricht, dass es die Omnibusrichtlinie den Mitgliedstaaten überlässt, über das behördliche oder gerichtliche Verfahren zur Verhängung von Sanktionen bei Verstößen gegen die genannten Richtlinien zu entscheiden (ErwGr 14 S. 2 Omnibusrichtlinie) und nur für grenzüberschreitende Verstöße ausdrücklich Bußgelder verlangt. Der Gesetzgeber geht davon aus, dass das deutsche Recht mit den Unterlassungs- und Schadensersatzansprüchen „grundsätzlich geeignete Instrumente“ vor[sieht], Verstöße [...] angemessen zu sanktionieren“.[70] Allerdings sind nach der Omnibusrichtlinie bei der Festlegung der Sanktionen bestimmte beispielhaft genannte Kriterien zu berücksichtigen. Dazu gehören neben Art, Schwere, Umfang und

---

Europäischen Verbraucherrechts ergeben hatte, dass das Verbraucherrecht insgesamt und nicht nur im grenzüberschreitenden Kontext an einer unzureichenden Durchsetzung leidet (ErwGr 2 des Vorschlags der Kommission v. 11.4.2018, COM(2018) 185 final. Arbeitsunterlage der Kommissionsdienststellen – Zusammenfassung der Eignungsprüfung v. 23.5.2017, SWD (2017) 208 final, S. 5; siehe hierzu *Augenhofer*, EuZW 2019, 5), entschloss sich die Europäische Kommission am 11. April 2018, ein weiteres Maßnahmenpaket zu schnüren.

69 Omnibusrichtlinie (EU) 2019/2161 vom 27. November 2019 zur Änderung der Richtlinie 93/13/EWG des Rates und der Richtlinien 98/6/EG, 2005/29/EG und 2011/83/EU des Europäischen Parlaments und des Rates zur besseren Durchsetzung und Modernisierung der Verbraucherschutzvorschriften der Union.

70 Vgl. Art. 246e EGBGB idF des Regierungsentwurfs eines Gesetzes zur Änderung des BGB und des Einführungsgesetzes zum BGB in Umsetzung der EU-Richtlinie zur besseren Durchsetzung und Modernisierung der Verbraucherschutzvorschriften der Union vom 13.01.2021 (RegE, abrufbar unter www.t1p.de/1yw5+) und Begr. RegE, BT-Drs. 19/27655, S. 18 f.

Dauer des Verstoßes, früheren Verstößen des Unternehmers oder anderen erschwerenden oder mildernden Umständen im jeweiligen Fall vor allem auch aufgrund des Verstoßes erlangte finanzielle Vorteile. Ob Unterlassungs- und Schadensersatzansprüche tatsächlich geeignet sind, diese Kriterien ausreichend aufzunehmen, erscheint jedoch fraglich.[71] So spielen die mit dem Verbraucherrechtsverstoß erzielten Vorteile weder bei Unterlassungs- noch Schadensersatzansprüchen eine Rolle. Dies ist bei der Gewinnabschöpfung zwar anders, diese ist aber aus heutiger Sicht kaum praktikabel. Für die Zumessung von Geldbußen sind hingegen nach dem OWiG die Bedeutung des Verstoßes und der wirtschaftliche Vorteil hieraus zu berücksichtigen (§ 17 Abs. 3, 4 OWiG).

3.5 Zwischenergebnis

Damit wird der bereits im nationalen Recht angestoßene Paradigmenwechsel zu einem Mix aus privater und behördlicher Verbraucherrechtsdurchsetzung durch das europäische Unionsrecht weiter forciert. Jedenfalls bei grenzüberschreitenden Verstößen sind aufsichtsbehördliche Ermittlungs- und Durchsetzungsbefugnisse, insbesondere bußgeldrechtliche Sanktionen, und damit ein Nebeneinander privater und behördlicher Instrumente unausweichlich.

4 Koordinierung privater und behördlicher Verbraucherrechtsdurchsetzung

4.1 Ausgangspunkt: Effektivitätsgrundsatz

Auf den ersten Blick erscheint es auch besonders wirkungsvoll, Aufsichtsbehörden und Private bzw. Zivilgerichte als Akteure der Normdurchsetzung zugleich mit möglichst vielen zivil- und öffentlich-rechtlichen Instrumenten auszustatten. Denn: Von der Durchsetzung des richtigen Rechts kann es grundsätzlich nicht genug geben und je mehr Ermittlungs- und Durchsetzungsinstrumente zur Verfügung stehen, desto höher scheint die Wahrscheinlichkeit der Aufdeckung von Zuwiderhandlungen sowie die abschreckende Wirkung und damit die Effektivität der Durchsetzung. Allerdings legen bisherige Erfahrungen in anderen Rechtsbe-

71 *Rodi*, EuZW 2021, 108, 109 f.

reichen mit einem Durchsetzungsmix – wie im Kartell- oder Kapitalmarktrecht[72] – nahe, dass ein unabgestimmtes Nebeneinander von privater und aufsichtsbehördlicher Durchsetzung volkswirtschaftlich unnötige Kosten verursachen und erhebliche Spannungen hervorrufen kann.[73] Das ist zum Beispiel der Fall, wenn Aufsichtsbehörden und Zivilgerichte parallel oder nacheinander tätig werden oder wenn Unternehmen wegen einer divergierenden Auslegung derselben Norm durch Aufsichtsbehörden und Zivilgerichte widersprüchlichen Verhaltensanforderungen ausgesetzt sind. Der europäische Gesetzgeber hat das Nebeneinander von privater und öffentlicher Durchsetzung mit dem New Deal for Consumers zwar in einem Atemzug gestärkt, überlässt die Koordinierung aber ausdrücklich den Mitgliedstaaten (siehe ErwGr 14 aE Omnibusrichtlinie 2019/2161/EU).[74] Ausgangspunkt für die Koordinierung ist die aus dem unionsrechtlichen Effektivitätsgrundsatz folgende Pflicht der Mitgliedstaaten, das europäische Recht durch „wirksame, verhältnismäßige und abschreckende" Sanktionen effektiv durchzusetzen.[75] Bei dem Nebeneinander von zivilgerichtlicher und aufsichtsbehördlicher Durchsetzung ist demnach darauf zu achten, dass die Instrumente in ihrem Zusammenspiel insgesamt „wirksam, abschreckend und verhältnismäßig" wirken und so dem Effektivitätsgrundsatz genügen.[76] Hieraus folgt ein entsprechender indirekter Auftrag an die Mitgliedstaaten, die privaten und behördlichen Instrumente aufeinander abzustimmen und sinnvoll miteinander zu verzahnen.

---

72 Hierzu *Poelzig*, ZVglRWiss 117 (2018), 505 ff.; *Poelzig*, in: Möslein (Hrsg.), Regelsetzung im Privatrecht, 2019, S. 227 ff..

73 *Podszun*, Stellungnahme zur 9. GWB-Novelle, S. 35, abrufbar unter: https://www.bundestag.de/resource/blob/489168/effffe1ad50da2f28f43442b2d8be7c1/podszun-data.pdf. Siehe speziell zu § 20 UWG *Schulte-Nölke/Henning-Bodewig/Podszun*, Evaluation des Gesetzes gegen unseriöse Geschäftspraktiken im Auftrag des BMJV, S. 6, abrufbar unter: https://www.bmjv.de/SharedDocs/Downloads/DE/Service/StudienUntersuchungen/Fachbuecher/Evaluierung_unserioese_Geschaeftspraktiken_Schlussbericht.pdf?_blob=publicationFile&v=1.

74 Lediglich in der ADR-Richtlinie ist eine Abstimmung vorgesehen: Demnach müssen die Mitgliedstaaten dafür sorgen, dass AS-Stellen und nationale Verbraucherschutzbehörden miteinander kooperieren und insbesondere Informationen über verbraucherrechtswidrige Geschäftspraktiken austauschen (siehe Art. 17 Richtlinie über alternative Streitbeilegung in Verbraucherangelegenheiten 2013/11/EU).

75 Grundlegend EuGH Slg. 1989, 2965, Rn. 24 – Kommission/Griechenland.

76 Zur gesamtheitlichen Betrachtung der Sanktionen ausdrücklich GA Kokott Schlussantr. v. 14.10.2004 – C-387/02, C-391/02, C-403/02, Slg. 2005, I-3565, Rn. 121 – Berlusconi ua. S. auch EuGH Slg. 2005, I-3565, Rn. 65 – Berlusconi ua. Ferner *Cherednychenko*, in: Cherednychenko/Andenas Financial Regulation and Civil Liability in European Law, 2020, S. 2, 32; *Poelzig*, ZVglRWiss 117 (2018), 505, 513 f..

Das Kartellrecht, das seit jeher durch einen Mix aus privater und kartellbehördlicher Durchsetzung geprägt ist, ist Beleg dafür, dass behördliche und private Rechtsdurchsetzung durchaus nebeneinander bestehen und sich sinnvoll ergänzen können. Es könnte daher auch für die notwendige Verzahnung im Verbraucherrecht Modell stehen. Dabei gilt es jedoch zu beachten: Kartellverstöße sind in der Regel nicht ohne Weiteres erkennbar und können nur mit den weitreichenden Befugnissen der Kartellbehörden aufgedeckt werden. Private Ansprüche wegen Kartellverstößen werden daher typischerweise erst nach Abschluss eines kartellbehördlichen Verfahrens als follow-on Klagen geltend gemacht. Die private ist hier also von der kartellbehördlichen Durchsetzung abhängig. Das aber ist im Verbraucherrecht anders: Hier hat sich die Durchsetzung in den Händen der privaten Akteure im Wesentlichen bewährt. Daher sollte die behördliche Verbraucherrechtsdurchsetzung auf eine ergänzende punktuelle Rolle beschränkt werden, soweit die private Durchsetzung an ihre Grenzen stößt,[77] wenn also – wie zu Beginn gezeigt (s. unter 2)– verbraucherschädigendes Verhalten ausnahmsweise nicht ohne Weiteres erkennbar ist, sondern besondere Ermittlungen zur Aufdeckung erforderlich sind, zweitens wenn privatrechtliche Ansprüche in gravierenden Fällen keine ausreichende abschreckende Wirkung entfalten und drittens wenn zivilgerichtlichen Urteilen eine branchenweite Breitenwirkung verschafft werden soll.[78] Durch die Beschränkung der aufsichtsbehördlichen Befugnisse auf eine solche die private Durchsetzung ergänzende Funktion können sich die Aufsichtsbehörden angesichts stets knapper öffentlicher Kassen auf die schwerwiegenden Fällen fokussieren.

4.2 Koordinierung der Verfahren

Gleichwohl bleiben bei dem Nebeneinander der Zuständigkeiten parallele Verfahren möglich. Das aber birgt die Gefahr, dass Aufsichtsbehörden abweichende oder gar widersprüchliche Entscheidungen in derselben Angelegenheit treffen. Daher sind Abstimmungsmechanismen für Parallelverfahren notwendig. Eine

---

77 *Henning-Bodewig*, WRP 2019, 537 Rn. 51: *Podszun/Busch/Henning-Bodewig*, GRUR 2018, 1004, 1011; *Köhler*, WRP 2020, 803, 806 Rn. 38. So auch aus europäischer Perspektive *Cherednychenko*, in: Cherednychenko/Andenas Financial Regulation and Civil Liability in European Law, 2020, S. 2, 32.

78 Siehe auch zu diesem Modell der FCA Financial Conduct Authority Handbook, s. CONRED 1.3.10. Siehe auch s. CONRED 1.3.16.: „the only failures a consumer redress scheme can address are those that a court or tribunal would find to have been failures at the time the activities were carried on".

Abstimmung könnte zunächst durch gegenseitige Anzeigepflichten der Gerichte und Aufsichtsbehörden – wie im Kartellrecht – erleichtert werden. Denkbar wäre außerdem die Möglichkeit der zuständigen Behörde, als amicus curiae, also als Freund des Gerichts, durch Abgabe einer Stellungnahme mitzuwirken.[79] Dies ist teilweise bereits im GWB und im UKlaG vorgesehen (siehe § 90 Abs. 6 GWB; § 8 UKlaG). Spiegelbildlich hierzu wäre de lege ferenda an eine Pflicht der Aufsichtsbehörden zu denken, Entscheidungen in abgeschlossenen Verfahren bekanntzumachen und auf Anfrage klagebefugter Privater und der Zivilgerichte Auskunft über laufende aufsichtsbehördliche Verfahren zu erteilen.[80]

4.3 Koordinierung der Auslegung

Auch unabhängig von konkreten Parallelverfahren können divergierende Rechtsauffassungen von Zivilgerichten und Aufsichtsbehörden zur Auslegung verbraucherrechtlicher Normen Rechtsunsicherheit bewirken und die Effektivität der Durchsetzung behindern.

4.3.1 Einheitlicher Rechtsweg

In Anlehnung an das Kartellrecht ist daher zu erwägen, einen einheitlichen Rechtsweg zu schaffen.[81] Eine Konzentration der zivilrechtlichen und aufsichtsbehördlichen Verbraucherrechtsdurchsetzung bei fachkundigen Gerichten und Spruchkörpern kann ein Auseinanderfallen der Beurteilung von verbraucherschützenden Sachverhalten im Verwaltungs- und Zivilverfahren vermeiden. Eine entsprechende Lösung findet sich bereits in § 13 Abs. 4 VSchDG: Darin ist für Beschwerden gegen behördliche Anordnungen die Zuständigkeit des Landgerichts am Sitz der Behörde vorgesehen.

---

79 *Köhler*, WRP 2020, 803, 806. Der Verweis in § 90 Abs. 5 GWB ist allerdings beschränkt auf die Übermittlung von Unterlagen gem. § 90 Abs. 1 S. 4 GWB und die Teilnahme als amicus curiae gem. § 90 Abs. 2 GWB; erfasst aber nicht die Anzeigepflicht in § 90 Abs. 1 S. 1 GWB und müsste dementsprechend ergänzt werden.

80 *Köhler*, WRP 2020, 803, 806.

81 *Köhler*, WRP 2020, 803, 806.

4.3.2 Gespaltene Auslegung

Von der möglichst einheitlichen Auslegung der verbraucherrechtlichen Bestimmungen zu trennen ist die Problematik der sog. gespaltenen Auslegung. Hierbei geht es nicht um die Auslegung der Norm im eigentlichen Sinne, sondern vielmehr um die Frage, ob und inwieweit Normen, die (auch) straf- oder bußgeldrechtlich sanktioniert werden, im zivilrechtlichen Kontext jenseits der Normauslegung analog angewendet werden können.[82] Dies wird für verbraucherrechtliche Vorschriften virulent, da das europäische Unionsrecht jedenfalls für grenzüberschreitende, aber wohl auch für innerstaatliche Verbraucherrechtsverstöße Bußgelder verlangt (hierzu 3.4.). Der verfassungsrechtliche Bestimmtheitsgrundsatz und insbesondere das Analogieverbot gelten nach europa-[83] und verfassungsrechtlichen Maßstäben (Art. 103 Abs. 2 GG iVm. § 1 StGB; § 3 OWiG) für bußgeldrechtliche Sanktionen,[84] grundsätzlich jedoch nicht im Zivilrecht. Damit droht eine gespaltene Auslegung der bußgeldrechtlich sanktionierten verbraucherrechtlichen Vorschriften durch ihre Analogie im Zivilrecht und durch Ausschluss der Analogie im Bußgeldrecht. Das Problem der gespaltenen Auslegung ist bereits aus dem Kapitalmarktrecht bekannt, wo Verstöße ebenfalls sowohl bußgeldrechtliche als auch zivilrechtliche Folgen nach sich ziehen können.[85] Die hL[86] und Rspr.[87] vermeiden hier eine gespaltene Auslegung, indem das Analogieverbot ausnahmsweise auf das Zivilrecht ausgeweitet wird. Dies wird vor allem mit der gebotenen Einheit der Rechtsordnung begründet. Soweit Verbraucherrechtsverstöße künftig mit Geldbußen geahndet werden können, stellt sich daher die Frage, ob damit eine Analogie der verbraucherrechtlichen Normen im Zivilrecht noch möglich ist. Für die Zulässigkeit einer gespaltenen Auslegung durch Analogie der verbraucherrechtlichen Norm im zivilrechtlichen Kontext und das Analogieverbot im bußgeldrechtlichen Kontext spricht jedoch, dass das Prinzip der einheitlichen Rechtsordnung lediglich wi-

82 Daher zu Recht kritisch zu der Bezeichnung der Problematik als „gespaltene Auslegung“ Cahn, in: FS 25 Jahre WpHG, 2020, S. 41 Fn. 2.

83 Der Grundsatz *nulla poena sine lege* ist auch als allgemeiner Rechtsgrundsatz des Unionsrechts anerkannt (EuGH, Slg. 1996, I-6609 – verb. Rs. C-74/95 und C-129/95 „Telecom Italia“, Rn. 25).

84 Zur Geltung im Ordnungswidrigkeitenrecht *Rogall*, in: Karlsruher Kommentar-OWiG, § 3 Rn. 51.

85 Grundlegend *Tiedemann*, Tatbestandsfunktionen im Nebenstrafrecht, 1969, S. 186 f., 197 f., 204; kritisch zu diesem *Schmidt*, in: FS Rebmann, 1989, S. 419, 436.

86 Statt aller *Pentz*, ZIP 2003, 1478, 1480; *Casper*, ZIP 2003, 1469, 1473; *Merkner*, AG 2012, 199, 200.

87 BGH ZIP 2018, 2214, 2219; BGHZ 190, 291, 297 f. (zu §§ 21 ff. WpHG aF), siehe auch BGHZ 169, 98, 107 – WMF (zu § 30 Abs. 2 WpÜG).

dersprüchliche Verhaltensanforderungen verhindern möchte. Durch die analoge Anwendung der verbraucherrechtlichen Vorschriften im zivilrechtlichen, nicht hingegen im bußgeldrechtlichen Kontext entsteht aber kein Widerspruch in der Rechtsordnung. Sie führt lediglich dazu, dass bestimmte Verhaltensweisen nur zivilrechtliche und keine bußgeldrechtlichen Folgen haben.

4.4 Koordinierung bei Mehrfachsanktionierung

Das Nebeneinander von privater und behördlicher Durchsetzung soll in erster Linie dazu beitragen, das Verbraucherrecht wirksamer durchzusetzen.[88] Im konkreten Einzelfall kann dies aber dazu führen, dass eine Zuwiderhandlung mehrfach verfolgt wird, z. B. zum einen durch Geldbußen und zum anderen durch Schadensersatzansprüche. Bei einem Zuviel an Durchsetzung besteht die Gefahr, dass Unternehmen in Grenzbereichen vorsorglich auf im Wettbewerb erwünschte Verhaltensweisen verzichten, auch wenn sie verbraucherschutzrechtlichen Anforderungen (noch) genügen.[89] Das europäische Unionsrecht verlangt daher zwar wirksame und abschreckende, aber eben auch verhältnismäßige Sanktionen (siehe Art. 8a Abs. 1 Klauselrichtlinie). Eine Sanktion ist verhältnismäßig, wenn sie „zur Erreichung der mit ihr verfolgten legitimen Ziele geeignet (also insbesondere wirksam und abschreckend) und außerdem erforderlich" ist sowie ihre Auswirkungen „auf den Betroffenen in einem angemessenen Verhältnis zu den angestrebten Zielen" stehen.[90] Dabei muss nicht nur die einzelne Sanktion für sich betrachtet dem Verhältnismäßigkeitsgebot genügen, sondern die an ein rechtswidriges Verhalten im Einzelfall anknüpfenden Sanktionen dürfen insgesamt die Grenze der Verhältnismäßigkeit nicht überschreiten, müssen also in Summe zur wirksamen und abschreckenden Sanktionierung geeignet, erforderlich und angemessen sein. Aus der Perspektive der zuwiderhandelnden Unternehmen spielt es keine Rolle, ob sich die Belastung aus einer einzelnen Sanktion oder aber aus mehreren Einzelsanktionen öffentlich-rechtlicher oder zivilrechtlicher Natur zusammensetzt.[91] Daher sind – wie auch in der Neufassung der Klauselrichtlinie vorgesehen (s. Art. 8b Abs. 3 lit. b Klauselrichtlinie nF.) – bei

88 Grundlegend EuGH Rs. C-453/99, Courage Ltd./Crehan, ECLI:EU:C:2001:465, Rn. 27.

89 *Podszun/Busch/Henning-Bodewig*, Behördliche Durchsetzung des Verbraucherrechts?, S. 277.

90 GA Kokott Schlussantr. v. 14. 10. 2004 – C-387/02, C-391/02, C-403/02, Slg. 2005, I-3565, Rn. 90 – Berlusconi ua. Ausführlich hierzu *Trstenjak/Beysen*, EuR 2012, 265 ff.

91 *Bach*, Kartellbußgelder und Schadensersatz: Ansätze zur Konfliktlösung, in: FS Canenbley, 2012, S. 15, 16. Vgl. *Schmolke*, JZ 2015, 121, 124. Zur parallelen Problematik im Kartellrecht und einer Anrechnungslösung *Poelzig/Bauermeister*, NZKart 2017, 568 ff.

der Bemessung von Geldbußen Schadensersatzleistungen ausreichend zu berücksichtigen.

5 Ergebnisse

Damit lassen sich die vorstehenden Ausführungen in folgenden Thesen zusammenfassen:

1. Die Durchsetzung zivilrechtlicher Verbraucherschutzregelungen erfolgt im deutschen Recht herkömmlich durch Private, vor allem durch Verbände. Dies hat sich im Wesentlichen bewährt. Defizite sind das Fehlen von Ermittlungsbefugnissen zur Aufdeckung schwer erkennbarer Verstöße, die begrenzte Präventionswirkung insbesondere bei schwerwiegenden Verstößen und das Fehlen der Breitenwirkung zivilgerichtlicher (Unterlassungs-)Urteile.
2. Um diese Lücken zu schließen, werden zunehmend Aufsichtsbehörden, wie die BaFin, das Bundeskartellamt oder das Bundesamt für Justiz, zum Schutz kollektiver Verbraucherinteressen mit Ermittlungs- und Durchsetzungsbefugnissen ausgestattet, um (unionsrechtliche) Verbraucherschutzvorschriften effektiv durchzusetzen. Verantwortlich für diesen Paradigmenwechsel in der Verbraucherrechtsdurchsetzung sind sowohl der autonome deutsche, aber vor allem auch der europäische Gesetzgeber.
3. Das Nebeneinander privater und aufsichtsbehördlicher Verbraucherrechtsdurchsetzung verlangt nach einer sinnvollen Verzahnung, um eine möglichst effektive Verbraucherrechtsdurchsetzung sicherzustellen. Diese muss nicht nur wirksam und abschreckend, sondern sie muss auch verhältnismäßig sein.
4. Abstimmungsbedarf besteht erstens zur Vermeidung von Parallelverfahren, etwa durch Anzeigepflichten oder die Beteiligung der Aufsichtsbehörden an zivilgerichtlichen Verfahren als amicus curiae, zweitens zur Vermeidung widersprüchlicher Entscheidungen, etwa durch einen einheitlichen Rechtsweg, und drittens zur Verhinderung einer unverhältnismäßigen Mehrfachsanktionierung, etwa durch Anrechnung von Schadensersatzzahlungen bei der Bemessung von Geldbußen.

Univ.-Prof. Dr. Dirk Zetzsche, LL.M. (University of Toronto), Universität Luxemburg

Digitale Anlagen

https://doi.org/10.1515/9783110790191-005

1 Einleitung

Gegenstand dieses Beitrags sind Recht und Regulierung der weltweit ca. 10.000 Kryptowerte,[1] darunter prominente Namen wie Bitcoin, Ether, Libra/Diem, in den USA die Venture Capital Token BCap (für Blockchain Capital), SCI (für Science Blockchain), SpiceVC and 22Fund, in Deutschland z. B. Bitbond 1 der Bitbond Finance GmbH. Im Folgenden einbezogen werden über die sog. „securities token" ieS, die wertpapierähnliche Rechte und Chancen vermitteln, hinaus jede Art von Crypto-Assets, also auch solche, die zu Zahlungszwecken oder einem Gutschein vergleichbar eingesetzt werden können. Teil der Krypto-Ökonomie und damit auch dieses Beitrags sind zudem sog. Tokenisierungsplattformen, die auf der häufig genutzten technischen Infrastruktur für Tokens, der Ethereum-Plattform, aufsetzen und auf Sektoren spezialisiert sind. Zu nennen sind z. B. die in den USA auf den Immobilienmarkt fokussierte Plattform „Harbor" oder in Deutschland im gleichen Sektor die Plattform KlickOwn.

---

1 Anzahl verfügbarer Kryptowährungen weltweit zwischen Juni 2013-Januar 2022: 9.567, abrufbar unter https://de.statista.com/statistik/daten/studie/1018542/umfrage/anzahl-unterschiedlicher-kryptowaehrungen/

Kryptowerte sind derzeit Gegenstand aktiver internationaler, europäischer und deutscher Regulierungsbemühungen, nachdem zunächst Bitcoin,[2] später sog. Initial Coin Offerings (ICOs)[3] und Stablecoins[4] die öffentliche Aufmerksamkeit hervorgerufen hatten: Der Gemeinsame Ausschuss der Wertpapieraufsichtsbehörden (IOSCO) sorgt sich um den Anlegerschutz von Privatanlegern[5] und hat Standards für Handelsplattformen festgelegt, auf denen Digitale Anlagen gehandelt werden,[6] während der Baseler Ausschuss für Bankenregulierung die Eigenmittelvorgaben für Kreditinstitute diskutiert.[7] Kryptowerte sind zudem zentraler Bestandteil der Digitalen Finanzstrategie 2020 der EU-Kommission.[8] Der deutsche Gesetzgeber hatte bereits im Jahr 2020 das sog. „Kyptoverwahrgeschäft" einer Erlaubnispflicht unterstellt.[9]

Der Fokus dieses Beitrags liegt auf der EU-Regulierung von Kryptowerten, namentlich durch die derzeit im Trilogue verhandelte[10] EU-Verordnung über Märkte für Kryptowerte (hier sog. MiCA).[11] Die MiCA ist Teil des am 24. September

---

2 Vgl. dazu Redaktion FD-StrafR, Europol warnt vor digitaler Unterwelt, FD-StrafR 2016, 375435; *Lerch*, Bitcoin als Evolution des Geldes: Herausforderungen, Risiken und Regulierungsfrage, 27(3) ZBB (2015), 190.

3 Vgl. dazu *Zetzsche/Buckley/Arner/Föhr*, The ICO Gold Rush, 63 (2) Harv.I.L.J. 267 (2019); vgl. *Schär*, Decentralized Finance: On Blockchain- and Smart Contract-Based Financial Market, 103(2) Review – Federal Reserve Bank of St. Louis 153 (2021).

4 Vgl. dazu *Zetzsche/Buckley/Arner*, Regulating Libra, 41 (1) O.J.L.S. 80 (2021).

5 *OICV-IOSCO*, Investor Education on Crypto-Assets, FR12/2020, abrufbar unter https://www.iosco.org/library/pubdocs/pdf/IOSCOPD668.pdf.

6 *OICV-IOSCO*, Issues, Risks and Regulatory Considerations Relating to Crypto-Asset Trading Platforms, FR02/2020, abrufbar unter https://www.iosco.org/library/pubdocs/pdf/IOSCOPD649.pdf.

7 *BIS*, Prudential treatment of cryptoasset exposures, 10. Juni 2021, abrufbar unter https://www.bis.org/bcbs/publ/d519.pdf.

8 *Europäische Kommission*, Mitteilung der Kommission an das Europäische Parlament, den Rat, den Europäischen Wirtschafts- und Sozialausschuss der Regionen über eine Strategie für ein digitales Finanzwesen in der EU, COM(2020) 591 final, 24.09.2020.

9 Vgl. § 1 Abs. 1a Satz 2 Nr. 6 KWG, eingefügt durch Art. 2 Nr. 1 des Gesetzes zur Umsetzung der Änderungsrichtlinie zur Vierten Geldwäscherichtlinie, BGBl. I (2020), 2602.

10 *Europäischer Rat*, Digital finance package: Council reaches agreement on MiCA and DORA, Pressemitteilung vom 24. November 2021, abrufbar unter https://www.consilium.europa.eu/en/press/press-releases/2021/11/24/digital-finance-package-council-reaches-agreement-on-mica-and-dora/.

11 Dem Beitrag liegt die Verhandlungsfassung der MiCA für das Trilogue -Verfahren gem. Beschluss des Europäischen Rates vom 19. November 2021 zugrunde. Die Verhandlungsfassung der MiCA des Europäischen Parlaments liegt noch nicht vor; das MiCA-Dossier befindet sich zum Zeitpunkt des Manuskript-Abschlusses in Ausschussberatungen zwischen erster und zweiter Lesung im Parlament.

2020 von der EU-Kommission vorgestellten sog. Digital Finance Packages[12] sowie der sog. Digital Finance-Strategie.[13] Deren Kern bilden die Vorschläge für einen einheitlichen EU-Rechtsrahmen für Crypto-Assets, bestehend aus einer neuen Verordnung über die Regulierung von Crypto-Assets (MiCA)[14] und einem Vorschlag für eine Verordnung über eine Modellregelung für Marktinfrastrukturen auf der Grundlage der Distributed-Ledger-Technologie (DLT-Infrastruktur-Verordnung, hier sog. PilotR).[15]

Das Privatrecht kann nur am Rande behandelt werden. Aus Raumgründen ausgeklammert werden zudem Fragen zur Ersetzung der Verbriefung durch digitale Abbildungen von Rechten im Rahmen sog. „digitaler Wertpapiere" nach dem eWpG.

Im Folgenden wird zunächst typisiert der Ablauf einer Emission von Kryptowerten dargestellt (2.), bevor die durch MiCA gebildeten aufsichtsrechtlichen Kategorien vorgestellt werden (3.). Es folgt ein Überblick der MiCA-Regulierung entlang der Dreiteilung zwischen Investment, Payment und Utility Tokens (4.), bevor einige Problemzonen der Regulierung von Kryptowerten diskutiert werden (5.). Der Beitrag schließt mit einer Ergebniszusammenfassung in Thesen (6.).

2 Technische Grundlagen der Krypto-Emission

2.1 Distributed Ledger, Blockchain und Smart Contracts als Technische Grundlage

Die sog. Token-Ökonomie beruht auf drei Technologien: Distributed Ledgers, Blockchain und Smart Contracts.

---

12 *Europäische Kommission*, Digital finance package, Mitteilung vom 24. September 2020, abrufbar unter https://ec.europa.eu/info/publications/200924-digital-finance-proposals_de.

13 *Europäische Kommission*, Mitteilung der Kommission an das Europäische Parlament, den Rat, den Europäischen Wirtschafts- und Sozialausschuss und den Ausschuss der Regionen über eine Strategie für ein digitales Finanzwesen in der EU, COM(2020) 591 final.

14 *Europäische Kommission*, Vorschlag für eine Verordnung des Europäischen Parlaments und des Rates über Märkte für Kryptowerte und zur Änderung der Richtlinie (EU) 2019/1937, COM(2020) 593 final.

15 *Europäische Kommission*, Vorschlag für eine Verordnung des Europäischen Parlaments und des Rates über eine Pilotregelung für auf der Distributed-Ledger-Technologie basierende Marktinfrastruktur, COM(2020) 594 final.

2.1.1 Distributed Ledger Technology (DLT) und Blockchain

Distributed Ledgers[16] (am besten zu übersetzen als verteilte Datenspeicherung[17]) und Blockchain[18] sind zwei unterschiedliche Informationstechniken, die durch die Kryptowährung Bitcoin[19] bekannt geworden sind. Beide sollen eine manipulationsfeste Datenspeicherung und -kommunikation bei einer Vielzahl von Beteiligten sicherstellen. Grds. kann man nicht darauf vertrauen, dass der später auf einem Datenspeicher befindliche dem ursprünglich gespeicherten Datensatz entspricht: Die Datenänderung auf einer Festplatte oder sonstigen Datenspeichern kann spurenfrei vorgenommen werden. Das Problem wird in den IT-Wis-

---

16 Aus juristischer Sicht *Zetzsche/Buckley/Arner*, The Distributed Liability of Distributed Ledgers: Legal Risks of Blockchain, Ill.L.R. 1362 (2018); *Reyes/Packin/Edwards*, *Distributed Governance*, 59 William & Mary Law Review Online 1 (2016); *Paech*, The Governance of Blockchain Financial Networks, 80 Modern Law Review 1073 (2017); s.a. *Bundesbank*, Distributed- Ledger- Technologien im Zahlungsverkehr und in der Wertpapierabwicklung: Potenziale und Risiken, Monatsbericht (9/2017), S. 35.

17 World Economic Forum, Innovation-Driven Cyber-Risk to Customer Data in Financial Services – White Paper, S. 5 (Figure 2) (2017), abrufbar unter http://www3.weforum.org/docs/WEF_Cyber_Risk_to_Customer_Data.pdf (database that is consensually shared and synchronized across network spread across multiple sites, institutions or geographies, allowing transactions to have [multiple private or] public „witnesses".).

18 Zu Rechtsfragen *Trautman*, Is Disruptive Blockchain Technology the Future of Financial Services?, 69 CONSUMER FIN.L.Q. REP. 232 (2016); *Reijers/O'Brolcháin/Haynes*, Governance in Blockchain Technologies & Social Contract Theories, 1 LEDGER 134, 134 (2016); *Kiviat*, Note, Beyond Bitcoin: Issues in Regulating Blockchain Transactions, 65 DUKE L.J. 569, 573–75 (2015); *Reyes*, Note, Moving Beyond Bitcoin to an Endogenous Theory of Decentralized Ledger Technology Regulation: An Initial Proposal, 61 VILL. L. REV. 191, 191–92 (2016); *Cohen/Tyler*, Blockchain's Three Capital Markets Innovations Explained, INT'L FIN. L. REV. (July 11, 2016), abrufbar unter http://www.iflr.com/Article/3563116/Blockchains-three-capitalmarkets-innovations-explained.html. Aus deutscher Sicht *Spindler*, ZGR 2018, 44.

19 Speziell aus deutscher Sicht *Beck/König*, AcP 215 (2015), 655; *Böhm/Pesch*, MMR 2014, 75; *Kerscher*, Bitcoin, 2. Aufl. 2013; *Kuhlmann*, C&R 2014, 691; *Langenbucher*, AcP 218 (2018), 385; *Sixt*, Bitcoins und andere dezentrale Transaktionssysteme, 2016; *Spindler/Bille*, WM 2014, 1357. Aus dem internationalen Schrifttum *Christopher*, The Bridging Model: Exploring the Roles of Trust and Enforcement in Banking, Bitcoin, and the Blockchain, 17 NEV. L.J. 139, 140–55 (2016); *De Filippi*, Bitcoin: A Regulatory Nightmare to a Libertarian Dream, 3 INTERNET POL'Y REV. 1, 1 (2014); *Kaplanov*, Nerdy Money: Bitcoin, the Private Digital Currency, and the Case Against Its Regulation, 25 LOY. CONSUMER L. REV. 111, 113 (2012); *Plassaras*, Regulating Digital Currencies: Bringing Bitcoin within the Reach of the IMF, 14 CHI. J. INT'L. L. 377, 379 (2013); *Twomey*, Halting a Shift in the Paradigm: The Need for Bitcoin Regulation, 16 TRINITY C. L. REV. 67, 67 (2013); *Doguet*, Note, The Nature of the Form: Legal and Regulatory Issues Surrounding the Bitcoin Digital Currency System, 73 LA. L. REV. 1119, 1119 (2013); *Tsukerman*, Note, The Block Is Hot: A Survey of the State of Bitcoin Regulation and Suggestions for the Future, 30 BERKELEY TECH. L.J. 1127, 1127 (2015).

senschaften seit Anfang der 1980er Jahre als sog. Problem der byzantinischen Generäle diskutiert.[20] Es ist dort besonders pikant, wo das Recht an den Inhalt eines Registers (i.e. ein Datenspeicher) besondere Rechtsfolgen knüpft, vgl. § 892 BGB, § 15 HGB, §§ 67 Abs. 2 Satz 1, 127 Abs. 4 AktG, § 40 GmbHG.

Der Normalfall einer Speichertechnik bei der Datenerfassung für Personalausweise, Führerscheine, das Grundbuch und das Handelsregister ist bislang die konzentrierte Datenspeicherung, bei der sämtliche Daten von einem zentralen, besonders gesicherten Server abgerufen werden. Für eine Manipulation muss nur das Sicherheitssystem des einen Servers überwunden werden. Neben technischen stehen dafür auf die Beteiligten ausgerichtete Methoden zur Verfügung (Bestechung, Erpressung, etc.).

Grafik 1: Concentrated vs. Distributed Ledgers

Das Problem der byzantinischen Generäle wird durch den sog. Distributed Ledger gelöst, in dem jeder Rechner im Speichersystem mit jedem anderen Rechner (den sog. Nodes) datentechnisch verbunden ist. Alle Nodes zusammen bilden den dezentralen Speicher. Erst wenn die Mehrzahl der miteinander verknüpften Server

---

20 Mehrere Generäle können nur erfolgreich eine Stadt angreifen, wenn sie zugleich angreifen. Dazu müssen die ausgetauschten Daten zum Angriffszeitpunkt und -ort korrekt sein. Allerdings intrigieren einige Generäle, zudem müssen diese auf Boten zurückgreifen, die ihrerseits fehler- und manipulationsanfällig sind. Infolgedessen weiß kein General, welche Information über den vermeintlichen Angriffszeitpunkt authentisch ist und welchem Boten vertraut werden kann. Die Lösung des Problems liegt in einer Kooperation der Beteiligten: Sie müssen „zusammen" (also gleichzeitig und miteinander verbunden) entscheiden. Vgl. zum Problem der byzantinischen Generäle grundlegend *Lamport/Shostak/Pease*, The Byzantine Generals Problem, 4 (3) ACM Transactions on Programming Languages and Systems 387, 389, abrufbar unter https://dl.acm.org/citation.cfm?doid=357172.357176.

(ergo Nodes) den neuen (identischen) Datensatz aufgespielt hat, ist der neue an die Stelle des alten Datensatzes getreten, i.e. im Register gespeichert. Für eine Manipulation muss dann eine Vielzahl statt nur eines Speichers gleichzeitig angegriffen und deren Sicherheitseinrichtungen überwunden werden. Dies reduziert die Erfolgswahrscheinlichkeit: je mehr Nodes, umso schwieriger die Manipulation.

Blockchain ist eine strikte Speicherroutine, bei der die Daten in einer nach Zeit und Speicherort vordefinierten Weise hintereinander, in Datenblöcken gebündelt und mit einem Zeitstempel versehen, in den Datenspeicher geschrieben werden. Eine Manipulation muss daher nicht nur den einen Datensatz, um den es geht, sondern ganze Datenketten gleichzeitig manipulieren.

Distributed Ledgers und Blockchain (gemeinsam im Folgenden als Distributed Ledger Technologies – DLT bezeichnet) erhöhen somit den Aufwand für eine Manipulation, was die Wahrscheinlichkeit solcher Eingriff reduziert und das Vertrauen in den Datenbestand erhöht. Ziel ist die Unveränderlichkeit jeglichen gespeicherten Datensatzes. Einmal gespeichert, muss die gesamte Software nebst Datenkette sämtlicher angeschlossener Rechner vollständig neu überschrieben werden, um einen einzelnen Datensatz zu löschen.

DLT-gespeicherte Daten sind jedoch nicht zwingend korrekt. Auch falsche Daten (z.B. ein falsches Geburtsdatum, eine falsche Schreibweise etc.) können derart gespeichert werden. Die Korrektur ist dann aufwendig. Aus der Unveränderlichkeit resultieren zudem juristische Probleme.[21] Namentlich dann, wenn der Datensatz nicht veröffentlicht werden darf, weil er wegen Verletzung von Persönlichkeits- oder Urheberrechten, vertraglichen oder gesetzlichen Vertraulichkeitspflichten illegal erlangt oder durch die verteilte Speicherkette anderen mitgeteilt wurde. Die Wissensdistribution unter vielen Beteiligten kann als indirekte Kollusion kartellrechtliche und zudem datenschutzrechtliche Implikationen aufweisen.

2.1.2 Smart Contracts

Smart Contracts[22] sind weder „smart" noch „contracts" (Verträge), sondern nach einer strengen Wenn-Dann-Beziehung strukturierte IT-Codierungen, also Soft-

---

21 Ausf. *Zetzsche/Buckley/Arner*, The Distributed Liability of Distributed Ledgers: Legal Risks of Blockchain, Ill. L.R. 1362 (2018); *Spindler*, ZGR 2018, 48.

22 Der Begriff geht zurück auf *Szabo*, A Formal Language for Analyzing Contracts, U. AMSTERDAM (2002), abrufbar unter http://www.fon.hum.uva.nl/rob/Courses/InformationInSpeech/CDROM/Literature/LOTwinterschool2006/szabo.best.vwh.net/contractlanguage.html sowie *Sza-*

ware. Sie ermöglichen bei binären Zusammenhängen (ja/nein) den Verzicht auf menschliche Mitwirkung. Beispiel: Wenn die Willenserklärung „ja" eingeht, dann übertrage 1 Bitcoin auf ein bestimmtes Wallet. Bei vertrauensbasierten Massentransaktionen, etwa im Börsenhandel, können mithilfe von Smart Contracts menschliche Interaktionszeit und Interventionsrisiken (Beispiel: Mensch ist krank oder unwillig) ausgeschaltet werden. Man schätzt, mittels Smart Contracts könnten einige Billionen EUR an Sicherheitsleistungen (in Form von Margenzahlungen, Bankgarantien etc.) entbehrlich werden, das freiwerdende Kapital kann in die Wirtschaft fließen.[23]

Mittels Smart Contracts schwer zu bewältigen ist derzeit rechtliche Komplexität, wie sie z. B. in Beurteilungsspielräumen und Ermessensrechtssätzen zum Ausdruck kommt. Auch hält die Qualität der IT-Codierung nicht immer Schritt mit den rechtlichen Vorgaben. So muss z. B. ein Smart Contract auch rechtliche Durchsetzungshürden beachten, etwa die Pfändungsfreigrenzen gem. § 850c ZPO.

2.1.3 Verknüpfung als „Token Economy"

Die drei Technologien werden zur Herstellung eines sog. Token (auf Deutsch „Marke" oder „Jeton") verknüpft.

Das Token ist die technische Abbildung des Kryptowertes und wird häufig auf einem Blockchain-basierten Distributed Ledger verschlüsselt gespeichert. Das Token entsteht mittels (ermessensfreien) Smart Contracts und wird ebenso übertragen, so dass Nutzer grds. keinen Einfluss nehmen können. Zumeist wird

---

bo, The Idea of Smart Contracts, U. AMSTERDAM (1997), abrufbar unter http://www.fon.hum.uva.nl/rob/Courses/InformationInSpeech/CDROM/Literature/LOTwinterschool2006/szabo.best.vwh.net/idea.html; Dazu *Kõlvart/Poola/Rull*, Smart Contracts, in Kerikmäe/Rull, The Future of Law and Technologies (2016), S. 133; *Casey/Niblett*, Self-Driving Contracts, 43 J. CORP. L. 1, 2 (2017); *Fairfield*, Smart Contracts, Bitcoin Bots, and Consumer Protection, 71 WASH. & LEE L. REV. ONLINE 35, 38 (2014); *Koulu*, Blockchains and Online Dispute Resolutions: Smart Contracts as an Alternative to Enforcement, 13 SCRIPTED 40, 41 (2016); *Levy*, Book-Smart, Not Street-Smart: Block chain-Based Smart Contracts and the Social Workings of Law, 3 ENGAGING SCI., TECH. & SOC'Y 1, 1 (2017); *Werbach/Cornell*, Contracts Ex Machina, 67 DUKE L.J. 313, 313 (2017); *Wagner/Weber*, SZW 2017, 59, 64 f. Aus deutscher Sicht *Sattler*, BB 2018, 2243, 2249 f.; *Spindler*, ZGR 2018, 47 f.; *Wagner*, BB 2017, 898, 901; *Fries*, AnwBl. 2/2018, S. 96.

23 Vgl. *Caytas*, Developing Blockchain Real-Time Clearing and Settlement in the EU, U.S., and Globally, Columbia Journal of European Law blog (2016), abrufbar unter http://cjel.law.columbia.edu/preliminary-reference/2016/developing-blockchain-real-time-clearing-and-settlement-in-the-eu-u-s-and-globally-2/; *Long*, How Smart Contracts for Finance Will Make Stock Markets Faster, Cheaper and Less Error-Prone (9 Sept 2018), abrufbar unter https://medium.com/@adamdavidlong/smart-contracts-for-finance-clearing-and-settling-securities-trades-6a774b28106f.

auf einen allgemein verfügbaren Token-Standard für übertragbare Token (insb. Ethereum ERC-20) und die dafür vorhandene Token-Plattform zurückgegriffen. Auf der Plattform ist das Standard-Token unter den Plattformnutzern technisch übertragbar. Der Standardcode des Tokens wird um emissionsspezifische Komponenten wie Rechte der Inhaber und Vorgaben zur Entstehung und Übertragung erweitert.

Das Vertrauen der Nutzer in den Bestand („Verität") des Tokens stützt sich auf die prinzipielle Unmöglichkeit, intransparente Veränderungen der Software- und Speicherinfrastruktur vorzunehmen. Die Bonität des Tokens richtet sich dagegen nach der ex ante definierten und im Smart Contract implementierten Gegenleistung; zu berücksichtigen sind insoweit die in die Erbringung der Gegenleistung eingebundenen Personen und die mit dem Einsatz der genannten Technologien verbundenen operativen Risiken.

2.1.4 Das DeFi-Stack als Infrastruktur des Kryptowertes

Viele Kryptowerte stützen sich allein auf ein Ethereum-Token, einige Kryptowerte sind jedoch Teil einer eigenen, spezifisch für den Kryptowert erstellten technischen Umgebung. Gleich ob boiler plate oder custom made: die Plattform, das sog. DeFi-Stack[24] (Grafik 2[25]), stellt für sich eine auf den Kryptowert ausgerichtete Infrastruktur dar, die für sämtliche auf den jeweiligen Kryptowert bezogene Rechtsakte und Dienstleistungen genutzt wird. Das DeFi-Stack „hosten" und entwickeln die Gründer-Entwickler fort.

2.2 Decentralized Finance

Der Name des DeFi-Stacks schöpft sich aus der Verbindung von Kryptowerten mit dem Phänomen „Decentralized Finance (DeFi)".[26] DeFi ist weder ein juristischer, noch ein technischer Terminus. Er bezeichnet eines oder mehrere der folgenden Elemente: (i) Streuung von Intermediärsfunktionen über mehrere Akteure, (ii) Distributed Ledger Technologie und Blockchain, (iii) Smart Contracts, (iv) Disintermediation und (v) Open Banking. Während jedes der vorgenannten

---

24 Vgl. zum sog. DeFi-Stack *Schär* (Fn. 3), S. 155.

25 Eigene Darstellung in Anlehnung an *Schär* (Fn. 3), S. 156.

26 Vgl. zu Decentralized Finance *Zetzsche/Arner/Buckley*, Decentralized Finance, J.F.R.& C. 172 (2020); *Schär* (Fn. 3), S. 153 ff..

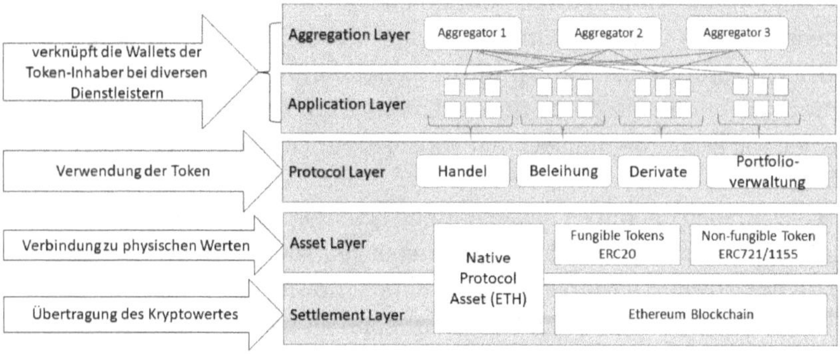

Grafik 2: DeFi-Stack.

Merkmale substituierbar und damit verzichtbar ist, inkorporiert Bitcoin als wohl prominentester Kryptowert diese fünf Elemente.

Dahinter steht die Ansicht, dass ein dezentrales statt des bislang hierarchisch organisierten und damit „zentralen" Finanzsystems die mit der Konzentration wesentlicher Intermediärsfunktionen in wenigen Akteuren verbundenen systemischen und operativen Risiken mindere. Als Folge der (1) Dezentralisierung, (2) prinzipiellen Unabänderlichkeit und (3) vollständigen Automatisierung durch Smart Contracts und Reduzierung menschlicher Störfaktoren soll DeFi die technische und finanzielle Resilienz des Finanzsystems stärken. Zudem soll DeFi wegen der prinzipiell offenen Systeminfrastruktur das Innovationstempo beschleunigen.

Dezentralisierung wird gelegentlich auch mit einer Demokratisierung des Finanzsystems im Sinne einer Reduktion des Einflusses großer Finanzhäuser verbunden.[27] Dass der verringerte Einfluss der vorhandenen (regulierten) Intermediäre mit einem größeren Einfluss neuer, möglicherweise unbekannter, jedenfalls aber teils unregulierter Akteure einhergeht,[28] soll an dieser Stelle nicht verschwiegen werden.

Auch sind die drei eingesetzten Technologien kein Allheilmittel: Neben dem bereits genannten Problem der potenziell dauerhaften Speicherung inkorrekter

---

27 See *Sid Coelho-Prabhu*, A Beginner's Guide to Decentralized Finance (DeFi), CoinBase (6. Januar 2020), abrufbar unter https://blog.coinbase.com/a-beginners-guide-to-decentralized-finance-defi-574c68ff43c4.

28 Vgl. zu diesem Argument *Zetzsche/Arner/Buckley* (Fn. 26), S. 183; *Anker-Sørensen/Zetzsche*, From Centralized to Decentralized Finance – The Issue of „Fake-DeFi", abrufbar unter http://dx.doi.org/10.2139/ssrn.3978815.

Daten („garbage in, garbage out") können durch den Interaktionsbedarf einer Vielzahl von Nutzern im Rahmen der Systemverwaltung neue Governance-Probleme entstehen, die sich nicht zuletzt auf die Systemstabilität und Werthaltigkeit der Kryptowerte auswirken können, die über das DeFi-Stack betrieben werden.[29]

Dass der erhoffte Zustand einer dezentralisierten Krypto-Ökonomie gegenüber dem derzeitigen Zustand des Finanzsystems vorzugswürdig ist, steht daher keineswegs fest.

2.3 Ablauf einer Krypto-Emission

Eine Emission von Kryptowerten lässt sich gedanklich in fünf Schritte unterteilen.

Zunächst ist der Zweck der Emission zu definieren. Aufgrund eines Businessplans ist der Kapitalbedarf ggf. unter Berücksichtigung alternativer Kapitalquellen zu ermitteln. In diesem Kontext muss die Funktion des Tokens bestimmt werden, welches den Kryptowert abbildet. Zur Auswahl stehen neben Kapitalbeteiligungen herkömmlichen Typs ein ganzes Universum an Möglichkeiten. So kann z. B. das Recht zum Abruf von Daten oder Filmen oder ein Splitteranteil einer Immobilie im Token abgebildet werden. Manchmal soll auch lediglich die Nutzeranzahl einer IT-Plattform und damit deren Wert gesteigert werden. Dann vermitteln die Token lediglich gewisse Nutzerrechte, z. B. die Verwendung von Speicherplatz auf den Servern der Plattform.

Aus der Zweckbestimmung und der geplanten Ausgestaltung des Tokens sind die juristischen Anforderungen abzuleiten. Dabei geht es zunächst um die Feststellung des anwendbaren Rechts, sodann um Einzel-Konkretisierungen. Neben den hier behandelten finanzmarktrechtlichen Themen sind auch solche des allgemeinen Verbraucherschutz-, Datenschutz- und Steuerrechts einzubeziehen.

Im dritten Schritt wird das sog. White Paper erstellt, das funktional einem Verkaufsprospekt entspricht. Dieses besteht normalerweise aus einem deskriptiven technischen Teil sowie einer Beschreibung der mit dem Token verbundenen Rechte, und Nutzungsmöglichkeiten, des Zeitraums und finanziellen Rahmens der Emission. Auf der Grundlage des White Papers sind die zulässigen Vertriebsmethoden und Intermediäre für das Token zu bestimmen.

Es folgt die technische Erstellung des Tokens nach Maßgabe der gewählten Token-Standards und -Plattform nebst Einbindung in das DeFi-Stack.

Im fünften Schritt muss der Kryptowert vertrieben werden. Zumeist werden zunächst prominente „Lead Investors" gesucht, deren Mitwirkung eine Signal-

---

29 Vgl. *Zetzsche/Arner/Buckley* (Fn. 26), S. 191; *Schär* (Fn. 3), S. 170.

wirkung zukommt. Es folgt zumeist eine Werbekampagne über Internetkanäle, insbesondere über bekannte Token-Handelsplattformen, deren Nutzer für die Token-Ökonomie aufgeschlossen sind (z. B. Coinbase, Binance, in Deutschland ansässig z. B. die Börse Stuttgart Digital Exchange). Im Rahmen der Vermarktung des Tokens kann eine Strategie sein, den Eindruck einer überhitzten Nachfrage zu generieren, um so von einer „Fear Of Missing Out" (FOMO) der beteiligten Anlegerkreise zu profitieren.

2.4 Beteiligte

Für eine Krypto-Emission (auch „Token Offering" oder „Initial Coin Offering" (ICO) genannt) typisch ist die Verwendung eines Emissionsvehikels, etwa eines Trusts, einer Stiftung oder einer Gesellschaft mit beschränkter Haftung als formellem, aber nicht materiellen Emittenten der Token (dazu noch unten 7.). Das Vehikel wird meist in einem Land mit günstigen rechtlichen und steuerlichen Voraussetzungen angesiedelt.

In dieses Emissionsvehikel wird eine Geschäftsidee eines Gründerkreises im Wege des Erwerbs oder der Lizenz eingebracht. Im Gegenzug er- bzw. behalten die Gründer gewisse Zugriffsrechte auf den Softwarecode, gesteigerten Einfluss auf die Gestaltung und Abläufe des operativen Betriebs des DeFi-Stacks sowie eine Gegenleistung, die in Abhängigkeit vom Emissionserlös stehen kann. Das Emissionsvehikel schließt seinerseits weitere Verträge mit Dienstleistern, etwa für den Zugang zur Plattform sowie Betrieb, Unterhalt und Erweiterung der für das Token erforderlichen technischen Infrastruktur. Ob und wie die Entscheidungsprozesse gestaltet sind, ist damit keineswegs gesagt. So ist es durchaus nicht selten, dass die Organe des Emissionsvehikels die wesentlichen Entscheidungen zur Funktionalität des DeFi-Stacks nicht selbst treffen, sondern dies allen oder nur einer ausgewählten Gruppe von Token-Holdern überlassen ist. Ebenso ist die Entstehung des Tokens häufig nicht zentralisiert, sondern an die Mitwirkung einer Gruppe von Nodes gebunden (dazu noch unten 7.).

Weitere Rechtsbeziehungen bestehen zu Vertriebsintermediären, die mit der Platzierung und Vermarktung des Tokens betraut sind.

Schließlich besteht aufgrund des Tokenerwerbs idR eine Schuldrechtsbeziehung zu den Inhabern der Kryptowerte. Die Rechtsnatur des Emissionsvehikels steht häufig einer Mitgliedschaft entgegen, auch sind Einflussrechte pro Rata der Beteiligung häufig unerwünscht, weil sie a) den Einfluss der Gründer schmälern oder b) der Idee einer dezentralisierten Finanzwirtschaft entgegenstehen.

Von rechtlicher Bedeutung sind die mit den Beteiligten verbundenen Interessenkonflikte: Gründer und Dienstleister verfügen über Informationsvorteile

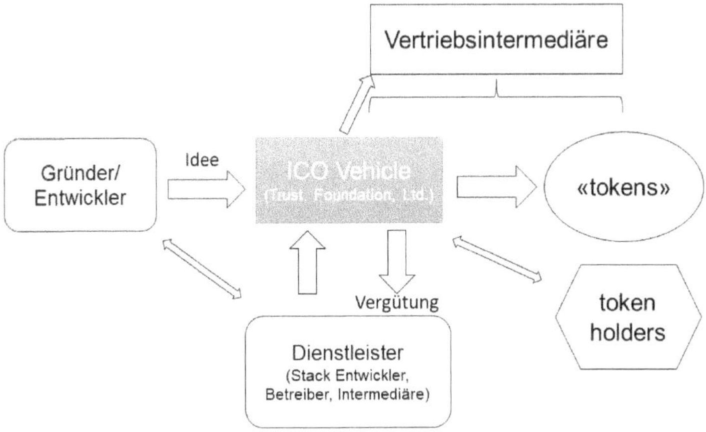

Grafik 3: Beteiligte an einer Token-Emission

gegenüber den Organen des Emissionsvehikels und den Inhabern der Token; häufig verfügen Gründer und Dienstleister auch über privilegierte Möglichkeiten zur Systemänderung.[30] Ob die Organe des Emissionsvehikels – häufig professionelle Treuhänder mit juristischem Fachwissen – die Interessen der Token-Inhaber angesichts der Disparität des technischen Know-Hows und der Zugriffsrechte wirksam wahren können, wird sich noch herausstellen müssen. Welche Interessen die Organe des Emissionsvehikels im Konfliktfall präferieren, hängt nicht zuletzt von der Ausgestaltung der Rechte der Token-Holder ab. Diese variieren freilich: Von einer aktionärsähnlichen Ausgestaltung als sog. Governance-Token mit einer Ertragsbeteiligung pro rata bis zu völliger Rechtlosigkeit (jenseits der eingeräumten Möglichkeit zur Nutzung der technischen Infrastruktur) sind sämtliche Gestaltungen anzutreffen.

3 Regelungsbedarf

Kryptowerte haben unter sämtlichen Maximen des EU-Finanzmarktrechts Regulierungsanlass gegeben. Der Regulierungsgrund variiert mit der Art und Gestaltung des Kryptowertes.

30 Vgl. dazu *Anker-Sørensen/Zetzsche* (Fn. 28), S.9.

3.1 Marktintegrität

Insbesondere die Kryptowährung Bitcoin stand seit ihrer Gründung im Ruf, für kriminelle Anliegen genutzt zu werden.[31] Unmittelbare Folge war die Verpflichtung der Mitgliedstaaten zur Regulierung der am Umtausch offizieller Währungen in Bitcoin beteiligten Intermediäre in der 5. Geldwäsche-Richtlinie.[32] Diese Regulierung der Mitgliedstaaten wird durch MiCA harmonisiert.[33]

3.2 Anleger-/Kunden- und Verbraucherschutz

ICOs haben insbesondere zwischen Ende 2017 und 2019 haussiert. Obwohl einige ICOs durchaus seriös zu nennen sind, gab es bei mehreren tausend ICOs binnen drei Jahren auch für nahezu jeden Missstand im Zusammenhang mit von Informationsasymmetrien geprägter Finanzprodukte Beispiele: Unzureichende Prospektinformationen, übertriebene oder schlicht erfundene Anpreisung scheinbar einmaliger technischer Gegebenheiten und Vorzüge, Einsatz von Stars und Sternchen als Testimonials, Veruntreuung, Verschwendung und Unterschlagung des eingeworbenen Kapitals, Verluste der Kunden durch unsachgemäße Verwahrung und Hacker-Angriffe auf Kryptoprojekte, auf Unwissen oder Fahrlässigkeit beruhende technische Fehlfunktionen, Beschneidung von Kundenrechten in den Konditionen der White Paper, intransparente Governance-Strukturen bis hin zu „heimlichen Übernahmen" der Projekte durch von Anfang an geplante oder später geschaffene technische Zugriffsmonopole nebst Wahl juristisch unzugänglicher und von eher passiver Finanzaufsicht geprägter Jurisdiktionen für

---

31 Vgl. *Christopher*, Whack-a-Mole: Why Prosecuting Digital Currency Exchanges Won't Stop Online Laundering, 18(1) Lewis & Clark L. Rev 1 (2014); U.S. Department of the Treasury, Financial Crime Enforcement Network, FIN-2014-R011, Request for administrative Ruling on the Application of FinCEN's Regulations to a virtual Currency Trading Platform (2014) sowie FIN-2014-R012, Request for administrative Ruling on the Application of FinCEN's Regulations to a virtual Currency Payment System; aus dem deutschen Schrifttum zB *Fromberger/Haffke*, BKR 2019, 377; *Pesch/Böhme*, DuD 2017, 93; *Read/Gräslund*, Wirtschaftsdienst 2018, 504.

32 Vgl. Erw. 8 bis 11 und Art. 2 Abs. 1 g), Art. 3 Nr. 18 und Art. 47 (1) Richtlinie (EU) 2018/843 des Europäischen Parlaments und des Rates vom 30. Mai 2018 zur Änderung der Richtlinie (EU) 2015/849 zur Verhinderung der Nutzung des Finanzsystems zum Zwecke der Geldwäsche und der Terrorismusfinanzierung und zur Änderung der Richtlinien 2009/138/EG und 2013/36/EU, Abl. L 156/43.

33 Erw. 3a, 5 MiCA.

die Emissionsvehikel.[34] Regulierungsanliegen insoweit ist der Schutz der Nutzer und Inhaber von Kryptowerten,[35] insbesondere durch Informationen auf dem Niveau von Wertpapierprospekten und Gewährleistung seriöser Intermediationsdienstleistungen.

3.3 Systemische Risiken

Die Mehrzahl der ICOs erreichten nur ein kleines Finanzvolumen und bedrohten nach überwiegender Ansicht die Stabilität des Finanzsystems nicht. Die Einschätzung änderte sich grundlegend mit der Vorstellung des von einem Tochterunternehmen des Facebook-Konzerns vorgestellten Libra-Projekts, in dessen Rahmen ein sog. Global Stable Coin als weltweit einsetzbare, privat emittierte und verwaltete Kryptowährung entstehen sollte.[36] Die bereits vorhandene Finanzkraft und Kundenzahl der Unternehmen der Facebook-Gruppe ließ das Vorhaben realistisch erscheinen, was Zentralbanken, das Financial Stability Board sowie das IOSCO/CPMI auf den Plan rief. Die Sicherung der Finanzstabilität ist seither ein vordringliches Regelungsanliegen.[37]

3.4 Markteffizienz

Die dargelegten Informationsasymmetrien in Bezug auf die Kryptoprodukte sowie die Leistungsfähigkeit und Interessenkonflikte der Entwicklerteams und Dienstleister ziehen hohe Transaktionskosten (etwa für eine technische und personenorientierte Due Diligence) für ernsthafte Krypto-Investoren und -Kunden nach sich. Gleiches gilt für die Rechtsunsicherheit bei der juristischen Qualifikation und Behandlung von Kryptowerten.[38] Daraus folgende Risikoabschläge belasten seriöse Kryptoprojekte und verlangsamen die Innovation. Es gilt daher auch die Effizienz im Kryptomarkt zu steigern.

---

34 Vgl. dazu *Zetzsche/Buckley/Arner/Föhr* (Fn. 3), S. 2; *Kaal*, Digital Asset Market Evolution, J.Corpn.L. (2020), S. 14, abrufbar unter https://papers.ssrn.com/sol3/papers.cfm?abstract_id=3606663; *Vandezande*, Regulating initial coin offerings and DAO tokens under the EU's financial instruments framework, 14(1) LFMR 33, 34 (2020).

35 Erw. 55, 58 MiCA.

36 Vgl. dazu *Zetzsche/Buckley/Arner* (Fn. 4).

37 Erw. 4 MiCA.

38 Erw. 4 MiCA.

3.5 Innovationsförderung und fairer Wettbewerb

Schließlich nennen die Erwägungsgründe der MiCA als Regelungsgrund die Förderung von Innovationen und fairen Wettbewerbs innerhalb des Gemeinsamen Marktes.[39] Dies rechtfertigt den Rückgriff auf Art. 114 AEUV als Ermächtigungsgrundlage für eine Vollharmonisierung durch EU-Recht.

4 Aufsichtsrechtliche Taxonomie digitaler Anlagen

Im Vergleich zum Initial Public Offering (IPO) von Wertpapieren sticht bei der Krypto-Emission die Verwendung substanzarmer Emissionsvehikel und der im Verhältnis geringe Standardisierungsgrad der Emissionsdokumente und der Anlegerrechte heraus. Zugleich ist eine Nähe zum sog. Crowdfunding[40] auszumachen, bei dem von einer großen Anzahl Privatanleger via Internet projektbezogene Finanzmittel eingesammelt werden; jedoch sollen die Kryptowerte vielfach eine dauerhafte Beteiligung begründen, zudem ist die Rechtsnatur der Beteiligung sehr individuell gestaltet. Funktional besteht schließlich eine Nähe zum Venture Capital, weil die Krypto-Emission die Entwicklung und das Wachstum neuer Technologien finanzieren soll. Jedoch gleicht nicht ein Kryptowert dem anderen: charakteristisch ist die erhebliche Variabilität der technischen Gestaltung, Handelbarkeit, der Einflussrechte und versprochenen Gegenleistung.

Nicht zuletzt diese Vielfalt ist Grund von Imponderabilien bei der aufsichtsrechtlichen Charakterisierung digitaler Anlagen. Diese haben z. B. zu einer zwischen den Finanzmarktaufsichtsbehörden der EU/EWR-Staaten divergierenden Aufsichtspraxis geführt.[41] Diese divergierende Praxis eröffnete Potenzial für Regulierungsarbitrage: Gründer siedelten die Emissionsvehikel für ihre Token Offerings in der für sie günstigsten Jurisdiktion an.

---

39 Erw. 5 MiCA.

40 Vgl. *Borkert*, ITRB 2018, 39, 43..

41 *ESMA*, Advice on Initial Coin Offerings and Crypto-Assets (9. Januar 2019), S. 4, abrufbar unter https://www.esma.europa.eu/sites/default/files/library/esma50-157-1391_crypto_advice.pdf.

4.1 MiCA als Auffangregulierung

Die MiCA soll die schwerwiegendsten Divergenzen bei der Anwendung des EU-Rechts beseitigen. Sedes materiae sind die Definitionen der Finanzprodukte im EU-Finanzmarktrecht als Einfallstor für die an das jeweilige Produkt geknüpften Dienstleistungen.[42]

Zunächst werden durch eine weite, potenziell allumfassende Definition sämtliche übertragbaren und potenziell marktgängigen Kryptowerte in den Geltungsbereich der MiCA einbezogen.[43] Ausgenommen sind lediglich nicht fungible, individuell zugeschnittene sowie in jeglicher Hinsicht entgeltfrei emittierte Kryptowerte.[44] Sodann werden solche Kryptowerte aus dem Geltungsbereich der MiCA wieder ausgeschieden, die zugleich die Merkmale bestimmter, nach anderem EU-Finanzmarktrecht regulierter Finanzprodukte und -dienstleistungen erfüllen (Art. 2 (2) MiCA). Im Ergebnis erlangt die MiCA den Charakter einer Auffangregulierung, die immer eingreifen soll, wenn keine speziellere Finanzmarktregulierung eingreift. Nebeneffekt der MiCA ist eine im Folgenden dargestellte EU-weit harmonisierte Taxonomie für Kryptowerte.

4.2 Kryptowert-Definition unter MiCA und KWG

Ausgangspunkt der MiCA ist die Definition der Kryptowerte (Crypto-Assets). Ein Vergleich mit der Definition der Kryptowerte gem. Art. 3 Nr. 18 der 5. Geldwäsche-Richtlinie, die Vorbild für § 1 Abs. 11 Satz 4 KWG gewesen ist, offenbart einige Unterschiede:

Sowohl unter der MiCA als auch dem KWG muss es sich um digitale Darstellungen eines Wertes handeln; dass die MiCA auch Rechte erwähnt, besagt nichts anderes, stellt doch jedes Recht auch einen Wert iwS dar. Auch dürfte es keine grundsätzlichen Unterschiede geben, soweit das KWG die Übertragung, Speicherung und den Handel auf elektronischen Weg erwähnt. Die MiCA-Definition verzichtet – mE ohne Folgen – auf die Erwähnung des Handels, fordert indes den Einsatz von Distributed Ledger (oder ähnlicher) Technologien. Doch muss man dies auch dem KWG-Kryptowert gedanklich beifügen, um Kryptowerte

42 Vgl. dazu *Zetzsche/Veidt*, Enzyklopädie Europarecht, 2. Aufl. 2022, § 12 Rn. 174 ff.

43 Vgl. Art. 1 iVm Art. 3 (1) Nr. 2 MiCA („'crypto-asset' means a digital representation of value or rights which may be transferred and stored electronically, using distributed ledger technology or similar technology").

44 Art. 2 (2a) MiCA.

etwa von einer gewöhnlichen banküblichen Datenspeicherung für alle Vermögenswerte abzugrenzen.[45]

Drei weitere Unterschiede fallen ins Auge:

Erstens können bestimmte Finanzinstrumente, insbesondere Wertpapiere, KWG-Kryptowert sein, mit der Folge eines Sonderrechts für das Kryptoverwahrgeschäft, welches von dem für Finanzinstrumente geltenden Recht abweicht; nach MiCA handelt es sich zunächst ebenfalls um Kryptowerte, jedoch gilt dann das Recht für Finanzinstrumente – ohne Modifikation für Kryptowerte.

Zweitens nimmt die MiCA Zentralbanken als Emittenten aus, während das KWG die ökonomische Funktion von Zentralbanken als Emittenten oder Garanten anspricht. Von Zentralbanken lediglich garantierte Kryptowerte sind Gegenstand der MiCA (was noch einmal überdacht werden sollte[46]).

Drittens ist nach dem KWG die Akzeptanz durch Dritte als Tausch-, Zahlungs- oder Anlagemittel erforderlich. Diese aus der Handelbarkeit (s. o.) folgenden Merkmale kennt die MiCA nicht. Auch z. B. die reine Nutzungsmöglichkeit durch Dritte genügt, wie sie für Utility Tokens üblich ist. Die Bedeutung dieses Unterschieds mindert sich dadurch, dass personenindividuelle Kryptowerte, etwa das vinkulierte Zugangstoken für einen Entwickler, ebenfalls nicht der MiCA unterstehen (Art. 2 Abs. 2a MiCA), und die Übertragbarkeit die Tauschbarkeit mit sich bringt.

4.3 MiCA-Taxonomie

MiCA selbst reguliert „sonstige Kryptowerte“ in Titel II sowie sog. „asset referenced token“ und „e-money token“ in Titel III und IV. Die zuletzt genannten Kryptowerte werden als Zahlungsmittel verstanden und in enger Anlehnung an das geltende EU-Zahlungsdienstleistungsrecht, insbesondere die Geld-Richtlinie reguliert. Für Kryptowerte, die Finanzinstrumente sind, gilt das in Umsetzung der einschlägigen EU-Normen geschaffene Recht der Mitgliedstaaten (Art. 2(2) MiCA).

Im Ergebnis kommt es zu einer Dreiteilung des EU-Rechts für Kryptowerte (vgl. Grafik 4).

Für sog. **Investment Token** gilt das EU-Recht für Finanzinstrumente. Je nach Ausgestaltung kann es sich um Derivate, Wertpapiere, Geldmarktinstrumente oder

---

45 So bezieht sich die BaFin in ihrem Merkblatt zum Kryptoverwahrgeschäft auf die Definition des FSB, die auf Einsatz von „distributed ledger or similar technology“ abstellt. Vgl. *BaFin*, Merkblatt: Hinweise zum Tatbestand des Kryptoverwahrgeschäfts vom 2. März 2020, I.1.

46 Vgl. *Zetzsche/Annunziata/Arner/Buckley*, The Markets in Crypto-Asset regulation (MiCA) and the EU digital finance strategy, 16(2) CMLJ 203, 223 (2021).

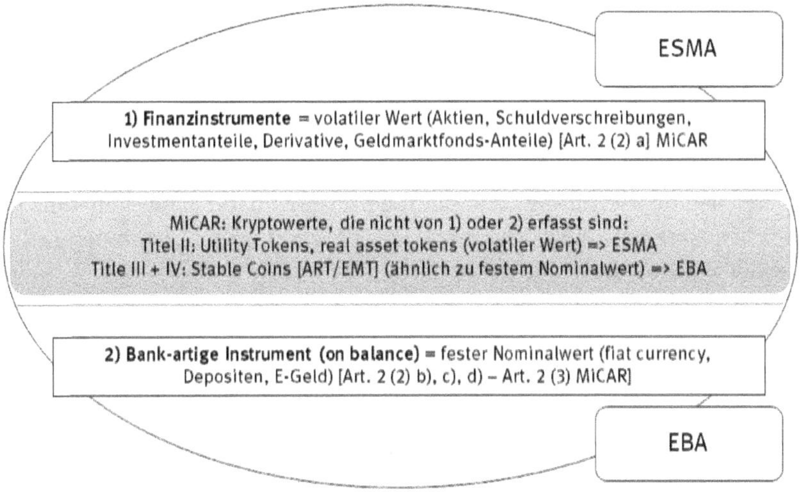

Grafik 4: MiCA im System des EU-Finanzmarktrechts

Investmentfondsanteile handeln. Dass die Abbildung des Vermögenswertes digital erfolgt, ändert an der grundsätzlichen Geltung des maßgeblichen EU-Finanzmarktrechts nicht. Modifikationen sieht MiCA nicht vor.[47]

Für sog. **Payment Token** gilt das EU-Recht für Zahlungsdienstleistungen sowie E-Geld, entweder unmittelbar oder mittelbar, durch weitgehend identische Regelungen und Verweise in der MiCA. In diesem Bereich sind die von der MiCA selbst regulierten asset-referenced token (ART) und E-Geld-Token (EMT) angesiedelt. ART sind Token, die eine Wertstabilität durch Referenzierung auf ein Bündel („basket") von Finanzwerten erzielen sollen, bei EMT beschränkt sich die Referenz auf eine einzelne offizielle Währung. Die Leistungsfähigkeit dieser Definitionen wird noch zu überprüfen sein. Bitcoin, als bekannteste und wirtschaftliche bedeutendes Kryptowährung, rekurriert weder auf eine offizielle Währung noch auf andere Vermögensgegenstände und wäre danach weder ART noch EMT, und folglich auch kein Payment Token, sondern nur „sonstiger Kryptowert".

Für sonstige Kryptowerte, die weder Investment Token noch Payment Token sind, gilt ausschließlich Titel II der MiCA. Dies betrifft bestimmte Vermögensanlagen unter dem VermAnlG, und zwar Kryptowerte, die, obgleich sie nach den zwingenden Definitionen des EU-Rechts weder Finanzinstrument noch Verbrie-

47 Zu daraus folgenden Problemen unten 6.

fungsposition noch Zahlungsdienstleistung (iwS), Vermögensanlagen gem. § 1 Abs. 2 VermAnlG sind. Solche Anlagen liegen als „sonstige Kryptowerte" künftig im Anwendungsbereich der MiCA (vgl. Art. 2 Abs. 2 MiCA). Ein Beispiel ist eine auf einzelne Anleger ausgerichtete, daher individualisierte Treuhandbeziehung etwa an einem Stück Wald oder einer exakt definierten Menge Gold, die weder Wertpapier noch mangels Pooling der Anlegervermögen AIF ist.[48] Über die Abgrenzung zwischen dem VermAnlG und MiCA entscheidet dann das Verständnis der technischen Merkmale eines Kryptowertes (Verwendung von Distributed Ledger oder vergleichbaren Technologien, s. o.).

4.4 Fortbestand von Rechtsunsicherheit

Die gewählte Regelungstechnik gewährleistet, dass im Ergebnis sämtliche Kryptowerte irgendwie von Regulierung erfasst sind, beseitigt indes das babylonische Definitions- und Interpretationsgewirr im EU-Finanzmarktrecht nicht vollständig. Wenn z. B. eine Behörde einen Kryptowert für ein Wertpapier, eine andere diesen für einen sonstigen Kryptowert hält, wendet die eine Behörde die ProspektVO und TransparenzRL, ggf. auch die MiFID an, während die andere Behörde sich auf die MiCA beschränkt.

Damit verbundene Anwendungsprobleme sollen an einem Beispiel erläutert werden: § 294 Abs. 2 und 3 KAGB eröffnet Spezial-AIF die Möglichkeit zur Anlage in Kryptowerte, deren Verkehrswert ermittelt werden kann. § 1 Abs. 1a Nr. 6 KWG hat die Kryptowerte dem Katalog der Finanzinstrumente hinzugefügt; der Begriff des Kryptoverwahrgeschäfts impliziert die Verwahrfähigkeit. Dagegen vertritt die FMA Liechtenstein die Ansicht, Kryptowerte seien grds. keine „verwahrfähigen Finanzinstrumente", so dass sie etwa im Kontext von Investmentvermögen wie Rohstoffe zu behandeln sind. Dies hat Auswirkungen auf die Qualifikation der Verwahrstelle des Investmentvermögens: verwahrfähige Finanzinstrumente sind für Investmentfonds von Kreditinstituten und Wertpapierfirmen zu verwahren, physische Anlagegegenstände können auch von qualifizierten Treuhändern verwahrt werden (vgl. Art. 21 Abs. 3, 3. UAbs. AIFM-RL = § 80 Abs. 3, 4 und 9 KAGB).

Ebenso ruft die Abgrenzung zur jüngst in Kraft getretenen Crowdfunding-Verordnung[49] Probleme hervor, weil diese in Art. 2 MiCA nicht als vorrangig be-

48 Z. B. PAX Gold (New York), CACHE und Digix Gold Token (beide mit Regulierung aus Singapur) oder der SEBA Bank Token (Schweiz).

49 Verordnung (EU) 2020/1503 vom 7. Oktober 2020 über Europäische Schwarmfinanzierungsdienstleister für Unternehmen und zur Änderung der Verordnung (EU) 2017/1129 und der Richtlinie (EU) 2019/1937.

zeichnet wird. Auch die für Schwarmfinanzierungen genutzten Plattformen machen sich das Internet für Zwecke der Kundengewinnung zu Nutze. Eine digitale Repräsentation des Anteils ist für die Crowdfunding-VO kein Ausschlusskriterium, mit der Folge, dass grds zwei überlappende Regelungswerke die Erlaubnis und Aufsicht regeln könnten. Es dürfte zwar naheliegen, beim Einsatz von „Distributed Ledgers or similar technologies" (s.o.) die MiCA als spezielleres Recht vorrangig und ausschließlich anzuwenden, es ist jedoch nicht sicher, dass sämtliche Aufsichtsbehörden im Gemeinsamen Markt diese Ansicht teilen.

Abhilfe verspricht der Rückgriff auf die Konkretisierungskompetenzen der EU-Kommission für technische Aspekte der Definitionen in Art. 3 (2) MiCA und im allgemeinen EU-Finanzmarktrecht (vgl. z.B. Art. 2 Abs. 3 MiFID II) sowie die Ausarbeitung von Richtlinien nach dem Vorbild der ESMA-Richtlinien zur Anwendung der AIFM-RL.[50] Die Erarbeitung der Konkretisierung und Richtlinien wird angesichts von ca. 10.000 verschiedenen Kryptowerten intensive Vorarbeiten benötigen, so dass noch Jahre hinaus Rechtsunsicherheit bestehen wird.

5 EU-Regulierung von Kryptowerten im Überblick

Im Folgenden soll, geordnet nach der von MiCA etablierten Dreiteilung, ein Überblick über die EU-Regulierung von Kryptowerten gegeben werden.

5.1 Investment Token

Auf die Emission von Investment Token ist grds. die Regulierung für Finanzinstrumente (inkl. Anteile an Organismen für kollektive Anlagen) anzuwenden.

5.1.1 Zulassungspflicht?

Die Zulassungspflicht der Beteiligten richtet sich nach der Art des Finanzinstruments. Bekanntermaßen ist die Emission von Wertpapieren durch Gesellschaften grds. erlaubnisfrei. Davon abweichend besteht für Emittenten von Investmentanteilen gem. § 1 Abs. 1 KAGB eine Zulassungspflicht als OGAW-Verwaltungsgesellschaft bzw. AIFM. Handeln Akteure bei der Ausgabe von Kryptowerten algorithmisch gestützt oder auf eigene Rechnung für Kunden, kommt zudem eine

50 Vgl. *ESMA*, Final report: Guidelines on key concept of the AIFMD (24. Mai 2013).

Erlaubnispflicht wegen Eigenhandels in Betracht, s. Art. 2 Abs. 1 Bst. d MiFID und § 32 Abs. 1a KWG. Gerade der Fall der automatisierten Order-Initialisierung und Exekution als Merkmal des high-frequency trading[51] ist häufig Nebeneffekt der eingesetzten Smart Contracts.

Desungeachtet besteht eine Zulassungspflicht für die an der Platzierung beteiligten Dienstleistungsunternehmen; wie oben dargelegt, sind zahlreiche Dienstleister in den Tokenisierung-Prozess, insbesondere aber die Platzierung von und des Handels mit den Token eingebunden. Folge der Qualifikation eines Tokens als Finanzinstrument ist dann die Behandlung vieler dieser Dienstleister im DeFi-Stack als Wertpapierfirmen.

Eine Zulassungspflicht für die Beteiligten könnte man nach europäischem Recht zu vermeiden suchen, indem man außerhalb der Grenzen des Begriffs „Finanzinstrument" strukturiert. Die Auffangregelung in § 2 Abs. 4 Nr. 7 WpHG kennt im europäischen Recht keine Entsprechung, es handelt sich um sonstige Kryptowerte iSv Titel II der MiCA. Dem Anliegen beugt Titel V der MiCA vor, der eine Aufsicht und Regulierung für viele Kern-Dienstleistungen dann vorsieht, wenn die sektorielle Regulierung nicht anzuwenden ist. Dazu näher V.4.

5.1.2 Operative Anforderungen

Besteht eine Zulassungspflicht für den Emittenten, richten sich die Anforderungen nach der maßgeblichen Spartenregulierung, etwa für Anteile an Investmentvermögen das KAGB und für im Eigenhandel aktive Wertpapierfirmen nach dem KWG und WpHG. Folge ist der übliche Vielklang des EU-Finanzmarktrechts bestehend aus Eigenmittelpflichten, einer Segregierung und geordneten Verwahrung der Vermögensgegenstände, Regeln zur Auslagerung, zum Verhalten gegenüber Kunden (sog. Conduct of Business Rules) sowie ggf. zur Product Governance.

5.1.3 Transparenz gegenüber Anlegern

Es gelten die Prospektpflichten für übertragbare Wertpapiere und Anteile an Investmentvermögen. Für bestimmte Kryptowerte ist beim Vertrieb an Privatanleger auch eine wesentliche Anlegerinformation nach der PRIIPS-VO (und noch der OGAW-RL) zu erstellen.

51 Vgl. Fall des Art. 4 (1) (40) MiFID II.

Für Kryptowert-Derivate (z. B. mit der Struktur eines Cross-currency Swaps oder eines Forwards) sieht die ProspektV keine Regelungen vor. Es besteht auch keine Prospektpflicht nach anderem EU-Recht.

Zu einer gesetzlichen Zulassungsfolgetransparenz nach den Vorschriften der TransparenzRL und der MAR kommt es nach EU-Recht nur im Fall der Notierung der Kryptowerte an einem organisierten Markt. Jedoch sehen einige Handelssysteme vertragliche Zulassungsfolgepflichten vor, die Anbieter bei der Erstemission zu erfüllen haben.

Die Marktintegritätsvorschriften der MAR gelten für alle Finanzinstrumente (inkl. Derivate), wenn das Instrument an einem organisierten Markt, einem MTF oder OTF gehandelt wird. Dies erfasst insbesondere Derivate, deren Basiswert ein Kryptowert ist (Erw. 64a MiCA). Dem Marktmissbrauch in den Kryptowerten selbst sollen spezielle Vorschriften in Titel VI MiCA entgegenwirken.

5.1.4 Vertrieb von Investment Token

Der Vertrieb von Investment Token richtet sich nach der aufsichtsrechtlichen Qualifizierung als Derivat, Wertpapier oder Investmentanteil. Insbesondere ist eine Ermittlung von Wunsch und Risikotragfähigkeit der Kunden durchzuführen (vgl. § 64 Abs. 3 WpHG). Auch die im deutschem Recht gegenüber dem EU-Normbestand erweiterten Pflichten für den Vertrieb von Finanzprodukten, speziell die Aushändigung eines Informationsblatts bei Anlageberatung gem. § 62 Abs. 2 WpHG, gelten.

5.2 Payment Token

5.2.1 Zulassungspflicht

Die Ausgabe von Kryptowerten, die als Zahlungsdienstleistung oder E-Geld einzustufen sind, ist erlaubnispflichtig nach Art. 5 ff. PSD 2[52], für E-Geld Institute iVm Art. 3 (1) E-Geld-RL.[53] Titel III und IV MiCA unterstellen die Anbieter, die zugleich

52 Richtlinie (EU) 2015/2366 des Europäischen Parlaments und des Rates vom 25. November 2015 über Zahlungsdienste im Binnenmarkt, zur Änderung der Richtlinien 2002/65/EG, 2009/110/EG und 2013/36/EU und der Verordnung (EU) Nr. 1093/2010 sowie zur Aufhebung der Richtlinie 2007/64/EG (Text von Bedeutung für den EWR), ABl. EU Nr. L 337, 23.12.2015, p. 35 – 127.

53 Richtlinie 2009/110/EG des Europäischen Parlaments und des Rates vom 16. September 2009 über die Aufnahme, Ausübung und Beaufsichtigung der Tätigkeit von E-Geld-Instituten, zur

Emittenten von Asset-related-Token und E-money-Token sein müssen, der Erlaubnispflicht auch dann, wenn die Token nicht der PSD2 oder E-Geld-RL unterstehen. Für ART-Emittenten statuiert Titel III MiCA spezielle Zulassungsanforderungen. EMT-Emittenten müssen Kreditinstitute oder E-Geld-Institute gemäß der CRD oder der E-Geld-RL sein.[54]

Zur Eindämmung systemischer Risiken sieht MiCA gesonderte Regelungen für sogenannte signifikante ARTs (SARTs) und EMTs (SEMTs) vor. Die Entscheidung, ob es sich bei einem Token um einen SART bzw. SEMT handelt, obliegt der EBA, die sodann auch die unmittelbare Aufsicht nach Art. 98 ff. MiCA ausübt. SART- und SEMT Emittenten unterliegen gehobenen Anforderungen an das Risikomanagement (Art. 41, 52 MiCA[55]).

Grds. spricht die Verwendung von Geldbeträgen iSe Fiat-Währung für eine PSD-Dienstleistung (arg. Zahlungsvorgang als Transfer eines „Geldbetrags“, Art. 4 Nr. 5 PSD2). Dies ist im Bereich der Token-Ökonomie eher selten anzutreffen, weshalb im Folgenden die PSD2 ausgeklammert wird. Im Mittelpunkt steht stattdessen die Abgrenzung von E-Geld und Kryptowerten. E-Geld wird nur gegen Zahlung eines Geldbetrags oder E-Geld auf das Konto des E-Geld-Instituts ausgestellt, vgl. Art. 2 Nr. 2 E-Geld-RL. Erfolgt die Token-Ausgabe im Gegenzug für die Annahme von Kryptowerten (insb. Bitcoin, ETH), Finanzinstrumenten oder Immobilien, handelt es sich nicht um E-Geld, aber Kryptowerte iSd MiCA. Weiteres Kriterium für E-Geld ist der Einsatz als Zahlungsmittel. Für EMT und ART genügt bereits die Funktion als Medium zur Speicherung des Wertes oder zur Anlage.

Was aber gilt, wenn es keinen zentralen Emittenten gibt? Dass ein zentraler Emittent fehlen kann, ist vom Bitcoin-Token bekannt (Bitcoin ist freilich mangels Vermögensunterlegung weder EMT noch ART, s. IV.3.). In solchen Fällen kann der Anbieter nicht zugleich Emittent sein und schon deshalb die Voraussetzungen einer Zulassung für das Angebot von EMT und ERT nicht erfüllen. Dann stellt sich die Frage, ob das Angebot von EMT und ART in der EU gänzlich verboten sein oder in solchen Fällen subsidiär Titel II MiCA für sonstige Kryptowerte zur Anwendung

Änderung der Richtlinien 2005/60/EG und 2006/48/EG sowie zur Aufhebung der Richtlinie 2000/46/EG (Text von Bedeutung für den EWR), ABl. EU Nr. L 267, 10.10.2009, p. 7–17.

54 Richtlinie 2009/110/EG des Europäischen Parlaments und des Rates vom 16. September 2009 über die Aufnahme, Ausübung und Beaufsichtigung der Tätigkeit von E-Geld-Instituten, zur Änderung der Richtlinien 2005/60/EG und 2006/48/EG sowie zur Aufhebung der Richtlinie 2000/46/EG, ABl. EU Nr. L 267 v. 10.10.2009, 7 (E-Geld-RL).

55 Diese umfassen insb. eine sachgerechte Vergütungspolitik, die Diversifikation der ART/EMT-Verwahrstellen, für SARTs auch eine qualifizierte Liquiditätsmanagementstrategie, zwecks Sicherstellung der des Umtauschmechanismus auch in Stressszenarien. Zudem sind die Eigenmittelanforderungen auf 3 % des durchschnittlichen Reserveguthabens erhöht.

kommen soll. Die zweite Ansicht scheint vom Ergebnis her vorzugswürdig, weil andernfalls sämtlicher Schutz entfiele, stattdessen die EU-Verbraucher sogar zur reverse solicitation in Drittstaaten angehalten würden. Dieses Beispiel belegt, dass MiCA nicht alle wesentlichen Fälle einer dezentralen Finanzwirtschaft einer Lösung zuführt.

5.2.2 Eigenmittelausstattung und Operative Pflichten

Institute müssen sämtlich zu den wesentlich Beteiligten Auskunft geben sowie Anfangskapital (mind. 350 TEUR) und Eigenmittel vorhalten. Dies ist im Anwendungsbereich der E-Geld-RL selbstverständlich. Für EMT gilt die E-Geld-RL entsprechend (Art. 43(1) MiCA), aber auch die Eigenmittel-Vorgaben der MiCA für ART orientieren sich an Art. 5 E-Geld-RL: Emittenten von ART müssen 350.000 EUR plus 2% des durchschnittlichen Betrags der durchschnittlichen Reserveaktiva in den letzten sechs Monaten als hartes Kernkapital (Tier 1 iSv Art. 26–30 CRR) aufbringen (Art. 31 MiCA). So muss ein ART-Emittent für ein Gesamtvolumen von 10 Mrd. EUR über mindestens 200 Mio. EUR unbelastete Finanz- oder Barmittel von hoher Qualität verfügen. In Abhängigkeit vom Risikomanagement, der Komplexität und anderen Faktoren kann diese Summe um 20% erhöht oder vermindert werden. Diese Mittel können nicht für andere Anlagezwecke oder die Weiterentwicklung der ART-Systeme verwendet werden, verteuern somit die Dienstleistung.

E-Geld-Institute und EMT-Emittenten unterliegen den Anforderungen von Art. 7 der E-Geld-RL, wonach Art. 10(1) lit. a PSD2[56] anzuwenden ist. Danach besteht ein Trennungs- und Absonderungsgebot nebst Buchungspflicht auf einem Sonderkonto, alternativ eine Anlagepflicht in zulässige liquide Aktiva mit niedrigem Risiko. Des Weiteren ist gem. Art. 10(1) lit. b PSD2 eine Versicherung oder eine andere vergleichbare Garantie abzuschließen. Art. 49 MiCA untersagt zudem für EMT-Einlagen die Eingehung von Währungsrisiken.

Für ART-Emittenten bringt MiCA spezifische Regeln mit sich: ART-Emittenten müssen für jede Tokenart eine „Reserve“ vorhalten, die umsichtig zu verwalten ist und deren Höhe sich unmittelbar nach der Ausgabe und Einziehung von ARTs richten muss. Die Verwaltung der Reserve muss auf Wertstabilität ausgerichtet sein und insbesondere berücksichtigen:

---

56 Richtlinie (EU) 2015/2366 des Europäischen Parlaments und des Rates vom 25. November 2015 über Zahlungsdienste im Binnenmarkt, zur Änderung der Richtlinien 2002/65/EG, 2009/110/EG und 2013/36/EU und der Verordnung (EU) Nr. 1093/2010 sowie zur Aufhebung der Richtlinie 2007/64/EG, ABl. EU Nr. L 337 v. 23.12.2015, 35 (PSD2).

- eine Aufstellung der Referenzvermögenswerte, die zur Stabilisierung der ARTs verwendet werden, und deren Zusammensetzung;
- eine Bestimmung der Art und Zuteilung der in den Reserveguthaben enthaltenen Vermögenswerte;
- eine Risikobeurteilung, einschließlich des mit der Reserve verbundenen Kredit-, Markt- und Liquiditätsrisikos;
- eine Bestimmung des Verfahrens für die Ausgabe und Einziehung der ARTs nebst Auswirkungen auf die Reserve;
- Einzelheiten zur Anlage von Währungsreserven sowie des Reserveguthabens sowie der angewendeten Bewertungsverfahren und
- eine Beschreibung des Verfahrens, nach dem ART zurückgekauft und gegen die Reserveguthaben eingelöst werden, sowie eine Liste der dazu berechtigten Personen.

Die Reserve muss im Auftrag des Emittenten von sorgfältig ausgewählten und qualifizierten Kreditinstituten, Wertpapierfirmen oder Kryptowert-Dienstleistern gesondert verwahrt werden (Art. 33 MiCA). Dies dient dem Schutz vor Ansprüchen der Gläubiger von Emittenten und Verwahrstellen. Im Verlustfall muss der Verwahrer dem ART-Emittenten einen gleichartigen Vermögenswert verschaffen, jedoch nicht, wenn der Verwahrer nachweisen kann, dass der Verlust durch ein externes Ereignis entstanden ist, auf das er keinen Einfluss hatte und das trotz aller zumutbaren Anstrengungen unvermeidbar gewesen wäre.[57]

Die ART-Reserven sind in hochliquiden Finanzinstrumenten mit möglichst geringem Markt- und Kreditrisiko anzulegen (Art. 34 MiCA). ART-Emittenten müssen Gewinne oder Verluste etwa aus Wertschwankungen der Reserve-Finanzinstrumente sowie Gegenpartei- und operationelle Risiken vollständig internalisieren.

ART- und EMT-Emittenten dürfen den Token-Inhabern weder Zinsen noch andere zeitbezogene Vorteile zahlen oder versprechen (Art. 36 und 45 MiCA). Dieses Erfordernis ist Art. 12 E-Geld-RL entnommen. Nach ErwG 41 MiCA soll dies sicherstellen, dass ARTs hauptsächlich als Zahlungsmittel und nicht zur Wertaufbewahrung (i. e. Anlagegegenstand) verwendet werden. In der Sache wird die Unterscheidung zwischen Payment und Investment Token angesprochen: Das Verbot soll einer Umgehung des EU-Wertpapierrechts vorbeugen, da das Versprechen von Zinszahlungen das Payment Token in den Grenzbereich zur Anleihe (sub specie der Investment-Token) zieht.

---

57 Letzteres stammt aus den EU-Vorschriften zu Verwahrstellen von Investmentfonds, insb. Art. 21(12) AIFM-RL, Art. 24(1) OGAW.

5.2.3 Anlegerrecht auf Auszahlung und Rücktauschbarkeit

Zwar kennt Art. 11 E-Geld-RL zwingende Vorgaben zur Auszahlung und Rücktauschbarkeit. Die besonderen MiCA-Anforderungen zum Schutz der ART/EMT-Inhaber gehen darüber hinaus.

Gem. Art. 35 MiCA müssen ART-Emittenten vertraglich regeln 1) die Bedingungen, einschließlich Schwellenwerte, Zeiträume und Fristen für die Rechtsausübung durch Token-Inhaber; 2) den Einlösemechanismus unter normalen und außergewöhnlichen Umständen; 3) die Bewertungskriterien; 4) die Abwicklungsbedingungen sowie 5) Gebühren für die Ausübung der Anlegerrechte im höchstens kostendeckenden Umfang.

Wenn ART-Emittenten nicht allen ART-Inhabern dieselben Rechte gewähren, müssen sie etwa durch Beauftragung eines Market Makers ausreichende Liquidität für den Tokenhandel sicherstellen. Wenn der ART-Marktpreis erheblich vom Wert der Referenz- oder Reservewerte abweicht, haben ART-Inhaber ein gesetzliches Rückgaberecht gegenüber dem Emittenten zu angemessenen Gebühren. Schließlich muss der Emittent das Liquidations- oder Abwicklungsverfahren bei Einstellung seiner Geschäftstätigkeit ex ante festlegen und sicherstellen.

Emittenten dürfen EMTs nur zum Nennwert und gegen Erhalt der Token im Sinne von Art. 4(25) PSD2 ausgeben. Abweichend von Art. 11 E-Geld-RL gewährt Art. 44 MiCA EMT-Inhabern einen gesetzlichen Anspruch gegen den Emittenten, wonach der Emittent den Geldwert der gehaltenen EMTs jederzeit zum Nennwert zurückzahlen muss. Rücknahmebedingungen und -gebühren müssen kostenorientiert festgelegt und vorab offengelegt werden. Wird dem Rücknahmeersuchen nicht binnen 30 Tagen entsprochen, kann sich der EMT-Inhaber direkt an die Verwahrstelle oder jeden EMT-Vertriebspartner wenden. Zweifellos ist der Kreis der potenziellen Beklagten sehr weit gefasst, doch dies ist eine Reaktion auf weit verbreitete Missbräuche, die in der Welt der Token und ICOs endemisch sind.[58]

5.2.4 Transparenz gegenüber Kunden und Vertrieb

An die Stelle der Transparenzvorschriften für Zahlungsdienstleister und des Mindestinhalts der Vertragsbedingungen (Art. 35, 52 PSD2) treten für ART und EMT die Vorschriften zum Mindestinhalt des White Papers sowie laufende Of-

---

58 Vgl. zum Ausmaß der Betrugsfälle *Hornuf/Kück/Schwienbacher*, Initial Coin Offerings, Information Disclosure, and Fraud, CESifo Working Paper No. 7962 (2019), abrufbar unter https://ssrn.com/abstract=3498719.

fenlegungspflichten (Art. 17, 21, 22, 24–26, 46 MiCA). Damit nähert sich die Publizität für Token der für Wertpapiere und sonstige Kryptowerte.

Dieselbe Annäherung an Wertpapiere ist für die Vertriebsregularien zu bemerken: Titel V MiCA reguliert u.a. auch die Anlageberatung in Kryptowerten; diese Regeln gelten für alle Kryptowerte, unabhängig von einer Qualifizierung als ART und EMT und dem vorhandenen Normbestand der PSD2 und E-Geld-RL. Folge ist eine Vertriebsregulierung für ART und EMT.[59] Neben allgemeinen Wohlverhaltensregeln (Art. 59 MiCA) und Vorgaben zum Management von Interessenkonflikten (Art. 65 MiCA) schreibt Art. 73 MiCA u.a. einen Geeignetheits- und Verlusttragungstest sowie einen Qualifikationsnachweis des Beraters vor. Damit wird der Vertrieb von Payment Tokens, abweichend von den Vorgaben der PSD2 und E-Geld-RL, ähnlich den MiFID-Regeln zu Finanzinstrumenten reguliert.

5.3 Utility Token

5.3.1 Keine Zulassungspflicht

Die Emissionstätigkeit von „sonstigen Kryptowerten" gem. Titel II der MiCA ist nicht zulassungspflichtig. Die Zulassung bleibt erforderlich für Dienstleistungen im Zusammenhang mit Emissionen (dazu V.4.).

5.3.2 Transparenz gegenüber Token-Inhabern

Derjenige, der sonstige Kryptowerte erstmalig öffentlich anbietet oder die Zulassung vom Handel beantragt, muss juristische Person sein (Art. 4 (1) und 4a (1) MiCA), und ein White Paper in Einklang mit Art. 5 MiCA veröffentlichen. Das White Paper ist mind. 20 Arbeitstage vor Veröffentlichung bei der zuständigen Behörde einzureichen. Sämtliche Mittel, die im Zuge des öffentlichen Angebots eingenommen werden, sind sicher zu verwahren und von den sonstigen Mitteln des Emittenten zu trennen, bis die für die Ausgabe genannten Mindestschwellenwerte erreicht wurden (Art. 9 MiCA). Es gelten an der MiFID orientierte Wohlverhaltenspflichten (Art. 13 MiCA). Marketinginformationen müssen klar als sol-

59 Das Privatrecht regelt insoweit die Richtlinie 2002/65/EG des Europäischen Parlaments und des Rates vom 23. September 2002 über den Fernabsatz von Finanzdienstleistungen an Verbraucher, vgl. dort Art. 2 b), der einen weiten Anwendungsbereich vorschreibt.

che gekennzeichnet sein und sich auf das White Paper beziehen. Darüber haften die Verantwortlichen ist für Offenlegungsmängel (Art. 14 MiCA).

Ist der Anbieter in einem Drittstaat angesiedelt, liegt die Zuständigkeit bei der zuständigen Behörde des Mitgliedstaates, in dem die Kryptowerte öffentlich angeboten werden oder in dem die Zulassung zum Handel auf einer Handelsplattform erfolgen soll (ErwG 18a MiCA). Im zweiten Fall muss die Handelsplattform für die Pflichterfüllung des Anbieters einstehen (Art. 4a (3) MiCA).

Die Offenlegungs-, Verhaltens- und Haftungsregeln für das White Paper gem. Titel II MiCA sind dem Grunde nach Prospektpflichten. Sie zielen darauf ab, unzureichende Offenlegungen, Falschdarstellungen und Betrugsfälle zu verringern, die bei ICOs häufig beobachtet wurden.[60] Die Zuständigkeit der ESMA für Durchführungsrechtsakte unterstreicht die Ähnlichkeit von White Paper- und Prospektpflichten.[61]

Im Gegensatz zu bestehenden Prospektvorschriften bedarf ein White Paper aber keiner Genehmigung durch die zuständige Aufsichtsbehörde: Art. 7(1) MiCA verbietet ausdrücklich eine Vorabgenehmigungspflicht. Art. 82 (1) lit. a – x und Art. 7(2) S. 2 MiCA verleihen den Aufsichtsbehörden dennoch Eingriffsbefugnisse vor und nach Veröffentlichung des Angebots. Der Verzicht auf eine Genehmigung soll nach den MiCA-Erwägungen eine übermäßige Belastung der zuständigen Behörden vermeiden.

5.3.3 Vertrieb von Utility Tokens

Als Gegenleistung für die Einhaltung der MiCA-Regeln erhalten die Anbieter einen Europäischen Pass gem. Art. 10 MiCA. Dies soll der Token-Ökonomie den europäischen Binnenmarkt eröffnen.[62] Im Gegenzug sind die MiCA-Regeln grds abschließend. Die EU-Mitgliedstaaten dürfen für ihr eigenes Territorium keine strengeren Regeln etablieren. Ist infolgedessen der Vertrieb von Kryptowerten durch den Anbieter selbst grds. erlaubnisfrei, gilt das oben zu Payment Tokens Gesagte für Vertriebsintermediäre.

Zivilrechtlich ist die Richtlinie 2002/65/EG nicht anwendbar, da Utility Tokens nach hier vertretener Ansicht weder Bankdienstleistung, noch Geldanlage noch Zahlung sind. Es greifen aber die zur Umsetzung der EU-VerbraucherschutzRL

---

60 Vgl. *Zetzsche/Buckley/Arner/Föhr* (Fn. 3), S. 304.

61 Vgl. ErwG 17 MiCA, bei dem die *vis attractiva* des Prospekts sogar eine Verwechslung der beiden Begriffe im Normwortlaut zur Folge hat („Über die Pflicht zur Erstellung eines Prospektes hinaus sollten Emittenten von Crypto-Assets weiteren Anforderungen unterliegen.").

62 Vgl. ErwG 21, Art. 10(1) MiCA. Vgl. auch Art. 53(3) MiCA.

2011/83/EU geschaffenen Vorschriften mit der Folge einer AGB-Kontrolle ein. Bekanntlich wurde die Klauselkontrolle im deutschen BGB mit scharfen Rechtsfolgen versehen, so dass sich Verantwortliche die Frage einer Abwahl des deutschen Rechts durch AGB-Klausel stellen dürften.[63]

5.4 Regulierung der Krypto-Dienstleister

5.4.1 Zulassungspflicht nach der MiCA

Titel V behandelt Kryptowert-Dienstleister. Gem. Art. 3(1) Nr. 9 MiCA handelt es sich um Akteure, die in Bezug auf Kryptowerte die Verwahrung und Verwaltung für Dritte, den Betrieb einer Handelsplattform, den Tausch von Kryptowerte gegen Fiat-Währungen, die gesetzliches Zahlungsmittel sind oder gegen andere Kryptowerte, die Ausführung von Aufträgen für Kryptowerte für Dritte, die Platzierung von Kryptowerten, den Empfang und die Übermittlung von Aufträgen für Dritte und die Beratung zu Kryptowerte erbringen.[64]

Art. 53–58 MiCA sehen ein Standardverfahren für die Zulassung durch die zuständige Heimatbehörde des Anbieters, Art. 59–66 MiCA standardisierte Wohlverhaltensregeln vor. Nur die Eigenmittelanforderungen in Anhang IV MiCA wurden spezifisch zugeschnitten. Aufzubringen sind 50.000 bis 150.000 EUR zuzüglich eines Viertels der verausgabten. falls nicht verfügbar, der voraussichtlichen jährlichen Fixkosten nebst einer Versicherungspolice für operationelle Risiken (Art. 60 MiCA).

Als mit der Zulassung verbundene Nebenfolge gewährt Art. 58 MiCA einen Europäischen Pass auch für die Kryptowert-Dienstleister. Die damit verbundene Tätigkeitsberechtigung verdrängt etwaige Zulassungstatbestände nach nationalem Recht (z. B. § 1 Abs. 1a Nr. 6 KWG iVm § 32 Abs. 1 KWG).

Titel V MiCA erzwingt Transparenz nur gegenüber den Finanzmarktaufsichtsbehörden. Eine Offenlegung gegenüber Anlegern oder Kunden ist nicht separat vorgeschrieben. Es gelten dann die allgemeinen Vorschriften für Kapitalgesellschaften (in Deutschland also §§ 25 ff. HGB).

---

63 Für Dienstleistungen, die ausschließlich in einem anderen als dem Verbraucherstaat erbracht werden, vgl. Art. 6 Abs. 4 lit. a Rom I-VO.

64 Vgl. die Definitionen in Art. 3(1) Nr. 10–17 MiCA.

5.4.2 Erweiterung der Zulassung bereits nach EU-Recht beaufsichtigter Finanzinstitute

Eine separate Zulassung als Dienstleister für Kryptowerte benötigt nicht, wer bereits über eine einschlägige Zulassung nach allgemeinem EU-Finanzmarktrecht verfügt. Art. 53a MiCA verlangt insoweit nur eine Notifikation gegenüber der Heimatstaatbehörde unter Beifügung der dienstleistungs-spezifischen Dokumente nach Art. 53a Abs. 6 MiCA. Nach einer kurzen Prüfungsperiode wird den Zulassungsträgern die Vollständigkeit der Dokumente mitgeteilt und sodann eine Notifikation gegenüber den Behörden der anderen Mitgliedstaaten durchgeführt; sie dürfen 40 Tage nach der Notifikation gegenüber der Heimatstaatbehörde die maßgeblichen Dienstleistungen im gesamte Gemeinsamen Markt erbringen.

5.4.3 Dienstleistungsspezifische Pflichten

Art. 67–73 MiCA differenzieren in Bezug auf operationelle Anforderungen nach der Art der Dienstleistung. Die strengsten Regeln beziehen sich auf die Verwahrung von Kryptowerten. Gem. Art. 67 MiCA müssen z. B. Krypto-Verwahrer:
- ein Register der verschiedenen Positionen im Namen jedes Kunden führen;
- eine Verwahrungsstrategie mit internen Regeln und Verfahren aufstellen und umsetzen, um die sichere Verwahrung oder Kontrolle der Kryptowerte nebst Zugang zu kryptographischen Schlüsseln zu gewährleisten und einem Verlust der Kryptowerte der Kunden oder der mit diesen Assets verbundenen Rechte aufgrund von Betrug, Cyber-Bedrohungen oder Fahrlässigkeit vorzubeugen;
- die Ausübung der mit den Kryptowerte verbundenen Rechte erleichtern und jedes Ereignis, das geeignet ist, die Rechtsstellung der Kunden zu berühren unverzüglich im Positionsregister des Kunden erfassen;
- den Kunden mindestens alle drei Monate sowie auf Anfrage eine Aufstellung der Positionen einschließlich der Kryptowerte, ihres Saldos, Werts und der im betreffenden Zeitraum getätigten Transfers zur Verfügung stellen, und
- die für Kunden gehaltenen Bestände von ihren eigenen Beständen trennen und sicherstellen, dass die Kryptowerte ihrer Kunden auf dem Distributed Ledger von den eigenen Kryptowerte getrennt gehalten werden.

Nach Art. 67 (8) MiCA muss der Krypto-Verwahrer gegenüber Kunden für den Verlust von Kryptowerten bis zum Marktwert der verlorenen Kryptowerte haften. Die Regelung ist starke Reaktion auf die erwähnten Missstände in der Krypto-Industrie. Dies macht die Krypto-Verwahrung freilich zu einem riskanten Geschäft und könnte seriöse Akteure abschrecken. Deshalb hat der Europäische Rat angeregt, die Haftung auf Vorgänge im Einflussbereich des Verwahrers zu beschränken.

Weitere dienstleistungsspezifische Pflichten stipuliert Titel V MiCA für Handelsplattformen (Art. 68 MiCA), Einzahlungs- und Tauschstellen (Art. 69 MiCA), die Orderausführung für Dritte (Art. 70 MiCA), die Platzierung (Art. 71 MiCA), die Entgegennahme und Weiterleitung von Ordern (Art. 72 MiCA) sowie, wie bereits dargelegt, die Anlageberatung und das Portfoliomanagement (Art. 73 MiCA).

5.5 Überblick

Die Pflichten für Dienstleistungen im Zusammenhang mit Kryptowerten sind in Tabelle 1 dargestellt.

Tabelle 1: Regulierung von Kryptowerten

Token-Art	Investment	Payments	Utility	Kryptowert-Dienstleister
Erlaubnispflicht	Emittent: (–)/ OGA: OGAW-RL, AIFM-RL; Derivate, Eigenhandel: ggf. MiFID	PSD, E-Geld-RL, MiCA	(–)	MiFID/MiFIR, E-Geld-RL <u>oder</u> MiCA
Operative Pflichten	s. o.	s. o.	Keine	s. o.
Transparenz ggü Token Inhabern	ProspektVO, PRIPSR, TpD	PSD2, E-Geld-RL <u>oder</u> MiCA	MiCA	(–)
Vertrieb	MiFiD, UCITSD, AIFMD	PSD, EMD <u>oder</u> MiCA	MiCA	n.a.

6 Ledger oder Node Perspektive? Die Kernfrage digitaler Anlagen

6.1 Berücksichtigung einer dezentralen Ledger-Organisation?

Das Konzept der MiCA versucht Regulierungsarbitrage zu unterbinden, indem es sich in das bestehende EU-Finanzmarktrecht einfügt, ohne dieses DLT-spezifisch zu verändern.

Jedoch bestehen grundlegende Unterschiede zwischen (zB) Finanzinstrumenten und Kryptowerten: An der Spitze der hierarchischen Organisation für das Settlement von Wertpapieren stehen der Emittent und ein von diesem beauftragter Zentralverwahrer. In Bezug auf die Anzahl und Ausstattung der in das System eingespeisten Wertpapiere ist der Zentralverwahrer grds. weisungsabhängig. Dies rechtfertigt im EU-Finanzmarktrecht den rechtlichen Fokus auf den Emittenten: so hat nach Art. 9 ProspektVO der Emittent ein Registrierungsformular zu erstellen und nach Art. 11 ProspektVO für Prospektfehler einzustehen. Auch die Zulassungsfolgepflichten nehmen die Emittenten in den Blick.

Anders liegt die Situation bei Kryptowerten: Durch den Einsatz von Distributed Ledger Technologien entsteht der Kryptowert erst nach Ausführung dafür konzipierter Smart Contracts durch die Speicherung von einer Mindestzahl an Nodes. Ebenso findet die Übertragung durch Umschreibung (i. e. Speicherung des neuen Inhalts) durch die Nodes statt. Ab Erreichen eines Schwellenwerts, in der Regel einer Speicherung der neuen Daten durch > 50 % der Nodes, wird unterstellt, dass der Kryptowert entstanden respektive transferiert wurde. Entstehung und Speicherung von Kryptowerten sind somit arbeitsteilige Vorgänge, die an das Zusammenwirken einer Vielzahl von Nodes geknüpft ist.

6.2 Kreis der Verantwortlichen nach MiCA

MiCA nimmt für „sonstige Kryptowerte“ nach Titel II den Anbieter oder denjenigen in die Pflicht, der die Zulassung zum Handel beantragt. Die Definition des Anbieters in Art. 3 (za) MiCA inkludiert ggf. den Emittenten („issuer“), falls dieser die Kryptowerte öffentlich anbietet, jedoch muss der Anbieter nicht Emittent sein. Für ART und EMT wird ebenfalls der Anbieter verpflichtet, jedoch muss dieser gem. Art. 15 (1), 43 (1) MiCA zwingend zugleich Emittent sein. Ein Nur-Anbieter erhält für ART und EMT folglich keine Zulassung.

Ob mit dem Emittenten der zutreffende Pflichtenadressat gefunden wurde, ist zweifelhaft. Denn bei einem dezentral organisierten Distributed Ledger ist entweder kein Emissionsvehikel auszumachen ist (Beispiel: Bitcoin) oder dem Emissionsvehikel steht keine Weisungsbefugnis gegenüber den einzelnen Nodes zu, die Nodes handeln aufgrund eigener sog. Governance Rights teilautonom, folglich kann das Vehikel Entstehung und Transfer der Token nicht rechtlich erzwingen. Solche dezentral organisierten Ledger sind keine Ausnahme, sondern der Archetyp von Kryptowerten.

Die rechtlichen Implikationen eines dezentralen Distributed Ledgers lassen sich am Beispiel von Erfüllungsansprüchen, der Prospekthaftung und Verwahrpflichten aufzeigen.

6.2.1 Erfüllungsansprüche

Wer ist zB Anspruchsgegner für die Erfüllung eines Übertragungsanspruchs (etwa aus Kaufvertrag)? Der Inhaber eines Kryptowerts kann bestenfalls sein Einverständnis zur Übertragung des Kryptowerts geben, die Übertragung selbst muss durch eine Vielzahl an Speichervorgängen durch die Nodes erfolgen. Auch könnte nach einem Software Update, welches nur von einem Teil der Nodes vorgenommen wurde, ein Teil der Nodes dem Inhaber eines (nach altem oder neuen Softwarecode gespeicherten) Kryptowerts künftig die Anerkennung verweigern (sog. Hardfork). Dies mindert den Wert als Handelsgut. Gegen wen muss der Inhaber des Kryptowerts in diesen Fällen vorgehen?

6.2.2 Einstandspflicht für Prospekthaftung

Die Arbeitsteilung ruft auch bei der Prospekthaftung Schwierigkeiten hervor. Nehmen wir an, es werden mehr Kryptowerte hergestellt als im White Paper angegeben. Wer ist für den Verwässerungsschaden in Anspruch zu nehmen?

Nach Art. 4 und 4a iVm 14 MiCA muss das Recht der Mitgliedstaaten die Haftung des Anbieters („offeror"), des Operators der Handelsplattform für Kryptowerte oder der jeweiligen Unternehmensorgane für fehlerhafte Information im White Paper gewährleisten. Anbieter kann nach Art. 3 (7a) MiCA ggf. auch der Emittent sein. Die gedrechselte Formulierung im Verhältnis zu anderen Prospekthaftungsregeln des EU-Rechts erklärt sich mit der soeben angesprochen arbeitsteiligen Entstehung und Übertragung von Kryptowerten. Doch gibt sie Wasser statt Wein. Wer ist Emittent in dem Fall, dass Kryptowerte infolge dezentraler Organisation nur durch Kooperation der Mehrheit der Nodes zur Entstehung gelangen?

Art. 3(6) MiCA hilft nicht weiter, denn danach ist Emittent die natürliche oder juristische Person, die Kryptowerte emittiert. Dies gilt es gerade zu ermitteln: sind dies alle Nodes zusammen? Welcher rechtlichen Befugnisse gegenüber den Nodes bedarf es, damit das Emissionsvehikel „Emittent" für Prospekthaftungszwecke ist? Dies bleibt nach dem Wortlaut der MiCA ungeklärt. Aus dem gleichen Grund hilft die Voraussetzung, dass Zulassungsträger von ART und EMT nur Emittenten sein dürfen, nicht weiter; es ruft vielmehr die Frage hervor, ob ein Teil-Emittent (sprich eine im Gemeinsamen Markt angesiedelte Node) für sich allein zulassungsberechtigt wäre.

6.2.3 Custody („Verwahrung") von Kryptowerte

Bei der für die institutionelle Anlage in Kryptowerte (vgl. jetzt § 284 Abs. 2 Nr. 2 lit. j KAGB) wichtigen Verwahrung von Kryptowerten durch Verwahrstellen setzt sich dieses Problem fort. Art. 3 (10) MiCA definiert Verwahrung („Custody") als Aufbewahrung oder Kontrolle für Dritte von Kryptowerten oder der Instrumente zu deren Zugang (ggf. kryptographische Schlüssel). Unterstellt, man verwendet die gleiche Definition für Zwecke des KAGB, kann der kryptographische Schlüssel unschwer digital gesichert abgelegt werden. Was aber hilft der Schlüssel, wenn sich eine Mehrzahl von Nodes weigert, die für den Zugang zum Kryptowert auf ihren Servern erforderlichen Softwareprogramme laufen zu lassen? Gegen wen und wie ist Rechtsschutz eröffnet?

6.3 Ledger vs. Nodes? Das Business Plan Konzept

Als Kernfrage stellt sich somit heraus: Wie kann die Verität des Kryptowertes oder andere für die Werthaltigkeit des Kryptowertes notwendige technische Prozesse durch Nodes bei dezentraler Organisation des Ledger-Netzwerks rechtlich berücksichtigt werden?

MiCA's Fokus auf die einzelnen Akteure (statt auf den ganzen Distributed Ledger oder DeFi-Stack) bietet keine Lösung. Jedoch ist das Problem aus dem Entwurf der sog. „PilotR"[65] bekannt, die sich mit dem Distributed Ledger-basierten Wertpapier-Clearing und -Settlement befasst. Der dortige Lösungsansatz soll hier im Folgenden als sog. Business Plan-Konzept vorgestellt und zur Integration in das EU-Finanzmarktrecht empfohlen werden.

6.3.1 Regulierung des „Ledgers" aufgrund Business Plan Konzept

Nach dem Business Plan-Konzept gem. Art. 6 Abs. 1 PilotR muss ein „Operator" (dazu noch im Folgenden) zusammen mit dem Genehmigungsantrag für das Verwahrsystem ein Konzept vorlegen, welche Funktionen über den Distributed Ledger dezentral organisiert und welche zentralisiert über den Operator oder einzelne von diesem Beauftragte erbracht werden; zugleich ist darzulegen, wie der Zugriff auf die einzelnen Nodes gewährleistet ist. Zur Erfüllung dieser Anforderung wird der Operator nicht umhinkommen, vertragliche Abreden mit den

65 Vgl. *Europäische Kommission* (Fn. 15).

einzelnen Nodes nachzuweisen. Das Konzept bedarf der Genehmigung durch die Aufsichtsbehörde.

Inhalt des Business Plans ist die Funktionsteilung innerhalb des Ledgers, also in welchen Fällen eine Funktion dezentralisiert ist und daher nur durch alle Nodes zusammen erbracht werden kann, und in welchen Fällen eine Funktion etwa bei einem Operator zentralisiert ist

6.3.2 Offenlegung im White Paper, Prospekt oder standardisierten Vertragsbedingungen

Durch die Offenlegung der wesentlichen Bestandteile des Business Plans erfährt der Inhaber des Kryptowertes, welche Person oder welcher Personenkreis für eine bestimmte Funktion des Kryptowertes in Anspruch zu nehmen ist.

Beispiel: Der Kryptowert mag etwa kostenfreien Zugang zu einer Filmdatenbank gewähren. Ist etwa die Einspeisung von Filmen zentralisiert und die Person im Business Plan angegeben, kann man sich bei Weigerung, neue Filme einzuspeisen, an die dort genannte Person wenden. Soll dagegen die Übertragung des Kryptowertes unter Mitwirkung sämtlicher Nodes erfolgen und sind die entsprechenden Abreden unter den Nodes aus dem Business Plan erkennbar, kann man sich im Ergebnis an jede Node wenden, zu diesem Ergebnis gelangt man sowohl bei vertragsrechtlicher (§§ 431, 421 BGB) als auch gesellschaftsrechtlicher (§ 705 BGB[66]) Interpretation der Kooperation im dezentralen Ledger.

6.3.3 Rückfallregeln

Gewährte das Recht vollständigen Freiraum hinsichtlich der Frage, ob der Ledger als Ganzes oder die Nodes für die Pflichten einzustehen haben, würde angesichts von bislang ca. 10.000 Kryptowerte eine geordnete Finanzaufsicht an Kapazitätsgrenzen stoßen.

Daher sollte das EU-Finanzmarktrecht eine dispositive Grundordnung bereitstellen. Nach dieser Grundordnung sollten Pflichten, die die Funktionsweise des ganzen Distributed Ledger betreffen, grds. durch den Ledger (ie. alle Nodes im Kollektiv) zu erfüllen sein. Dies betrifft Verpflichtungen aus der DLT Governance, wie die Anerkennung von Stimm- und Einflussrechten bestimmter Kryptowerte,

66 Dafür *Zetzsche/Buckley/Arner* (Fn. 21), S. 1399.

geldwäscherechtliche Sorgfaltspflichten sowie Datenschutz und Daten-Governance.

Im Übrigen wird sich im Lauf der Zeit eine Praxis herausbilden, die Grundlage einer weiteren Kategorienbildung sein kann.[67]

6.4 Konsequenzen des Business Plan Approachs

6.4.1 Allgemeine statt MiCA-Spartenregelung

Das vorgenannte Business Plan Konzept müsste für sämtliche Kategorien von Kryptowerten etabliert werden. Da MiCA DLT-basierte Kryptowerte, die die Anforderungen an Finanzinstrumente erfüllen, der Regulierung für Finanzinstrumente unterstehen, genügt eine Spartenregulierung in der MiCA (und PilotR) nicht den praktischen Bedürfnissen. Erforderlich ist eine cross-sektorale Regelung, alternativ eine gleichlautende Vorschrift, die in sämtliche Spartenrechtsakte des EU-Finanzmarktrechts überführt wird.[68]

6.4.2 EU-Grenzüberschreitende Aufsichtskooperation

Eine EU-fokussierte Regulierung globaler Anliegen ruft Friktionen in der Aufsichtspraxis hervor. Auch international sollte der regulatorische Blick auf den Ledger als Ganzes und den sog. DeFi-Stack gerichtet sein. MiCA verspricht auch hier wenig Abhilfe, da die EU-Aufsichtskompetenz für EU-grenzüberschreitende Kryptowerte mit Führungsanspruch der EBA konstruiert ist, die etwa von den US-Behörden so nicht akzeptiert wird, wenn der gleiche Kryptowert auch US-Finanzinteressen berührt.[69]

Ein Lösungsansatz kann den Prinzipien für Finanzmarkt-Infrastruktur des CPMI-IOSCO entnommen werden, welche für grenzüberschreitende Zahlungssysteme einen weltweiten Kooperationsansatz unter Führung einer, aber in enger

---

67 Auf Details des Business Plan-Konzepts kann hier nicht eingegangen werden. Vgl. dazu *Zetzsche/Anker-Sørensen/Passador/Lucia/Wehrli*, DLT-Based Enhancement of Cross-Border Payment Efficiency – a Legal and Regulatory Perspective – (12. Januar 2022), abrufbar unter http://dx.doi.org/10.2139/ssrn.3984523, LFMR(2022)-im Druck.

68 Vorbild insofern könnten die über alle EU-Finanzmarktrichtlinien hinweg gleichlautenden Formulierungen zum Risikomanagement unter Berücksichtigung von Nachhaltigkeitsrisiken sein.

69 Nach Art. 108 Abs. 1 MiCA kooperiert die EBA mit Aufsichtsbehörden von Drittstaaten, insbesondere wenn der regionale Anwendungsbereich der MiCA nicht eröffnet ist.

Kooperation mit anderen Aufsichtsbehörden etabliert.[70] Auf dieser Grundlage ist z. B. CLS als bedeutendes Zahlungssystem für Währungsgeschäfte von einem Cooperative Oversight Arrangement unter Führung der U.S. Federal Bank of the Reserve beaufsichtigt. Da einzelne Kryptowerte durchaus als Zahlungssysteme qualifiziert werden können, kann der Anwendungsbereich für die PFMI unmittelbar eröffnet sein. Jedoch basieren auch die PFMI noch auf einer Betrachtung einzelner Rechtsträger, die zusammen das Zahlungssystem bilden. Für die effektive Regulierung von Kryptowerten ist primär das DeFi-Stack als digitale Finanzmarktinfrastruktur, und damit die Summe aller Einzeldienstleistungen und Akteure, in den Blick zu nehmen.

7 Ergebnisse in Thesen

1. Digitale Anlagen sind teils dem bestehenden EU-Finanzmarktrecht unterstellt, teils werden zur Lückenfüllung derzeit spezifische Regeln in Form der MiCA geschaffen.
2. Die MiCA beruht auf der Dreiteilung zwischen Investment, Payment und Utility Token. Für Investment Token gilt das EU-Recht für Finanzinstrumente, für Payment Token gelten die Zahlungsdienstleistungs- und E-Geld-RL, ergänzt um MiCA-Regeln für E-money Token (EMT) und Asset-related Token (ART). Für Utility Token gilt Kap. II MiCA sowie das allgemeine EU-Verbraucherschutzrecht, insb. die EU VerbraucherschutzRL.
3. MiCA gewährleistet eine Harmonisierung der Primärmarkttransparenz gegenüber den (zukünftigen) Token-Inhabern, reguliert aber Emittenten und Anbieter grds nicht. Für alle Kryptowert-Dienstleister, die nicht anderweitig reguliert sind, oktroyiert die MiCA eine Zulassungspflicht mit operativen Pflichten und einem europäischen Pass. Im Ergebnis unterstehen nahezu alle Dienstleistungen im Zusammenhang mit Kryptowerten einer EU-harmonisierten Regulierung. Dies entspricht praktischen Bedürfnissen insoweit, als bei dezentralisiert organisierten Distributed Ledgern die Rolle des Emittenten schwer zu bestimmen ist. MiCA wirkt sich daher primär auf die Intermediäre im Rahmen des Vertriebs, der Verwahrung und Verwaltung sowie des Handels

---

70 Die Prinzipien für Finanzmarkt-Infrastruktur sind übernommen worden durch Verordnung der EZB, vgl. Verordnung der Europäischen Zentralbank (EU) No 795/2014 vom 3. Juli 2014 zu den Anforderungen an die Überwachung systemrelevanter Zahlungssysteme, (ECB/2014/28) (sog. SIPS Regulation) in der Fassung der Änderungsverordnungen (EU) No 2021/728, 2021/729 und 2021/730.

mit Kryptowerten aus. Insoweit mag man von einem indirekten Regulierungsansatz von Kryptowerten durch MiCA sprechen.

4. Die MiCA löst die Definitionsprobleme im EU-Finanzmarktrecht nicht. Die Abgrenzung zwischen den Finanzinstrumenten, Zahlungsdienstleistungen sowie sonstigen Kryptowerten (ie. Utility Token) ist für das einschlägige Recht und die Zuständigkeit der Aufsichtsbehörden von Bedeutung. Wünschenswert sind ESMA- und EBA-Richtlinien nach Art der „Key concepts of the AIFM Directive“.
5. MiCA mindert Anreize für Regulierungsarbitrage und schließt Lücken im EU-Verbraucherschutzrecht, erzeugt aber auch zahlreiche Folgefragen im Regulierungs-, Zivil- und internationalen Privatrecht. Auch werden keineswegs alle Probleme und Rechtsunsicherheiten der dezentralen Finanzwirtschaft einer Lösung zuführt.
6. Das Kernproblem digitaler Anlagen ist bei der häufig dezentralen Ledger-Organisation die Aufgabenverteilung zwischen den Nodes und dem Ledger. Dieses Problem adressiert MiCA nicht. Insofern ist eine Orientierung an dem hier sog. „Business Plan-Konzept“ der Pilot-Verordnung geboten. Erforderlich ist die Übernahme des Business Plan-Konzepts als cross-sektorale Regulierung für Finanzinstrumente, Zahlungs- und E-Gelddienstleistungen (inkl. ART und EMT) und sonstige Kryptowerte sowie dessen Unterlegung mit zivilrechtlichen Folgen.

Dr. Miriam Parmentier, LL.M. (Columbia University), Referentin der Europäischen Kommission/Generaldirektion Finanzstabilität, Finanzdienstleistungen und Kapitalmarktunion

Zum Stand der EU-Gesetzgebung für nachhaltige Finanzierung

Die Verfasserin ist Referentin bei der Generaldirektion Finanzstabilität, Finanzdienstleistungen und Kapitalmarktunion der Europäischen Kommission. Der Beitrag gibt ausschließlich ihre persönliche Auffassung wieder und stimmt nicht notwendig mit der Position der Europäischen Kommission überein.

https://doi.org/10.1515/9783110790191-006

1 Das Nachhaltigkeitsthema in der EU-Finanzmarktregulierung[1]

Die Nachhaltigkeit ist neben der Digitalisierung die zweite Seite der doppelten gesellschaftlichen Transformationsaufgabe, der sich auch die Finanzmärkte stellen müssen. Kommissionspräsidentin Ursula von der Leyen erinnert im Zusammenhang mit dem Investitionsplan für ein zukunftsfähiges Europa im Januar 2020[2] daran, dass der „Grüne Deal[3]" Investitionsbedarf mit sich bringt, den die EU in Investitionschancen verwandele.[4]

Auf der nationalen Bühne in Deutschland ist das Thema Nachhaltigkeit natürlich ebenfalls längst angekommen. Der Beitrag konzentriert sich hingegen auf die Gesetzgebungsaktivitäten auf der Ebene der Europäischen Union im Bereich der Finanzmarktregulierung. Diese ist bei der Europäischen Kommission bei der Generaldirektion Finanzmarktstabilität, Finanzdienstleistungen und Kapitalmarktunion angesiedelt. Auch der seit Oktober 2020 amtierenden Finanzmarktkommissarin Mairead McGuinness hat die deutsche Kommissionspräsidentin das Thema nachhaltige Finanzierung wieder ins Stammbuch geschrieben.[5]

Die zahlreichen einzelnen europäischen Rechtsakte verschiedener Regelungsebenen im Bereich der nachhaltigen Finanzierung, die Gegenstand des folgenden Überblicks sein sollen, stehen in den Worten der Kommission im Zusammenhang einer „umfassenderen Initiative der Kommission zur Förderung einer nachhaltigen Entwicklung. Sie schafft die Grundlage für einen EU-Rahmen,

1 Der Beitrag beruht auf dem Referat der Verf. beim Bankrechtstag am 25. Juni 2021. Die Vortragsfassung wurde weitgehend beibehalten, der Text jedoch um Entwicklungen bis 31. August 2021, in Einzelfällen darüber hinaus, sowie um Hinweise auf Beiträge in der deutschen juristischen Literatur ergänzt. Gegenüber dem mündlichen Vortrag konnte der Beitrag insbesondere die wenige Tage nach dem Bankrechtstag veröffentlichte neue Strategie der Kommission für Nachhaltigkeit in der Finanzierung berücksichtigen, jedoch keine weiteren Entwicklungslinien.

2 Mitteilung der Kommission an das Europäische Parlament, den Europäischen Rat, den Rat, den Europäischen Wirtschafts-und Sozialausschuss und den Ausschuss der Regionen: Investitionsplan für ein zukunftsfähiges Europa – Investitionsplan für den europäischen Grünen Deal, COM(2020) 21 final v. 14. Januar 2020.

3 Mitteilung der Kommission an das Europäische Parlament, den Europäischen Rat, den Rat, den Europäischen Wirtschafts-und Sozialausschuss und den Ausschuss der Regionen: Der europäische Grüne Deal (COM(2019)640 final).

4 https://ec.europa.eu/regional_policy/de/newsroom/news/2020/01/14-01-2020-financing-the-green-transition-the-european-green-deal-investment-plan-and-just-transition-mechanism

5 Schreiben der Präsidentin der Europäischen Kommission an die designierte Kommissarin v. 13.9.2020 https://ec.europa.eu/commission/commissioners/sites/default/files/commissioner_mission_letters/president_von_der_leyens_mission_letter_to_mairead_mcguiness.pdf

der Nachhaltigkeitsaspekte ins Zentrum des Finanzsystems rückt, um die Umformung der europäischen Wirtschaft zu einem umweltfreundlicheren, widerstandsfähigeren und stärker kreislauforientierten System zu unterstützen, und steht deshalb ganz im Einklang mit den Zielen des europäischen Grünen Deals[6]." Die Kommission verweist im Vorspann zum Kontext der Rechtsakte im Bereich nachhaltige Finanzierung auf das Pariser Klimaschutzübereinkommen von 2016 sowie die Agenda 2030 der Vereinten Nationen für nachhaltige Entwicklung und erinnert: „In der Mitteilung über den europäischen Grünen Deal wird bekräftigt, dass langfristige Signale erforderlich sind, um Finanz-und Kapitalströme in umweltfreundliche Investitionen zu lenken und ‚verlorene Vermögenswerte' zu vermeiden."[7]

In ihrem jährlichen Bericht über Finanzmarktstabilität und -integration[8] gehen die Kommissionsdienststellen 2021 nicht zum ersten Mal auf die wichtige Rolle der Finanzmärkte für das Erreichen der Klima- und Umweltziele der Europäischen Union ein. Die Transformation wird bekanntermaßen enorm viel Geld kosten und lässt sich aus öffentlichen Geldern allein nicht finanzieren, sondern verlangt nach privaten Investitionen. Wissenschaftler sehen laut diesem Bericht auch Anzeichen, dass der sog. CO-2-Fußabdruck in Volkswirtschaften mit vergleichsweise hohem Anteil marktbasierter Eigenkapitalfinanzierung schneller als anderswo schrumpft. Weiter erläutert der Bericht, Finanzmärkte könnten den Übergang zu einer grünen Ökonomie durch Risikoteilung, durch die Preisbildung für Umweltrisiken oder auf dem Umweg über die Einflussnahme der Anteilseigner auf Unternehmen fördern. Der Bericht gibt ferner einen Überblick über die Entwicklung des Markts für nachhaltige Finanzprodukte, der sich aufgrund der sogenannten nicht-finanziellen Präferenzen einer steigenden Zahl von Investoren im Aufwind befindet. Andererseits adressiert der Bericht zu Finanzmarktstabilität und -integration auch Risiken, die aus dem Klimawandel für die Stabilität der Finanzmärkte erwachsen.

Bei der Finanzierung nachhaltigen Wachstums oder kurz der nachhaltigen Finanzierung geht es um die Berücksichtigung von Umwelt-, sozialen und Kriterien der guten Unternehmensführung, englisch „ESG" für *environmental*, *social*,

---

6 Fn 3.

7 Zitate in diesem Absatz entnommen aus Delegierte Richtlinie (EU) 2021/1270 der Kommission vom 21.4.2021 zur Änderung der Richtlinie 2010/43/EU in Bezug auf die von Organismen für gemeinsame Anlagen in Wertpapieren (OGAW) zu berücksichtigenden Nachhaltigkeitsrisiken und -faktoren , ABl. L 277/141 vom 2.8.2021; s.u. 5.2.

8 Arbeitsdokument der Kommissionsdienststellen, European Financial Stability and Integration Review, SWD(2021) 113 final v. 25.5.2021.

governance, für zwei große Ziele: (i) Finanzströme in nachhaltige Investitionen lenken und (ii) Nachhaltigkeitsrisiken für den Finanzsektor adressieren.

Mit dem Versuch, das politische und gesellschaftliche Megathema Nachhaltigkeit in Rechtsnormen zu gießen, begeben sich die Akteure nicht nur des europäischen Gesetzgebungsverfahrens auf Neuland. Die Materie, ebenso wie die gesellschaftliche Diskussion, ist noch im Fluss. Beim Bankrechtstag 2021 war daher nur eine Momentaufnahme einer dynamisch fortschreitenden Entwicklung möglich. Dennoch war bereits eine größere Zahl recht neuer Rechtsakte zu berücksichtigen, die sämtlich nur überblicksartig beschrieben werden konnten. Am 6. Juli 2021, also wenige Tage nach dem Bankrechtstag, veröffentlichte die Kommission ihre neue Strategie zur nachhaltigen Finanzierung, die zugleich das Erreichte zusammenfasst.[9]

1.1 Gang der Darstellung

Die Darstellung orientiert sich an der Herangehensweise der EU-Regulierung, die sich grob wie folgt umreißen lässt:

- Wem Nachhaltigkeit in der Finanzierung ein Anliegen ist, sollte keine Sorge haben müssen, Grünfärberei (englisch *greenwashing*) aufzusitzen, sondern anhand in der Nachhaltigkeitstaxonomie standardisierter Kriterien Orientierung finden (gleich unter 2.).
- Anleger sollen sich bei Anbietern oder Beratern vor ihrer Anlageentscheidung über Finanzprodukte orientieren und „grüne“ Anlageobjekte identifizieren können. Kernstück der diesbezüglichen Regelungen ist die Offenlegungsverordnung (3.).
- Viele Emittenten auch der Realwirtschaft müssen in der nichtfinanziellen Berichterstattung offenbaren, wie „grün“ sie sind (4.).

Anschließend geht der Beitrag auf weitere Maßnahmen der Kommission der im April (5.) und, als Nachtrag, Juli 2021 veröffentlichen Maßnahmenbündel sowie auf die internationale Dimension ein und gibt einen Ausblick (6.).

9 S.u. 6.3.

1.2 Aktionsplan 2018 und weitere Mitteilungen

Bei der Kommission nahm das Thema nachhaltige Finanzierung als Teil der Kapitalmarktunion im Aktionsplan 2015[10] seinen Anfang und hat seitdem noch gewaltig an Momentum gewonnen. Mehrere Mitteilungen der Kommission markierten Etappen auf dem Weg zu einem Regulierungsrahmen für nachhaltige Finanzierung. Der Aktionsplan zur Finanzierung nachhaltigen Wachstums aus dem März 2018[11] umriss das Arbeitsprogramm bereits recht konkret. Vorausgegangen waren diesem Aktionsplan Empfehlungen aus dem Bericht der Hochrangigen Sachverständigengruppe für ein nachhaltiges Finanzwesen.[12] Seitdem sind in der EU in rascher Folge verschiedene Regelungen auf verschiedenen Regelungsebenen erarbeitet und verabschiedet worden und teilweise bereits in Kraft getreten, die sich vielfach aufeinander beziehen. Der Rechtsrahmen für nachhaltige Finanzierung ist schon jetzt Ergebnis eines wahren Kraftakts. Einen Überblick bietet die Internetseite der EU-Kommission zum Thema nachhaltiges Finanzwesen.[13]

Meilensteile waren 2018 der erste Aktionsplan und die Verordnungsvorschläge betreffend Taxonomie und Offenlegung, 2019 die Verabschiedung der Offenlegungsverordnung mit wichtigen Definitionen und 2020 die Verabschiedung der Taxonomieverordnung. 2021 folgten hierzu Rechtsakte der zweiten Regelungsebene sowie der Richtlinienentwurf über die Nachhaltigkeitsberichterstattung für die Realwirtschaft, begleitet von einer Mitteilung im April 2021[14], später die Mitteilung vom Juli 2021 über die neue Strategie.[15]

---

10 Mitteilung der Kommission an das Europäische Parlament, den Rat, den Europäischen Wirtschafts- und Sozialausschuss und den Ausschuss der Regionen: Aktionsplan zur Schaffung einer Kapitalmarktunion, COM(2015) 468 final v. 30.9.2015.

11 Mitteilung der Kommission an das Europäische Parlament, den Rat, den Europäischen Wirtschafts- und Sozialausschuss und den Ausschuss der Regionen: Aktionsplan: Finanzierung nachhaltigen Wachstums, COM(2018) 97 final v. 8.3.2018; dazu Mittwoch/Möslein, WM 2019, 481 ff.

12 Final report of the High-Level Expert Group on sustainable finance | European Commission (europa.eu).

13 https://ec.europa.eu/info/business-economy-euro/banking-and-finance/sustainable-finance_en

14 Mitteilung der Kommission an das Europäische Parlament, den Rat, den Europäischen Wirtschafts- und Sozialausschuss und den Ausschuss der Regionen: Taxonomie, Nachhaltigkeitsberichterstattung von Unternehmen, Nachhaltigkeitspräferenzen und treuhänderische Pflichten: Finanzielle Mittel in Richtung des europäischen Grünen Deals lenken, COM(2021) 188 final v. 21. April 2021.

Gemeinsam dienen die zentralen Gesetzgebungsakte Taxonomie, Offenlegungsverordnung und der Richtlinienentwurf über Nachhaltigkeitsberichterstattung dem Ziel einer verlässlichen Informationsgrundlage für Investoren, die sich eine Meinung über die Nachhaltigkeit eines Projekts bilden wollen, bevor sie darin ihr Geld investieren. Ermöglicht werden soll ein Vergleich mit anderen möglichen Investitionsobjekten anhand in der Taxonomie normierter Kriterien. Wer grüne Projekte finanzieren will, soll Orientierung finden. Wer sich nicht von grünen Kriterien oder jedenfalls nicht von diesen, im Gesetzgebungsprozess definierten Kriterien leiten lassen mag, kann das weiterhin bleiben lassen. Die EU verpflichtet niemanden, nur noch „grün“ zu investieren, sondern vertraut insofern auf die Marktkräfte.

2 Taxonomie

2.1 Bedeutung der Taxonomie

Den Dreh- und Angelpunkt der EU-Gesetzgebung für nachhaltige Finanzierung bildet die Verordnung 2020/852 vom 18. Juni 2020 über die Einrichtung eines Rahmens zur Erleichterung nachhaltiger Investitionen, meist kurz als Taxonomieverordnung bezeichnet.[16] Sie bietet Marktteilnehmern, die jedenfalls zu einem Teil bewusst nachhaltig wirtschaften beziehungsweise investieren wollen, durch eine Klassifikation ökologisch nachhaltiger Aktivitäten Orientierung.[17] Zur finanziellen Rendite eines Finanzprodukts äußert sich die Taxonomie nicht.

Die Taxonomie war weltweit Vorreiter darin, Anlegern zu ihrer Orientierung eine „grüne Liste“ für nachhaltige Wirtschaftstätigkeiten an die Hand zu geben. Kommission und gemeinsame Gesetzgeber wollen mit diesem neuen Klassifizierungssystem einheitliche Begrifflichkeiten anbieten, damit Anleger wissen, woran sie sind, wenn sie in Projekte und wirtschaftliche Tätigkeiten investieren wollen, die erhebliche positive Auswirkungen auf Klima und Umwelt haben. Einheitliche, in der Taxonomie festgelegte Kriterien dafür, was ökologische Nachhaltigkeit

---

15 Mitteilung der Kommission an das Europäische Parlament, den Rat, den Europäischen Wirtschafts- und Sozialausschuss und den Ausschuss der Regionen: Strategie zur Finanzierung einer nachhaltigen Wirtschaft, COM(2021) 390 final v. 6. Juli 2021.

16 Verordnung (EU) 2020/852 des Europäischen Parlaments und des Rates vom 18. Juni 2020 über die Einrichtung eines Rahmens zur Erleichterung nachhaltiger Investitionen und zur Änderung der Verordnung (EU) 2019/2088, ABl. L 198/1 v. 22. Juni 2020.

17 Eingehend Luttermann, RIW 2021, 191 ff.; Krakuhn/Hoffmann/Lothholz, IRZ 2020, 563 ff.; Bueren, WM 2020, 1611 ff. und 1659 ff.

bedeutet, sollen das Vertrauen des Kapitalmarkts in grüne Anlagen stärken. Die Kriterien sollen auch zur Mess- und Planbarkeit für den Übergang zu einer nachhaltigen Wirtschaft beitragen.

Die Taxonomie ermöglicht den Akteuren am Finanzmarkt eine Verständigung über Nachhaltigkeitsaspekte. Investoren, die nachhaltig anlegen, und Emittenten, die dem Markt nachhaltiges Wirtschaften anzeigen möchten, können mithilfe der Klassifizierung in der Taxonomieverordnung zusammenfinden. Private Marktteilnehmer werden durch die Taxonomieverordnung hingegen weder gezwungen, nachhaltig zu wirtschaften, noch ihre Produkte als nachhaltig zu bewerben. Investitionen in von der Taxonomie nicht erfasste Tätigkeiten bleiben ohne weiteres möglich. Was nicht taxonomiekonform ist, gilt nicht etwa allein deshalb notwendig als umweltschädlich. Die Taxonomie schafft jedoch die begrifflichen Grundlagen für Informationen über Nachhaltigkeit und damit für ein auf Transparenz und Marktmechanismen beruhendes System, das gezielte Investitionen in nachhaltige Wirtschaftstätigkeit möglich macht.

2.2 Regelungstechnik und Umweltziele

Neuartig ist an der Taxonomieverordnung die Klassifizierung ökologisch nachhaltiger Wirtschaftstätigkeiten. Gemäß Art. 3 Taxonomieverordnung ist eine Wirtschaftstätigkeit ökologisch nachhaltig, wenn sie einen wesentlichen Beitrag zu mindestens einem der in der Taxonomieverordnung niedergelegten sogenannten Umweltziele leistet und kein anderes dieser Umweltziele nachhaltig beeinträchtigt, wobei bei alldem bestimmte Bewertungskriterien erfüllt werden müssen.

Um sich als ökologisch nachhaltig zu qualifizieren, muss die Wirtschaftstätigkeit zudem unter Einhaltung des ebenfalls in der Taxonomie festgelegten Mindestschutzes im Hinblick auf die Kriterien Soziales und gute Unternehmensführung ausgeübt werden. Neben den Umweltzielen, die beschreiben, was ökologisch nachhaltig ist, führt die Taxonomieverordnung unter Verweis auf Leitlinien der OECD und der Vereinten Nationen in ihrem Artikel 18 auch Mindestvorgaben betreffend soziale Standards und die Unternehmensführung. Die beiden weiteren Elemente des Slogans „*ESG – environmental, social, governance*" sind also mit abgesichert, jedoch liegt der Schwerpunkt der Taxonomie auf ökologischer Nachhaltigkeit.

Die Taxonomieverordnung normiert in ihrem Art. 9 zunächst die folgenden sechs sogenannten Umweltziele:

a) Klimaschutz;
b) Anpassung an den Klimawandel;
c) nachhaltige Nutzung und Schutz von Wasser- und Meeresressourcen;

d) Übergang zu einer Kreislaufwirtschaft;
e) Vermeidung und Verminderung der Umweltverschmutzung;
f) Schutz und Wiederherstellung der Biodiversität und der Ökosysteme.

Für jedes Umweltziel legt die Taxonomie fest, was einen wesentlichen Beitrag zu ihm darstellt. Artt. 10 bis 15 der Taxonomieverordnung enthalten für jeweils ein Umweltziel die Rahmenbedingungen. Die Kommission wird beauftragt, diesen Rahmen durch Delegierte Rechtsakte auszufüllen.[18] Artikel 17 listet demgegenüber für jedes der Umweltziele auf, worin eine wesentliche Beeinträchtigung besteht.

2.3 Adressaten

Gemäß ihrem Art. 4 verpflichtet die Taxonomieverordnung die EU selbst sowie die Mitgliedstaaten, wenn sie Standards oder Kennzeichnungen für unter dem Etikett „ökologisch nachhaltig" bereitgestellte Finanzprodukte erlassen, auf die Wahrung der Taxonomievorgaben. Als Referenz dient die Taxonomie bereits heute für die Mittel der EU zum Wiederaufbau nach der Covid-19-Pandemie: Die Verordnung über die EU-Aufbaufazilität[19] sieht vor, dass die Aufbaupläne der Mitgliedstaaten geeignete Maßnahmen enthalten müssen, um eine erhebliche Beeinträchtigung eines Umweltziels im Sinne der Taxonomieverordnung zu vermeiden. In ihren Artt. 5 bis 7 verknüpft die Taxonomieverordnung zudem die Transparenzverpflichtungen, denen bestimmte (Finanz-) Unternehmen aufgrund der Offenlegungsverordnung 2019 unterliegen, mit der Nachhaltigkeitstaxonomie.[20] Für alle Unternehmen, welche der Pflicht zur nichtfinanziellen Berichterstattung unterliegen, sieht Art. 8 Taxonomieverordnung Angaben zu ihrer Wirtschaftstätigkeit entsprechend der Klassifikation der Umweltziele vor.[21]

---

18 S.u. 3.4.

19 Verordnung (EU) 2021/241 des Europäischen Parlaments und des Rats vom 12. Februar 2021 zur Einrichtung der Aufbau- und Resilienzfazilität, ABl. L 57/17 vom 18. Februar 2021.

20 Vgl. zur Offenlegungsverordnung unten IV.1.; zum Zusammenwirken mit der Taxonomieverordnung näher Geier/Hombach, BKR 2021, 6 ff.

21 Dazu und zum Delegierten Rechtsakt zu Art. 8 der Taxonomieverordnung unten 4.2.

2.4 Delegierte Rechtsakte

Um die Berücksichtigung neuer wissenschaftlicher Erkenntnisse sicherzustellen und die Anpassung an veränderte Umstände und sich wandelnde Strategien zur Bekämpfung des Klimawandels zu ermöglichen, bedient sich die Taxonomie für alle sechs Umweltziele Delegierter Rechtsakte gemäß Art. 290 AEUV. Die Gemeinsamen Gesetzgeber, Europäisches Parlament und Rat, beauftragen und ermächtigen die Kommission also in der Taxonomieverordnung, die sechs Umweltziele, für welche die Verordnung erst einmal nur einen Rahmen vorgibt, durch Delegierte Rechtsakte zu konkretisieren und im Laufe der Zeit an veränderte Umstände anzupassen. Die Taxonomieverordnung bestimmt auch noch selbst „technische Bewertungskriterien", deren Ausgestaltung dann ebenfalls der sogenannten zweiten Regelungsebene überlassen bleibt. Die Taxonomie mit ihrer Scharnierfunktion für die „grüne" Finanzmarktregulierung ist also in ihren wesentlichen Teilen festgelegt, bleibt aber in den Einzelheiten in Bewegung und anpassungsfähig. Dieser Mechanismus der Anpassung durch delegierte Rechtsakte soll verhindern, dass hilfreiche Kategorisierung in hinderliche Erstarrung und Versteinerung einmal gesetzter Standards umschlägt.

Zur Erinnerung: Die Technik der Ermächtigung der Kommission zum Erlass Delegierter Rechtsakte, d. h. Rechtsakte, die auf im Gesetzgebungsakt der ersten Ebene enthaltenen Ermächtigungen beruhen, ergibt sich aus Art. 290 AEUV und ist gerade in der Finanzmarktregulierung ein gängiges Instrument. Die Delegierten Rechtsakte werden von der Kommission erlassen, Parlament und Rat steht nur eine Einspruchsbefugnis gegen den Rechtsakt als ganzen zu. Lassen sie die Einspruchsfrist verstreichen, tritt der Rechtsakt in der von der Kommission erlassenen Form in Kraft und wird im Gesetzblatt verkündet. Delegierte Rechtsakte ergänzen einen EU-Gesetzgebungsakt, können ihn hinsichtlich nicht-wesentlicher Elemente aber auch ändern. Vor allem können sie selbst durch weitere delegierte Rechtsakte zügig an neue Entwicklungen angepasst werden. Dabei müssen die wesentlichen Regelungen stets im von Parlament und Rat gemeinsam erlassenen Gesetzgebungsakt der ersten Ebene enthalten sein.

Am 4. Juni 2021 hat die Kommission als ersten Delegierten Rechtsakt unter der Taxonomieverordnung die Delegierte Verordnung zur Konkretisierung der ersten beiden Umweltziele in der Taxonomie angenommen, im Jargon oft *Climate Delegated Act* genannt.[22] Er bezieht sich auf die ersten beiden der oben genannten

22 Delegierte Verordnung (EU) 2021/2139 der Kommission vom 4.6.2021 zur Ergänzung der Verordnung (EU) 2020/852 des Europäischen Parlaments und des Rates durch Festlegung der technischen Bewertungskriterien, anhand deren bestimmt wird, unter welchen Bedingungen

Umweltziele, also auf Klimaschutz und Anpassung an den Klimawandel. Damit spielen die in ihm enthaltenen Regelungen eine wichtige Rolle für die Reduzierung der Treibhausgasemissionen. Die Kommission hat bereits angekündigt, dass sie noch einen diese Delegierte Verordnung zum Klima ergänzenden Delegierten Rechtsakt plant, um Tätigkeiten abzudecken, die wie z. B. die Landwirtschaft bisher nicht erfasst sind. In diesem ergänzenden Delegierte Rechtsakt soll es auch um die Kernenergie gehen.[23]

Die Ausformung der Umweltziele Nr. 3 bis 6 steht noch aus, allerdings gelten diese weiteren Umweltziele auch noch nicht. Der sie konkretisierende sogenannte *Environmental Delegated Act* ist für 2022 geplant und soll dann ab 1. Januar 2023 gleichzeitig mit diesen Umweltzielen anwendbar sein.

2.5 Beteiligung der Interessenträger

Das Verfahren bis hin zum Delegierten Rechtsakt betreffend das Klima erlaubt, exemplarisch die eingehende Beteiligung der Interessenträger an der Rechtsetzung auf EU-Ebene und insbesondere im Bereich der nachhaltigen Finanzierung in Erinnerung zu rufen. Am 20. Oktober 2020 veröffentlichte die Kommission einen ersten Entwurf dieses Delegierten Rechtsakts und sammelte bis 18. Dezember 2020 Meinungsbekundungen aus der Öffentlichkeit. Im Januar ersuchte sie ferner die Plattform für ein nachhaltiges Finanzwesen um Rat zu dem Entwurf. Diese Plattform wurde mit der Taxonomieverordnung eingerichtet. Es handelt sich um eine Expertengruppe der Kommission, der auch Vertreter z. B. der Europäischen Finanzaufsichtsbehörden ESMA, EBA und EIOPA angehören. Die Plattform veröffentlichte am 19. März ihren Bericht über den Übergang zu nachhaltiger Finanzierung. Gestützt darauf sowie auf ihre Auswertung der Eingaben der Öf-

davon auszugehen ist, dass eine Wirtschaftstätigkeit einen wesentlichen Beitrag zum Klimaschutz oder zur Anpassung an den Klimawandel leistet, und anhand deren bestimmt wird, ob diese Wirtschaftstätigkeit erhebliche Beeinträchtigungen eines der übrigen Umweltziele vermeidet, C(2021) 2800 final AB1. L 442/1 vom 9.12.2021.

23 Nach Reflektion in der Mitteilung v. 21.4.2021 (Fn 15), S. 7 f., nun bekräftigt in der Neuen Strategie (Fn 16), S. 7. Vgl. auch die Technische Analyse betr. Kernenergie im Bericht des Gemeinsamen Forschungszentrums der Kommission, JRC, Abousahl et al., Technical assessment of nuclear energy with respect to the 'do no significant harm' criteria of Regulation (EU) 2020/852 ('Taxonomy Regulation'), 2021, abrufbar unter file:///C:/Users/parmemi/Downloads/jrc125953_technical_assessment_of_nuclear_energy_-_v2_-_public_online_version_1.pdf.

fentlichkeit auf die Konsultation überarbeitete die Kommission ihren ersten Entwurf und nahm den Delegierten Rechtsakt an.[24]

Die Kommission holt auch nach dem Ende der Arbeit der Hochrangigen Expertengruppe für nachhaltige Finanzierung weiterhin umfassend sachverständigen Rat ein. Seit 2018 konsultiert sie eine Technische Expertengruppe zu verschiedenen Bereichen der nachhaltigen Finanzierung. Art. 20 Taxonomieverordnung etabliert ferner eine Plattform für ein nachhaltiges Finanzwesen: Dabei handelt es sich um eine ständige Gruppe unabhängiger Experten, welche die Kommission zur Taxonomie und möglichen weiteren Nachhaltigkeitskriterien berät.[25] Art. 24 Taxonomieverordnung richtet schließlich eine Expertengruppe der Mitgliedstaaten für nachhaltiges Finanzwesen ein, welche die Ausarbeitung der technischen Bewertungskriterien kontrollieren soll.

3 Transparenz für Anleger

3.1 Offenlegungsverordnung

3.1.1 Überblick

Um ihre Nachhaltigkeitspräferenzen in die Tat umsetzen zu können, sollen Anleger von Vermögensverwaltern oder bei der Finanzberatung die dafür nötigen Informationen über die Nachhaltigkeitsrisiken für eine Geldanlage und von ihr ausgehende Nachhaltigkeitsauswirkungen erhalten. Zu diesem Zweck hat die Kommission, ebenfalls wie im Aktionsplan 2018 angekündigt, die Verordnung über nachhaltigkeitsbezogene Offenlegungspflichten im Finanzdienstleistungssektor (*Sustainable Finance Disclosure Regulation – SFDR*) vorgeschlagen, die als Verordnung 2019/2088 am 27. November 2019 und damit noch vor der Taxonomieverordnung förmlich angenommen wurde.[26]

Die Offenlegungsverordnung führt horizontal über die verschiedenen Säulen der Finanzmarktregulierung hinweg zusätzliche Transparenzpflichten ein, die

---

24 Die Pressemitteilung vom 21.4.2021 markierte noch nicht die förmliche Annahme: Diese konnte erst am 4. Juni 2021 stattfinden, als auch die Übersetzungen in alle Amtssprachen vorlagen.

25 https://ec.europa.eu/info/business-economy-euro/banking-and-finance/sustainable-finance/overview-sustainable-finance/platform-sustainable-finance_en

26 Glander/Lühmann/Jesch, BKR 2020, 485 ff. u. 545 ff.; Krakuhn/Stiefel/Gilles, IRZ 2021, 122 ff.; Geier/Hombach, BKR 2021, 6 ff.; Ekkenga, WM 2020, 1664 ff.

zu denjenigen Pflichten hinzutreten, die den Adressaten bereits aufgrund der Vorschriften obliegen, mit denen die Mitgliedstaaten die sektorenspezifischen Richtlinien über die Verwalter alternativer Investmentfonds, OGAW, Solvabilität II, Versicherungsvertriebsrichtlinie and MiFID II umgesetzt haben.[27] Als erster vom Europäischen Parlament und dem Rat verabschiedeter Gesetzgebungsakt der Initiative nachhaltige Finanzierung enthält die Offenlegungsverordnung einige Begriffsbestimmungen, auf die spätere Gesetzgebungsakte zurückgreifen. So nimmt die Offenlegungsverordnung sektorenübergreifend „Finanzmarktteilnehmer" in die Pflicht, das sind unter anderem Kreditinstitute und Wertpapierfirmen mit Portfolioverwaltung, Fondsverwalter, Versicherungen und Pensionsfonds, ferner – mit geringerem Pflichtenprogramm – „Finanzberater", die Anlage- oder Versicherungsberatung erbringen. Beide Begriffe sind neu, ebenso wie das „Finanzprodukt", und vergleichsweise umfassend.

Als EU-Verordnung ist die Offenlegungsverordnung in den Mitgliedstaaten unmittelbar geltendes Recht. Die Transparenzpflichten gelten zum Teil seit 10. März 2021, andere werden ab 1. Januar 2022 anwendbar sein; sie werden durch Technische Regulierungsstandards ergänzt.

3.1.2 Transparenz über die Nachhaltigkeitsstrategie des Unternehmens

Auf das Unternehmen bezogen haben alle Pflichtunterworfenen ihre Strategie zur Einbeziehung von Nachhaltigkeitsrisiken in ihre Entscheidungsprozesse über Investitionen bzw. bei der Beratungstätigkeit auf ihrer Internetseite anzugeben (Art. 3 Offenlegungsverordnung). Bei den Nachhaltigkeitsrisiken geht es um potentielle nachteilige Einwirkungen von außen auf die Wertentwicklung. Im Gesetzgebungsprozess kam Art. 4 Offenlegungsverordnung mit der Verpflichtung hinzu, negative Auswirkungen ihrer Entscheidungen oder der Finanzprodukte auf die Umwelt oder die soziale Gerechtigkeit offenzulegen. Hier geht es um mögliche Auswirkungen aus dem Unternehmen heraus auf die Außenwelt. Art. 5 Offenlegungsverordnung fordert schließlich Transparenz über Nachhaltigkeitsaspekte in der Vergütungspolitik der Finanzmarktteilnehmer und Finanzberater.

27 Für die Anpassung delegierter Rechtsakte der genannten Gesetzgebung im April 2021 s. u. 5.2.

3.1.3 Transparenz über die Nachhaltigkeit der Finanzprodukte

Gemäß Art. 6 Offenlegungsverordnung haben Finanzmarktteilnehmer Anlageinteressenten für jedes Finanzprodukt in den in sektoralen Rechtsvorschriften vorgeschriebenen vorvertraglichen Informationen Einblick zu geben, wie sie aus fehlender Nachhaltigkeit entstehende Risiken in ihre Entscheidungen einbeziehen und wie derartige Risiken die Renditeerwartung des Anlegers beeinflussen. Wenn sich die Unternehmen für eine Berücksichtigung solcher Risiken aus fehlender Nachhaltigkeit entscheiden, müssen sie ihre Strategie zum Umgang damit offenlegen. Wo der Finanzmarktteilnehmer Nachhaltigkeitsrisiken nicht für relevant erachtet, ist dies zu begründen (*comply or explain*). Börsennotierte Unternehmen und solche mit mehr als 500 Mitarbeitern (allein oder als Konzernmutter) müssen sich in jedem Fall zu ihrem Umgang mit solchen Risiken erklären. Für Finanzberater gelten insofern eingeschränkte Pflichten.

Für jedes Finanzprodukt im Portfolio sind gemäß Art. 7 Offenlegungsverordnung Ob und Wie der Berücksichtigung nachhaltiger Auswirkungen offenzulegen. Besondere Pflichten gelten, wenn mit einem Finanzprodukten Nachhaltigkeitsaspekte beworben (Art. 8 Offenlegungsverordnung) oder eine nachhaltige Wirkung gezielt angestrebt wird (Art. 9 Offenlegungsverordnung). Mit der Verabschiedung der Taxonomieverordnung konnte die darin festgelegte Klassifikation nachhaltiger Wirtschaftstätigkeit in das Pflichtenprogramm aus der bereits zuvor angenommene Offenlegungsverordnung eingebaut werden.[28] Für Finanzprodukte gemäß Art. 9 Offenlegungsverordnung treten nach Art. 5 Taxonomieverordnung Informationen über das beziehungsweise die mit dem Finanzprodukt verfolgten Taxonomie-Umweltziel(e) hinzu. Für Finanzprodukte gemäß Art. 8 Offenlegungsverordnung (Werbung mit Nachhaltigkeitsaspekten) gilt dasselbe für den nachhaltigen Teil der ihnen zugrundeliegenden Investitionen. Für den übrigen Teil ist ein vorformulierter Warnhinweis anzubringen, dass die Kriterien der EU-Taxonomie keine Berücksichtigung finden; andere Finanzprodukte, welche der Finanzmarktteilnehmer oder der Finanzberater nicht als nachhaltig darstellt, sind insgesamt mit diesem Warnhinweis zu versehen (Art. 7 Taxonomieverordnung).

Die komplexe Offenlegungsverordnung kann im Rahmen dieses Überblicks nur stark vereinfacht beschrieben werden. Über die vorstehend angerissenen Transparenzpflichten hinaus trifft sie auch Regelungen zu Marketingmaterialien, zur Transparenz in regelmäßigen Berichten sowie dazu, welche Angaben im Internet die Pflichtunterworfenen stets auf aktuellen Stand zu halten haben be-

28 Zum Zusammenwirken vgl. Geier/Hombach, BKR 2021, 6 ff.

ziehungsweise wie das Internet zur Bereitstellung und Aktualisierung bestimmter Informationen zu nutzen ist.

3.2 Verordnung über Nachhaltigkeitsbenchmarks 2019

Am selben Tag wie die Offenlegungsverordnung wurde die Verordnung 2019/2089 zur Einführung neuer Klimareferenzwerte sowie hinsichtlich nachhaltigkeitsbezogener Offenlegungen für Referenzwerte verabschiedet.[29] Hier geht es um die Transparenz, die der Administrator von Referenzwerten zugunsten von deren Nutzern bieten muss. Die neue Verordnung führt zusätzliche Offenlegungspflichten für Benchmarksanbieter ein, welche diese seit dem 30. April 2020 anwenden müssen, und zwar für alle Benchmarks (ausgenommen nur diejenigen auf Zinssätze und Wechselkurse). Verlangt wird die Erläuterung, wie die von ihnen verwalteten Benchmarks „ESG“-Faktoren einhalten.

Die Verordnung von 2019 über nachhaltige Referenzwerte ändert die aus dem Jahr 2016 stammende „Benchmarks“verordnung ferner dadurch, dass sie spezielle neue Referenzwerttypen einführt. Die beiden neuen Typen sind entweder sogenannte EU-Referenzwerte für den klimabedingten Wandel, die sich auf ein Portfolio beziehen, das sich „auf einem messbaren, wissenschaftsbasierten und zeitgebundenen Dekarbonisierungszielpfad“ befindet, oder sogenannte auf das Übereinkommen von Paris abgestimmte EU-Referenzwerte, benannt nach dem Pariser Klimaübereinkommen von 2016. Diesem zweiten neuen Typ müssen Vermögenswerte zugrunde liegen, deren CO_2-Emissionen auf die in Paris vereinbarten Klimaziele ausgerichtet sind. Wer einen Referenzwert als einen der beiden speziell hervorgehobenen Referenzwerte anbieten möchte, muss zusätzliche, besondere Anforderungen erfüllen, beispielsweise ihre Berechnung offenlegen.

Die Anforderungen der neuen Verordnung an die beiden neuen Referenzwerttypen sowie an die obengenannte „ESG“-Erläuterung zu allen Benchmarks werden wiederum durch Rechtsakte der zweiten Regelungsebene konkretisiert[30]; alle drei Delegierten Verordnungen sind seit 23. Dezember 2020 anwendbar.

---

29 Verordnung (EU) 2019/2089 des Europäischen Parlaments und des Rates vom 27.11.2019 zur Änderung der Verordnung (EU) 2016/1011 hinsichtlich EU-Referenzwerten für den klimabedingten Wandel, hinsichtlich auf das Übereinkommen von Paris abgestimmter EU-Referenzwerte sowie hinsichtlich nachhaltigkeitsbezogener Offenlegungen für Referenzwerte.

30 Auflistung und Fundstellen unter https://ec.europa.eu/info/sites/default/files/business_economy_euro/banking_and_finance/documents/climate-benchmarks-level-2-measures-full_en.pdf.

4 Nachhaltigkeitsberichterstattung der Emittenten

4.1 Nichtfinanzielle Berichterstattung

Die Information der Finanzmarktteilnehmer und -berater für den Endanleger als Kapitalgeber gemäß der Offenlegungsverordnung soll in Berichtspflichten der kapitalsuchenden Unternehmen der Realwirtschaft gespiegelt werden; beide Transparenzregime sind über die Taxonomie verknüpft. Bereits gemäß der Richtlinie über nichtfinanzielle Berichterstattung (aus dem Jahr 2014 und bekannt unter dem Kürzel *NFRD* für *Non-financial Reporting Directive*) sind große Unternehmen bekanntermaßen zu nichtfinanziellen Angaben verpflichtet. Die NFRD führte neue Elemente in die Bilanzrichtlinie von 2013 ein.[31] Dazu hatte die Kommission schon 2019 ihre unverbindlichen „Leitlinien für die nichtfinanzielle Berichterstattung“ um einen „Nachtrag zur Berichterstattung über klimabezogene Informationen“[32] ergänzt. Art. 8 der Taxonomieverordnung, 2021 komplettiert um den dort vorgesehenen Delegierten Rechtsakt[33], und der Vorschlag für eine Richtlinie über Nachhaltigkeitsberichterstattung[34] passen die nichtfinanzielle Berichterstattung an die Nachhaltigkeitsorientierung an.

4.2 Delegierter Rechtsakt zu Art. 8 Taxonomieverordnung

In ihrem Artikel 8 lädt die Taxonomieverordnung diese nichtfinanzielle Berichterstattung mit Angaben zu ökologischer Nachhaltigkeit unter Verwendung der Taxonomiekriterien auf. Unternehmen, die unter die NFRD fallen, müssen demnach in ihre nichtfinanzielle Erklärung Angaben dazu aufnehmen, wie und in welchem Umfang die Tätigkeiten des Unternehmens mit ökologisch nachhaltigen Wirtschaftstätigkeiten im Sinne der Taxonomieverordnung verbunden sind. Am 6. Juli 2021 hat die Kommission den Delegierten Rechtsakt angenommen, um gemäß dem ihr in der Taxonomieverordnung erteilten Auftrag Inhalt, Methodik

31 Art. 19 a der RL 2013/34/EU idF der RL 2014/95/EU vom 22.10.2014, ABl. 2014 Nr. L 330, S. 1; zu den Ausstrahlungen auf das Gesellschaftsrecht Hommelhoff, NZG 2017, 1361 ff.

32 Leitlinien der Kommission für die Berichterstattung über nichtfinanzielle Informationen (C(2017) 4234 final), Abl. 2017/C 215/01; Leitlinien für die Berichterstattung über nichtfinanzielle Informationen: Nachtrag zur klimabezogenen Berichterstattung (2019/C 209/01) v. 20.6.2019.

33 Sogleich 4.2.

34 S.u. 4.3.

und Darstellungsweise der Offenlegung zu konkretisieren („Artikel-8-Delegierter Rechtsakt").[35]

4.3 Richtlinienvorschlag zur Nachhaltigkeitsberichterstattung

Am 21. April 2021 legte die Kommission einen Vorschlag[36] für eine neue Richtlinie über Nachhaltigkeitsberichterstattung für Unternehmen vor.[37] Die neue Richtlinie soll die NFRD von 2014 ablösen und ihrerseits u. a. die Bilanz- und die Transparenzrichtlinie ändern. Es handelt sich um einen Gesetzgebungsvorschlag auf Ebene eins, d. h. dieser Richtlinienvorschlag wird jetzt im ordentlichen Gesetzgebungsverfahren von Parlament und Rat behandelt.

Ziel des Vorschlags für eine solche *Corporate Sustainability Reporting Directive (CSRD)* ist es, Aussagekraft und Verlässlichkeit der Angaben betreffend Nachhaltigkeit zu stärken. Auf diese Weise sollen Finanzmarktteilnehmer die nötige Information über Unternehmen erhalten, um ihrerseits ihren Offenlegungspflichten nach der oben dargestellten Offenlegungsverordnung nachzukommen. Die vorgeschlagene Richtlinie würde die Berichtspflichten der Unternehmen, auch und vor allem der Realwirtschaft, deren Geschäftstätigkeit Finanzprodukte letztlich abbilden, auf fast alle börsennotierten Unternehmen sowie alle großen Unternehmen im Sinne der Bilanzrichtlinie sowie auf Banken und Versicherungen erstrecken, also auf eine deutlich größere Zahl als bisher.

Die erfassten Unternehmen hätten im Lagebericht Angaben bereitzustellen, derer sich Finanzmarktteilnehmer für ihre Einschätzungen bedienen könnten, um ihre Offenlegungspflichten gemäß der eingangs vorgestellten Offenlegungsverordnung zu erfüllen. Aus der nichtfinanziellen wird so die Nachhaltigkeitsberichterstattung, und Artikel 19a bzw. 29a der Bilanzrichtlinie werden entspre-

---

35 Delegierte Verordnung (EU) .../... der Kommission zur Ergänzung der Verordnung (EU) 2020/852 des Europäischen Parlaments und des Rates durch Festlegung des Inhalts und der Darstellung der Informationen, die von Unternehmen, die unter Artikel 19a oder Artikel 29a der Richtlinie 2013/34/EU fallen, in Bezug auf ökologisch nachhaltige Wirtschaftstätigkeiten offenzulegen sind, und durch Festlegung der Methode, anhand deren die Einhaltung dieser Offenlegungspflicht zu gewährleisten ist; angenommen am 6. Juli 2021.

36 Vorschlag für eine Richtlinie des Europäischen Parlaments und des Rates zur Änderung der Richtlinien 2013/34/EU, 2004/109/EG und 2006/43/EG und der Verordnung (EU) Nr. 537/2014 hinsichtlich der Nachhaltigkeitsberichterstattung von Unternehmen, COM(2021) 189 final v. 21.4. 2021.

37 Lanfermann/Hommelhoff/Gundel, BB 2021, 1195; Baumüller/Scheid/Needham IRZ 2021, 337 ff.; Lanfermann/Baumüller/Scheid, IRZ 2021, 285 ff.; Müller/Scheid/Baumüller, BB 2021, 1323 ff.

chend geändert und um weitere Vorschriften ergänzt. Da Art. 8 Taxonomieverordnung auf die Bilanzrichtlinie verweist, die Regelungstechnik des CSRD-Vorschlags aber ihrerseits die durch die NFRD geänderte Bilanzrichtlinie ändert und den Kreis der ihr unterliegenden Unternehmen ausweitet, würden die vertieften Pflichten aus Art. 8 der Taxonomieverordnung samt dem Delegierten Rechtsakt ebenfalls für den neuen, größeren Kreis an Unternehmen gelten. Die Nachhaltigkeitsberichterstattung umfasst zudem über die Umweltziele der Taxonomie hinaus umfangreiche Angaben zu sozialen Aspekten und zur Unternehmensführung. Der Vorschlag erläutert, was damit gemeint ist, muss aber auf der zweiten Regelungsebene konkretisiert werden.

Die Berichtspflichten setzen nach dem Vorschlag für ab dem 1. Januar 2023 beginnende Geschäftsjahre ein.

Eine wichtige Neuerung besteht darin, dass diese Informationen nach dem Richtlinienvorschlag der Kommission standardisiert, geprüft und digitalisiert sein sollen. Die übermittelten Informationen sind im einheitlichen elektronischen Berichtsformat zu erstellen, also maschinenlesbar, und digital so zu markieren, dass sie über den künftigen einheitlichen europäischen Zugang zu Unternehmensinformationen (*European Single Access Point – ESAP*)[38] abrufbar werden. Der ESAP ist eine zentrale Initiative des neuen Aktionsplans Kapitalmarktunion aus dem Jahr 2020[39].

5 Weitere Maßnahmen im April 2021

5.1 Mitteilung April 2021

Der Delegierte Rechtsakt zu Art. 8 der Taxonomieverordnung[40] und der Richtlinienvorschlag zur Nachhaltigkeitsberichterstattung[41] waren Teil eines größeren Maßnahmenpakets. Die Bündelung verschiedener Initiativen an einem Tag, zu

---

38 Vorschlag für eine Verordnung des Europäischen Parlaments und des Rates zur Einrichtung eines zentralen europäischen Zugangsportals für den zentralisierten Zugriff auf öffentlich verfügbare, für Finanzdienstleistungen, Kapitalmärkte und Nachhaltigkeit relevante Informationen, COM (2021) 723 final vom 25.11.2021.

39 Mitteilung der Kommission an das Europäische Parlament, den Rat, den Europäischen Wirtschafts- und Sozialausschuss und den Ausschuss der Regionen: Eine Kapitalmarktunion für die Menschen und Unternehmen – neuer Aktionsplan, KOM(2021) 590 final v. 24.9.2020.

40 Oben 4.2.

41 Oben 4.3.

der auch eine vorläufige Version des Delegierten Rechtsakts zum Klima gehörte[42], fokussiert die öffentliche Aufmerksamkeit auf ein Projekt und ermöglicht der Kommission somit, der interessierten Öffentlichkeit das Zusammenwirken der Maßnahmen zu erläutern. Dazu diente am 21. April 2021 die Mitteilung der Kommission mit dem Titel „EU-Taxonomie, Nachhaltigkeitsberichterstattung von Unternehmen, Nachhaltigkeitspräferenzen und treuhänderische Pflichten: Finanzielle Mittel in Richtung des europäischen Grünen Deals lenken".[43]

5.2 Sechs Delegierte Rechtsakte

Ebenfalls am 21. April nahm die Kommission gleich sechs Delegierte Rechtsakte an, die bestehende Regeln betreffend Versicherungen[44], Versicherungsprodukte[45], Unternehmensführung bei Versicherungen[46] sowie über Wertpapierfirmen[47] anpassen, um Kohärenz mit der Offenlegungsverordnung[48] herzustellen. Dafür werden bestehende Delegierte Rechtsakte zur Richtlinie über Märkte in Finanzinstrumenten (MiFID II) und zur Versicherungsvertriebsrichtlinie geändert. Anlage- und Versicherungsberater müssen dann zusätzlich zur Eignungsbeurteilung die Nachhaltigkeitspräferenzen ihrer Kunden abfragen und berücksichtigen. Ferner werden treuhänderische Pflichten in mehreren Bereichen angepasst: Künftig sind auch Risiken für den Wert von Investitionen zu berücksichtigen, die

42 Englische Fassung; Annahme in allen Sprachfassungen am 4. Juni 2021, s.o. Fn 23.
43 Fn 15.
44 Delegierte Verordnung (EU) 2021/1257 der Kommission vom 21.4.2021 zur Änderung der Delegierten Verordnungen (EU) 2017/2358 und (EU) 2017/2359 im Hinblick auf die Einbeziehung von Nachhaltigkeitsfaktoren, -risiken und -präferenzen in die Aufsichts-und Lenkungsanforderungen an Versicherungsunternehmen und Versicherungsvertreiber sowie in die für den Vertrieb von Versicherungsanlageprodukten geltenden Informationspflichten und Wohlverhaltensregeln, ABl. L 277/18 vom 2.8.2021
45 Delegierte Richtlinie (EU) 2021/1269 der Kommission vom 21.4.2021 zur Änderung der Delegierten Richtlinie (EU) 2017/593 durch Einbeziehung von Nachhaltigkeitsfaktoren in die Produktüberwachungspflichten AB1. L 277/137 vom 2.8.2021
46 Delegierte Verordnung (EU) 2021/1256 der Kommission vom 21.4.2021 zur Änderung der Delegierten Verordnung (EU) 2015/35 im Hinblick auf die Einbeziehung von Nachhaltigkeitsrisiken in die Governance von Versicherungs-und Rückversicherungsunternehmen ABl. L 277/14 vom 2.8. 2021.
47 Delegierte Verordnung (EU) 2021/1253 der Kommission vom 21.4.2021 zur Änderung der Delegierten Verordnung (EU) 2017/565 im Hinblick auf die Einbeziehung von Nachhaltigkeitsfaktoren, -risiken und -präferenzen in bestimmte organisatorische Anforderungen und Bedingungen für die Ausübung der Tätigkeit von Wertpapierfirmen AB1. L 277/1 vom 2.8.2021.
48 Oben 3.

aus Klimawandel und Umweltschäden entstehen. Das betrifft die OGAW-Richtlinie[49] sowie Delegierte Rechtsakte zu AIFMD[50] und Delegierte Rechtsakte betreffend Produktregulierung, Versicherungen, Rückversicherungen und Investmentfirmen. Diese sechs Rechtsakte liegen jetzt zur Prüfung bei Parlament und Rat. Sie verdeutlichen die hohe Komplexität der EU-Regulierung im Bereich nachhaltige Finanzierung, die neben dem Bestreben nach Anpassungsfähigkeit an neue wissenschaftliche Erkenntnisse auch durch das Zusammentreffen eines horizontalen Regelungsansatzes mit dem bestehenden Rechtsbestand in den verschiedenen Finanzmarktsektoren gekennzeichnet ist.

6 „Julipaket" 2021 und Ausblick

Auch im Juli 2021 bündelte die Kommission eine länger angekündigte und vorbereitete Gesetzgebungsinitiative mit einer Mitteilung zum geplanten weiteren Vorgehen, das auch im Licht internationaler Entwicklungen zu sehen ist.

6.1 Standard für europäische grüne Anleihen

Grüne Anleihen ermöglichen es dem Emittenten, Kapital gezielt für bestimmte nachhaltige Projekte einzuwerben. Sogenannte Grüne Anleihen, bislang gestützt auf Industriestandards als Referenz, erfreuen sich am Markt zunehmender Beliebtheit. Wie bereits im Aktionsplan 2018 angekündigt, hat die Kommission am 6. Juli 2021 einen anspruchsvollen EU-weiten Standard für Grüne Anleihen vorgeschlagen.[51] Der Standard soll für Emittenten freiwillig und für Unternehmens- wie auch Staatsanleihen verfügbar sein. Die Emittenten könnten auf dieser Grundlage demonstrieren, dass die Anleiheerlöse nur für EU-Taxonomie-konforme Ziele eingesetzt werden. Vereinheitlicht würden auch die Registrierung und Aufsicht über Unternehmensexterne, die nach diesem Standard aufgelegte grüne Anleihen bewerten. Als Verordnung wäre der Standard einheitlich für alle Mitgliedstaaten.

---

49 Fn 7.

50 Delegierte Verordnung (EU) 2021/1255 der Kommission vom 21.4.2021 zur Änderung der Delegierten Verordnung (EU) Nr. 231/2013 im Hinblick auf die von den Verwaltern alternativer Investmentfonds zu berücksichtigenden Nachhaltigkeitsrisiken und –faktoren (C(2021) 2615 final).

51 Vorschlag für eine Verordnung des Europäischen Parlaments und des Rates über europäische grüne Anleihen, ABl. L 277/11 vom 2.8.2021.

6.2 Einbettung in internationale Entwicklungen

Die internationale Einbettung der Nachhaltigkeitsgesetzgebung kommt in der Diskussion unter Juristen mitunter zu kurz. In der Tat nimmt die EU beim Thema Nachhaltigkeit eine Vorreiterrolle ein. Es sei daran erinnert, dass Auslöser eine weltweite Bewegung war, die sich in der Agenda 2030 für nachhaltige Entwicklung der Vereinten Nationen vom September 2015 mit ihren „*sustainable development goals*" und im Pariser Klimaabkommen vom Dezember 2015 niederschlug, dem die Vereinigten Staaten bekanntlich gerade wieder beigetreten sind. Die Kapitalverkehrsfreiheit in Art. 63 AEUV ist die einzige der vier Grundfreiheiten des Vertrags über die Arbeitsweise der europäischen Union, die auch im Verhältnis zu Drittländern gilt. Auch deshalb ist die Standardsetzung auch einem globalen Kontext zu betrachten.

Im Oktober 2019 hat die Kommission zusammen mit Behörden mehrerer Staaten sowie Beobachterorganisationen weltweit die Internationale Plattform für ein nachhaltiges Finanzwesen ins Leben gerufen. Diese IPSF (*International Platform for Sustainable Finance*, zu unterscheiden von der oben genannten Taxonomie-Plattform, die eine EU-interne Angelegenheit ist) will die Kommission auch nutzen, um Möglichkeiten zu sondieren, die EU-Taxonomie in angemessener Weise weltweit zu operationalisieren. Derzeit haben sich hier 17 Staaten zusammengeschlossen, die für circa je 55 % des globalen Bruttosozialprodukts ebenso wie des Treibhausgasausstoßes stehen.[52]

6.3 Ausblick auf die neue Strategie für nachhaltige Finanzierung

Am 6. Juli 2021 stellte die Kommission dieses und weitere Ziele im Rahmen ihrer neuen Strategie zur Finanzierung einer nachhaltigen Wirtschaft vor.[53] Zum einen geht es um noch den Übergang zu klimafreundlichen Aktivitäten: Der Übergang als solcher ist oft noch nicht klimafreundlich, dennoch erscheinen Anreize dafür sinnvoll. Zum anderen wird der Umgang mit Klimarisiken in der neuen Strategie eine wichtige Rolle spielen, um die Widerstandskraft des Finanzsystems gegen solche Risiken zu stärken. Treiber der neuen Strategie sind die verschärften Klimaziele der EU für 2030 und 2050, die größere Investitionen verlangen, als dies im Aktionsplan nachhaltige Finanzierung 2018 vorhersehbar war. Es soll auch si-

52 Neue Strategie (Fn 16/s. u. 6.3.), S. 22.
53 Neue Strategie (Fn 16).

chergestellt werden, dass die in den Wiederaufbau nach der Covid19-Krise investierten Mittel nachhaltig investiert werden. Schließlich deutet die neue Strategie an, dass die Elemente Soziales und gute Unternehmensführung nicht vergessen sind.[54]

Die seit 2018 gewonnenen neuen wissenschaftlichen Erkenntnisse über den Klimawandel zeigen die Notwendigkeit, den Übergang zu beschleunigen und die Widerstandsfähigkeit der Wirtschaft gegen Nachhaltigkeitsrisiken zu stärken. Die Europäische Bankenbehörde EBA veröffentlichte am 23. Juni 2021 ihren von der Kapitaladäquanzverordnung (Art. 98) und der Richtlinie über Wertpapierfirmen (Art. 35) verlangten Bericht, in welchem sie einheitliche Definitionen für ESG-Risiken entwickelt und Planungen über einen Zehnjahreszeitraum vorsieht.[55]

Noch in einem früheren Stadium befinden sich die Arbeiten für eine eventuelle Öko-Kennzeichnung für Finanzprodukte, ebenfalls auf der Grundlage der Taxonomie und mit Verifizierung durch Dritte, damit Privatanleger „grüne" Finanzprodukte auf einen Blick identifizieren können. Das Gemeinsame Forschungszentrum der Kommission, das übrigens auch einen Sitz in Deutschland, nämlich bei Karlsruhe, hat, führt hier derzeit Analysen durch. Ebenfalls noch Zukunftsmusik ist ein mögliches Etikett/Label für nachhaltige Benchmarks, das auch die soziale Komponente und die gute Unternehmensführung berücksichtigen würde. Ende 2022 will die Kommission dazu an Parlament und Rat berichten, gestützt auf eine Studie. Bis dahin sollen auch die aktuellen Mindestanforderungen für die beiden Kategorien von Klimabenchmarks überprüft werden.

Nachgehen will die Kommission auch Anregungen aus der erwähnten Konsultation, ob die Vergleichbarkeit der Darstellung von ESG-Faktoren in Wertpapierprospekten der Verbesserung bedarf; zu beobachten gilt es auch den Markt der Anbieter von ESG-Ratings, jedoch stets mit Augenmerk auf die Verhältnismäßigkeit. Entsprechend des Programms für bessere Rechtsetzung führen die Kommissionsdienststellen vor jedem Gesetzgebungsvorschlag eine Folgenabschätzung durch, die auch dazu führen kann, dass die Kommission von in Aussicht genommenen Gesetzgebungsprojekten aus derartigen Mitteilungen Abstand nimmt. Einen Anhaltspunkt für weitere Entwicklungen geben wie immer die Überprüfungsklauseln der verschiedenen Gesetzgebungsakte. So soll die Kommission bereits Mitte 2022 über die Taxonomie Bericht erstatten (Art. 26 Abs. 1 Taxonomieverordnung).

---

54 Neue Strategie (Fn 16), S. 11 f.

55 https://www.eba.europa.eu/eba-publishes-its-report-management-and-supervision-esg-risks-credit-institutions-and-investment

Wie eingangs erwähnt, hat das Thema nachhaltige Finanzierung die europäische Bühne einst als Element des Aktionsplans Kapitalmarktunion betreten. Der Regulierungsrahmen für nachhaltige Finanzierung und die Kapitalmarktunion verstärken einander gegenseitig, indem integrierte und effiziente Kapitalmärkte Kapital für nachhaltige Investitionen mobilisieren.[56] Neulich legte die Präsidentin der Europäischen Zentralbank in einer Rede ihre Vision dar, wie umgekehrt die Transformation der Wirtschaft der EU hin zu mehr Nachhaltigkeit, ähnlich wie im 19. Jahrhundert der Bau der Eisenbahnen in den Vereinigten Staaten für den dortigen Kapitalmarkt, ihrerseits zu einem Treiber für die Vertiefung der Kapitalmarktunion werden könne.[57]

56 Neue Strategie (Fn 16), S. 2; Mitteilung der Kommission an das Europäische Parlament, den Rat, den Europäischen Wirtschafts- und Sozialausschuss und den Ausschuss der Regionen: Kapitalmarktunion – Umsetzung ein Jahr nach dem Aktionsplan, COM (2021) 720 Final vom 25.11. 2021.

57 https://www.ecb.europa.eu/press/key/date/2021/html/ecb.sp210629~e6458f8392.en.html.

Dr. Dirk H. Bliesener, LL.M. (Yale), Rechtsanwalt, Frankfurt a. M.

ESG Governance bei Banken

Dr. Dirk H. Bliesener ist Rechtsanwalt und Partner der Hengeler Mueller Partnerschaft von Rechtsanwälten mbB in Frankfurt am Main. Der Autor dankt Herrn *Lars Petersen* M.Sc. (Oxon), wissenschaftlicher Mitarbeiter bei Hengeler Mueller, für seine Unterstützung bei der Vorbereitung und Redaktion dieses Beitrags. Der Beitrag ist auf dem Stand vom 15. 02. 2022.

https://doi.org/10.1515/9783110790191-007

1 ESG-Risiken im Bankaufsichtsrecht

1.1 Einordnung von ESG-Risiken in die Bank Governance

Aufsichtsrechtliche Regeln der Bank Governance dienen der Gefahrenabwehr im Finanzmarkt und sollen Einleger und Anleger sowie andere Finanzmarktteilnehmer schützen sowie die Funktionsfähigkeit, Integrität und Stabilität des gesamten Finanzsystems sicherstellen.[1] Nach der Überwindung der Finanzkrise steht das Finanzaufsichtsrecht mit der beginnenden Umsetzung weitreichender Nachhaltigkeitsziele[2] und dem damit einhergehenden Umbau der Realwirtschaft vor neuen Herausforderungen. Dabei haben Regeln, die der Nachhaltigkeitstransformation dienen, einerseits Steuerungsfunktion durch Verhaltens-, Berichts- und Offenlegungspflichten wie etwa die Taxonomie-Verordnung[3] und die Offenlegungsverordnung (SFDR)[4] oder Verhaltenspflichten, die sich sowohl an Banken als auch Nicht-Banken richten[5]. Insbesondere das Finanzwesen soll nach dem Aktionsplan der Europäischen Kommission unter Wahrung der Finanzstabilität einen Beitrag zu nachhaltigen Investitionen (*Green Supporting Factor*) leisten.[6] Andererseits stellen sich Normgeber im Aufsichtsrecht darauf ein, dass Banken auch von Marktveränderungen betroffen sind und daher das Aufsichtsrecht instituts- und verhaltensbezogene Grundsätze für eine sachgerechte bank-

1 S. den sog. *Ruland*-Bericht, BT-Drucks. 3/2563, S. 19 f.; heute §§ 6 Abs. 2, Abs. 4 KWG, § 4 Abs. 1a FinDAG; dazu *Fischer/Boegl* in Schimansky/Bunte/Lwowski, Bankrechts-Handbuch, 5. Aufl. 2017, § 125 Rz. 23; *Neus/Riepe* in Binder/Glos/Riepe, Handbuch Bankaufsichtsrecht, 2. Aufl. 2020, § 6 Rz. 23 ff.

2 S. nur *Vereinte Nationen*, 17 Sustainable Development Goals, 2030 Agenda for Sustainable Development; *Europäische Kommission*, Mitteilung an das Europäische Parlament, den Rat, den Europäischen Wirtschafts- und Sozialausschuss und den Ausschuss der Regionen, Strategie zur Finanzierung einer nachhaltigen Wirtschaft (COM/2021/390) vom 06.07.2021.

3 Verordnung (EU) 2020/852 des Europäischen Parlaments und des Rates vom 18. Juni 2020 über die Einrichtung eines Rahmens zur Erleichterung nachhaltiger Investitionen und zur Änderung der Verordnung (EU) 2019/2088, ABl. EU L 198/13 vom 22.6.2020.

4 Verordnung (EU) 2019/2088 des Europäischen Parlaments und des Rates vom 27. November 2019 über nachhaltigkeitsbezogene Offenlegungspflichten im Finanzdienstleistungssektor, ABl. EU 317/1 vom 9.12.2019.

5 Jüngere nationale Beispiele sind das Zweite Führungspositionen-Gesetz vom 7. August 2021, BGBl. I 3311 (FüPoG II), und das Lieferkettensorgfaltspflichtengesetz vom 16. Juli 2021, BGBl. I 2959 (LkSG).

6 *Europäische Kommission*, Nachhaltiges Finanzwesen: Aktionsplan der Kommission für eine umweltfreundlichere und sauberere Wirtschaft, 08.03.2018.

interne Steuerung der mit der Transformation verbundenen Risiken aufstellen muss.

Der bisher bei Regulierungs- und Aufsichtsbehörden vorherrschende Ansatz geht von dem klassischen Kanon der in Aufsichtsrecht und Bankpraxis verankerten wesentlichen Risikoarten des Kredit- bzw. Adressausfallrisikos und der Markt-, Liquiditäts- und operationellen Risiken aus und berücksichtigt ferner Reputations-, Haftungs-, strategische und Versicherungsrisiken.[7] Nachhaltigkeitsrisiken in ihren drei wesentlichen Facetten (E, S, G)[8] werden als neuartige Risikofaktoren verstanden, die im Bereich der bekannten Risikoarten zu berücksichtigen sind.[9]

Adressausfallrisiken aus Darlehen an Unternehmen der Agrarwirtschaft können beispielsweise durch den Verlust an Biodiversität steigen, der Produktionsverluste und dadurch Umsatz- und Profitabilitätseinbußen bei den betroffenen Kreditnehmern nach sich zieht. Verschärfte gesetzliche Anforderungen an die Diversität der Beschäftigten eines Unternehmens können zu Schwierigkeiten bei der Rekrutierung und personellen Ausstattung und dadurch zu Produktionsverlusten führen, die das Kreditrisiko dieses Unternehmens erhöhen. Wegen der Unsicherheiten der Bereichsöffentlichkeit der Kapitalanleger im Hinblick auf das Niveau der Treibhausgasemissionen und die Entwicklung der Emissions- und Energiepreise kann die Volatilität der Kurse von Wertpapieren bei Unternehmen der Transport- und Touristikbranche steigen und damit das Marktrisiko von Aktien- und Anleiheportfolien erhöhen.[10] Soweit ESG-Risiken die Betriebsstätten und Beschäftigten des Instituts selbst betreffen, kann das operationelle Risiko betroffen sein.

Da sich Nachhaltigkeitsrisiken in den einzelnen Risikokategorien in unterschiedlichem Maße auswirken können, erscheint die Identifizierung, Messung und Steuerung innerhalb dieser einzelnen Risikokategorien sachgerecht. Teilweise wird betont, dass Nachhaltigkeitsrisiken gerade keine neue Risikoart dar-

---

7 § 6b Abs. 2 Satz 2 KWG; *BaFin*, Rundschreiben 10/2021 (BA), Mindestanforderungen an das Risikomanagement (MaRisk) vom 16.08.2021, geändert am 05.11.2021.

8 Hierzu näher unten bei 2.2.1.

9 *BaFin*, Der deutsche Finanzsektor und die Nachhaltigkeitsrisiken: Eine Sachstandserhebung durch die BaFin, Ausführlicher Bericht, 14.10.2021.

10 Zu der bisher unzureichenden Einpreisung klimabezogener und anderer ESG-Risiken s. *Organisation for Economic Cooperation and Development (OECD)*, Financial Markets and Climate Transition Opportunities, Challenges and Policy Implications, 4.10.2021, S. 15 ff.; *European Systemic Risk Board (ESRB)*, Positively green: Measuring climate change risks to financial stability, Juni 2020, S. 14 ff.

stellen,[11] sondern lediglich Besonderheiten aufweisen, insbesondere die hohe Ungewissheit hinsichtlich der Intensität und Wahrscheinlichkeit der Verwirklichung, die einen deutlich längeren Planungshorizont voraussetzt.[12] Freilich ist festzustellen, dass es Interdependenzen zwischen den Nachhaltigkeitsrisiken gibt, für die eine Querschnittsbetrachtung erforderlich ist. Diese Erkenntnis dürfte sich in den kommenden Jahren bei der Strukturierung der Aufbauorganisation zur Steuerung von Nachhaltigkeitsrisiken durchsetzen. Dies wird auch zu einer stärker zusammengefassten, ganzheitlichen Betrachtung aller Nachhaltigkeitsrisiken eines Instituts führen. Im Rahmen der Berichterstattung über Nachhaltigkeit von Banken wird eine zusammengefasste Betrachtung der Nachhaltigkeit der Vermögenswerte des Instituts bzw. der Gruppe künftig in Gestalt der *Green Asset Ratio* (GAR) eine Rolle spielen.

Abzuwarten bleibt, ob durch Konsolidierung von Risikokennzahlen auch eine gewichtete Nachhaltigkeitskennzahl auf Solo- oder Gruppenebene als Steuerungsgröße entwickelt werden kann. Eine solche Messgröße müsste wegen der Vielgestaltigkeit der Geschäftsmodelle großer und kleinerer Banken ein komplexes Design aufweisen und zudem fortlaufend an die Markt- und Rechtsentwicklung von ökologischen, sozialen und rechtlichen Risiken angepasst werden. Sollte die Hochrangige Expertengruppe der Kommission für ein nachhaltiges Finanzwesen nach ihrem Auftrag gemäß Artikel 501c CRR die Einführung von eigenen Eigenmittelanforderungen für Vermögenswerte oder Tätigkeiten, die ökologischen oder sozialen Zielen dienen, empfehlen, dürfte sich im Gegenzug auch die Frage stellen, ob Nachhaltigkeitsrisiken zusätzlich zu ihrer Verarbeitung in den bekannten Risikoarten auch als eigenständige Risikokategorie anzusehen sind.

1.2 Stand der regulatorischen Aufarbeitung

Noch vor wenigen Jahren wurde Nachhaltigkeit im Bankwesen zwar als wichtige Determinante der Governance erkannt. Eine stärkere „Verrechtlichung", d.h. die Aufstellung von konkreten rechtlichen Vorgaben, wurde allerdings vehement abgelehnt.[13] Schon wenige Jahre später ist festzustellen, dass sich die Gesetzgebung und die regulatorische sowie auch die akademische Aufarbeitung sprung-

11 *BaFin*, Merkblatt zum Umgang mit Nachhaltigkeitsrisiken, 20.12.2019, geändert am 01.10. 2021, S. 18.

12 Vgl. *Mark Carney*, Breaking the Tragedy of the Horizon – Climate Change and Financial Stability, Rede in London, veröffentlicht am 29.09.2015.

13 *Bauer/Stegmaier* in *Bauer/Schuster*, Nachhaltigkeit im Bankensektor, 2016, S. 5ff., 26f., 37.

haft entwickelt hat.[14] Deutlich ist in den letzten Jahren der Trend erkennbar, dass ESG-Themen nicht mehr nur eine Frage der *Corporate Social Responsibility* (CSR) und der sog. nicht finanziellen Berichterstattung sind, sondern ihre konkrete Beurteilung, Messung und Steuerung heute zum Herzstück des Risikomanagements von Banken geworden sind.

Im November 2020 gab die Europäische Zentralbank (EZB) einen Leitfaden zu klima- und umweltbedingten Risiken[15] heraus, in dem sie ihre Erwartungen an Banken im Hinblick auf Klima- und Umweltrisiken in 13 Punkten zusammenfasste, welche im Rahmen der Geschäftsstrategie, des Risikomanagements und der Corporate Governance zu berücksichtigen sind. Hieran anknüpfend befragte die EZB im Jahr 2021 112 bedeutende Institute (*significant institutions*, SI), die unter der direkten Aufsicht der EZB im Rahmen des einheitlichen Bankenaufsichtsmechanismus (SSM) stehen, zum Stand der Umsetzung von ökologischen und Klimaschutzzielen im Risikomanagement. In ihrem im November 2021 veröffentlichen Bericht[16] werden eine Reihe von Problemfeldern identifiziert und einige empfohlene Praxisbeispiele (*good practices*) im Klima- und Umweltrisikomanagement herausgestellt. Hieran wird sich die weitere Aufarbeitung, Analyse und Bewertung der bestehenden Praktiken im Umwelt- und Klimarisikomanagement von Banken sowie ein aufsichtsrechtlicher Stresstest anschließen. Klima- und umweltbezogene Risiken werden sukzessive in den aufsichtsrechtlichen Überprüfungs- und Bewertungsprozess (*Supervisory Review and Evaluation Process*, SREP) aufgenommen, um sie am Ende dieses Prozesses in die Festlegung der für die jede Bank verpflichtenden Säule-2-Kapitalanforderung (*Pillar-2 Requirement*, P2R) einfließen zu lassen.[17]

Die Aufarbeitung durch die EZB wurde flankiert durch die Handreichung der Europäischen Bankenaufsichtsbehörde (EBA) zum Management und zur Überwachung von ESG-Risiken für Kreditinstitute und Wertpapierfirmen.[18] Artikel 98 Absatz 8 der Bankenrichtlinie (CRD)[19] beauftragt die EBA mit der Erarbeitung

---

14 Im deutschsprachigen Schrifttum s. nur *Geier/Hombach*, BKR 2021, 6; *Waschbusch/Kiszka/Runco*, BKR 2020, 615; *M. Lange*, BKR 2020, 216, 261; *Glander/Lühmann/Jesch*, BKR 2020, 485, 545.

15 *EZB*, Guide on climate-related and environmental risks, Supervisory expectations relating to risk management and disclosure, 27.11.2020.

16 *EZB*, The state of climate and environmental risk management in the banking sector, Report on the supervisory review of banks' approaches to manage climate and environmental risks, 27.11.2021.

17 S. den nachdrücklichen Hinweis hierauf in *BaFin*, Merkblatt (Fn. 11), S. 19.

18 *EBA*, Report on management and supervision of ESG risks for credit institutions and investment firms (EBA/REP/2021/18), 28.06.2021.

19 Richtlinie 2013/36/EU des Europäischen Parlaments und des Rates vom 26. Juni 2013 über den Zugang zur Tätigkeit von Kreditinstituten und die Beaufsichtigung von Kreditinstituten, zur Än-

einheitlicher Definitionen und Methoden sowie geeigneter qualitativer und quantitativer Kriterien für ESG-Risiken. Dazu hat die EBA Empfehlungen für Geschäfts- und Risikostrategien sowie die interne Governance, die Geschäftsorganisation und das Risikomanagement, einschließlich Stresstests und Szenarioanalysen, entwickelt. Der Bericht der EBA wurde dem Europäischen Parlament, dem Rat und der Europäischen Kommission zur Berücksichtigung bei zukünftigen Gesetzgebungsvorhaben, insbesondere im Regelungsbereich der Kapitaladäquanzverordnung (CRR) und der Bankenrichtlinie (CRD) vorgelegt. Ebenfalls wird der EBA-Bericht Grundlage für die Einbeziehung von ESG-Faktoren in die Leitlinien der EBA für die aufsichtsrechtlichen Überprüfungs- und Bewertungsverfahren (SREP).[20] Ende Januar 2022 hat die EBA den finalen Entwurf der technischen Durchführungsstandards (*Implementing Technical Standards*, ITS) für Säule-3-Offenlegungspflichten im Rahmen der Kapitaladäquanzverordnung vorgelegt[21], die noch von der Europäischen Kommission als Ergänzung zur Durchführungsverordnung (EU) 2021/637 anzunehmen sind.

Mit einiger Verzögerung hat auch der Baseler Ausschuss für Bankenaufsicht (*Basel Committee on Banking Supervision*, BCBS) im Anschluss an einen Bericht im Jahr 2020[22] im November 2021 seine *Principles for the effective management and supervision of climate-related financial risks*[23] zur Diskussion gestellt.

Bei der Anwendung der gesetzlichen Vorgaben und Empfehlungen der Regulierungsbehörden sowie der Maßnahmen der Aufsichtsbehörden im Hinblick auf Leitungs-, Steuerungs- und Kontrollprozesse im Risikomanagement von Banken ist der Grundsatz der Verhältnismäßigkeit zu beachten. Dies gilt insbesondere mit Bezug auf das Risikoprofil, das Geschäftsmodell, die Größe des Instituts, seine internen Organisationsstrukturen und die Art und Komplexität seiner Aktivitäten.[24] Ebenso relevant ist der Grundsatz der Verhältnismäßigkeit bei

---

derung der Richtlinie 2002/87/EG und zur Aufhebung der Richtlinien 2006/48/EG und 2006/49/EG, zuletzt geändert durch Richtlinie (EU) 2021/338 des Europäischen Parlaments und des Rates vom 16. Februar 2021, ABl. EU L 176/338 vom 27.06.2013; ebenso Artikel 35 der Richtlinie (EU) 2019/2034 vom 27.11.2019 über die Beaufsichtigung von Wertpapierfirmen und zur Änderung der Richtlinien 2002/87/EG, 2009/65/EG, 2011/61/EU, 2013/36/EU, 2014/59/EU und 2014/65/EU, ABl. EU L 314/64 vom 5.12.2019.

20 *EBA*, Report (Fn. 18), Rz. 24.

21 *EBA*, Final draft implementing technical standards on prudential disclosures on ESG risks in accordance with Article 449a CRR (Entwurf der EBA zur Änderung der Durchführungsverordnung (EU) 2021/637 der Europäischen Kommission, EBA/ITS/2022/01), 24.01.2022.

22 *BCBS*, Climate-related financial risks: a survey on current initiatives, 30.04.2020.

23 *BCBS*, Consultative Document: Principles for the effective management and supervision of climate-related financial risks, 16.11.2021.

24 *BaFin*, MaRisk (Fn. 7), Abschnitt AT 1 Absatz 3; *EBA*, Report (Fn. 18), Rz. 153 f., 300.

der Anwendung von Governance-Regeln für ESG-Risiken.[25] Der Grad, in dem Institute ESG-Risiken ausgesetzt sind, richtet sich u. a. nach der Art der Kunden und Produkte, nach der Zusammensetzung und Diversifizierung des Portfolios, dem Schwerpunkt der Geschäftsaktivitäten, den Wirtschaftssektoren und geographischen Räumen, in denen die Bank tätig ist, nach den geographischen Standorten der Bank selbst, und nach dem Stand der Transformation bei Kunden und Geschäftspartnern, die von ESG-Risiken betroffen sind.[26]

Die relative Bilanzgröße oder Mitarbeiterzahl der Bank kann ebenfalls ein Indiz sein, allerdings ist hierbei Vorsicht geboten. So bedeutet die Einordung als weniger bedeutendes Institut (*less significant institution*, LSI) nicht immer, dass ESG-Risiken weniger relevant sind und daher der Umgang mit ihnen proportional einfacher gestaltet werden kann. Gerade kleinere Häuser können besonders hohe Konzentrationen von ESG-Risiken aufweisen, wobei die relativ begrenzten personellen Ressourcen und mangelnde Erfahrung und Expertise bei der Identifizierung und im Umgang mit ESG-Risiken besonders stark ins Gewicht fallen.[27]

2 Anforderungen an das Risikomanagement in der ESG Governance

Die Behandlung von ESG-Risiken ist bisher nur rudimentär gesetzlich geregelt. Einzelheiten werden weder im vereinheitlichten EU-Bankaufsichtsrecht (CRR) noch in der Bankenrichtlinie (CRD) noch im Gesetz über das Kreditwesen (KWG) geregelt. Die Erwartungen der Regulierungs- und Aufsichtsbehörden an die angemessene Berücksichtigung von ESG-Risiken im Rahmen der Bank Governance und des Risikomanagements wurden in den letzten Jahren in einer Vielzahl von verstreuten Merkblättern, Berichten, Leitlinien und technischen Umsetzungsstandards niedergelegt. Sie knüpfen an das in § 25a Abs. 1 KWG verankerte Gebot an, eine ordnungsgemäße Geschäftsorganisation einschließlich eines angemessenen und wirksamen Risikomanagements einzurichten, das insbesondere eine auf die *nachhaltige* Entwicklung des Instituts gerichtete Geschäftsstrategie und damit konsistente Risikostrategie umfassen muss. Während die generelle Erwartung und Verwaltungspraxis der Aufsicht zur Gestaltung des Risikomanagements und seine Operationalisierung für Institute und ihre Prüfer in den MaRisk niedergelegt ist, fehlt es noch an einer zusammenfassenden und vollstän-

25 *EBA*, Report (Fn. 18), Rz. 153 f., 300.
26 S. *EBA*, Report (Fn. 18), Rz. 153.
27 *EBA*, Report (Fn. 18), Rz. 153.

digen Festlegung. Es ist zu erwarten und wünschenswert, dass diese Vorgaben – in ausreichend abstrakter, die nötige Flexibilität und Proportionalität wahrender Form – auf Ebene des Gesetzes und der Verwaltungspraxis zusammengeführt werden.

Ausgangspunkt sollten konkrete Definitionen für relevante ESG-Risiken sowie Prozesse zur Datensammlung, -verarbeitung und -bewertung dieser Risiken sein (dazu sogleich 2.1.). Auf dieser Grundlage ist die Geschäftsstrategie des Instituts an den relevanten ESG-Faktoren auszurichten und angesichts der dynamischen Entwicklung der Nachhaltigkeitsrisiken fortlaufend zu aktualisieren (dazu 2.2.). Darauf aufbauend hat das Institut eine entsprechende Risikostrategie zu entwickeln (dazu 2.3.). Entscheidend für die Wirksamkeit der ESG Risk Governance ist der konsistente Umbau einer sachgerechten Aufbauorganisation als Teil einer ordnungsgemäßen Geschäftsorganisation (dazu 2.4.). Entsprechende Veränderungen sind bei der Etablierung von geeigneten Mess- und Beurteilungsmethoden und -verfahren für ESG-Risiken im Rahmen der Risikosteuerungs- und -controllingprozesse erforderlich (dazu 2.5.).

2.1 Definitionen und Daten

2.1.1 Definitionen

In einer jüngeren Umfrage gab noch 2020 die Mehrheit der befragten Banken an, keine genaue Definition von ESG-Risiken zu haben.[28] Auch Aufsichtsbehörden im In- und Ausland, die Europäische Zentralbank (EZB) sowie die Europäische Bankenaufsichtsbehörde (EBA) gebrauchen keine einheitlichen Definitionen für Nachhaltigkeitsrisiken. Diese Schwierigkeiten und Unschärfe sind der unbestimmten Reichweite der Schutzbereiche geschuldet, die die drei großen Nachhaltigkeitsziele (ESG) beanspruchen: Ökologische Ziele („E“) sind u. a. auf Umwelt- und Klimaschutz, Anpassung an den Klimawandel, Erhaltung der biologischen Vielfalt, nachhaltige Nutzung von biologischen Ressourcen, Übergang zur Kreislaufwirtschaft und Verhinderung der Umweltverschmutzung gerichtet, soziale Ziele („S“) betreffen unterschiedliche Arbeitsnehmer-, Minderheiten- Gesundheits-, Sicherheits- und soziale Belange sowie die Achtung von Menschenrechten, und die mit „G“ abgekürzten Zielbestimmungen umfassen

28 *BlackRock* und *Financial Markets Advisory (FMA)*, Interim Study „Development of tools and mechanisms for the integration of environmental, social and governance (ESG) factors into the EU banking prudential framework and into banks' business strategies and investment policies“, Dezember 2020; *EBA*, Report (Fn. 18), Rz. 230.

rechtliche Ziele wie u.a. die Erhöhung der Rechtstreue (*Compliance*), Integrität und Effektivität der Unternehmensführung (*Governance*), Verhinderung der Korruption und Bestechung, Gewährleistung von Datenschutz und Transparenz.

Die EU-Offenlegungsverordnung definiert Nachhaltigkeitsfaktoren als „Umwelt-, Sozial- und Arbeitnehmerbelange, die Achtung der Menschenrechte und die Bekämpfung von Korruption und Bestechung“ (Artikel 2 Nr. 24 SFDR) und ein Nachhaltigkeitsrisiko als „ein Ereignis oder eine Bedingung in den Bereichen Umwelt, Soziales oder Unternehmensführung, dessen bzw. deren Eintreten tatsächlich oder potenziell wesentliche negative Auswirkungen auf den Wert der Investition haben könnte“ (Artikel 2 Nr. 22 SFDR).

Für den Bereich der ESG Governance bei Banken unterscheidet die EBA ebenfalls zwischen ESG-Faktoren und ESG-Risiken.[29] Sie versteht unter ESG-Faktoren die Umwelt-, Sozial- oder Governance-Belange, die eine positive oder negative Auswirkung auf den finanziellen Erfolg oder die Solvenz eines Unternehmens haben können. ESG-Risiken sind nach der von der EBA vorgeschlagenen Definition Verlustrisiken aufgrund negativer finanzieller Auswirkungen, die sich aus den aktuellen oder künftigen Folgen von ESG-Faktoren auf die Kontrahenten oder Vermögenswerte eines Instituts ergeben.[30]

Beispiele für ESG-Risiken sind sehr vielfältig und verändern und erweitern sich fortlaufend, daher ist eine weite Definition zur Erfassung der negativen Auswirkungen der ESG-Faktoren im Bankaufsichtsrecht gerechtfertigt.[31]

Umweltrisiken[32] werden in die Kategorien „physische Risiken“ und „Transitionsrisiken“ unterteilt.[33] Teilweise wird noch die dritte Kategorie der „Haftungsrisiken“ angeführt, die für Unternehmen aus der Verursachung von Umweltschäden entstehen.[34] Von Regulierungs- und Aufsichtsbehörden wurden in

---

29 S. EBA, Draft P3 ESG ITS (Fn. 21), S. 33.

30 *EBA*, Draft P3 ESG ITS (Fn. 21), Artikel 18a Nr. 1 (a): „‘Environmental, social or governance (ESG) risks’ means the risk of losses arising from any negative financial impact on the institution stemming from the current or prospective impacts of environmental, social or governance (ESG) factors on the institution’s counterparties or invested assets.“

31 S. für Umwelt- und Klimarisiken auch *Network for Greening the Financial System* (NGFS), Guide for Supervisors Integrating climate-related and environmental risks into prudential supervision May 2020.

32 S. *EBA*, Draft P3 ESG ITS (Fn. 21), S. 33, Artikel 18a Nr. 1 (b): „‘Environmental risk’ means the risk of losses arising from any negative financial impact on the institution stemming from the current or prospective impacts of environmental factors on the institution’s counterparties or invested assets“; s. auch *BaFin*, Sachstandserhebung (Fn. 9), S. 6.

33 S. *EBA*, Draft P3 ESG ITS (Fn. 21), S. 33, Artikel 18a Nr. 1 (b); *EZB*, Guide (Fn. 16), Abschnitt 3.1.

34 *Financial Stability Board*, The Implication of Climate Change for Financial Stability, 23.11.2020, S. 16.

den letzten Jahren unterschiedliche Definitionen verwendet. Es ist davon auszugehen, dass man sich künftig an den Begriffsbestimmungen der von der EBA erarbeiteten technischen Durchführungsstandards (ITS)[35] orientieren wird.

Nach der Definition der EBA sind unter *physischen Risiken* Verlustrisiken aufgrund negativer finanzieller Auswirkungen zu verstehen, die sich aus den gegenwärtigen oder voraussichtlichen Folgen der physischen Effekte von Umweltfaktoren auf Kontrahenten oder Vermögenswerte des Instituts ergeben.[36] Prognosen der OECD gehen davon aus, dass sich die Kosten für physische Risiken bis 2060 auf etwa 2 bis 3% des weltweiten BIP pro Jahr belaufen werden.[37] Die deutsche Flutkatastrophe in 2021 verursachte z. B. versicherte Schäden in Höhe von bis zu 8,2 Milliarden Euro und voraussichtlich weit höhere nicht versicherte Schäden.[38]

Transitionsrisiken bezeichnen nach der Definition der EBA Verlustrisiken aufgrund negativer finanzieller Auswirkungen, die sich aus den derzeitigen oder künftigen Folgen des Übergangs zu einer ökologisch nachhaltigen Wirtschaft auf Kontrahenten oder Vermögenswerte des Instituts ergeben.[39] Mögliche Ergebnisse solcher Veränderungen reichen vom Wegfall oder Wandel von Geschäftsfeldern, verringerter oder steigender Nachfrage nach bestimmten Produkten über die höhere Bepreisung von Treibhausgasemissionen oder Umweltverschmutzungen bei Produktionsprozessen, verbunden mit Profitabilitätseinbußen, bis hin zum vollständigen Wertverlust von Vermögenswerten (*stranded assets*).[40]

Je später und zögerlicher der Umwandlungsprozess der Wirtschaft beginnt bzw. fortschreitet, desto abrupter und intensiver dürften die Veränderungen sein, die zur Eindämmung physischer Risiken notwendig werden. Anders ge-

---

35 *EBA*, Draft P3 ESG ITS (Fn. 21).

36 S. *EBA*, Draft P3 ESG ITS (Fn. 21), S. 33, Artikel 18a Nr. 1 (c): „'Physical risk', as part of the overall environmental risk, means the risk of losses arising from any negative financial impact on the institution stemming from the current or prospective impacts of the physical effects of environmental factors on the institution's counterparties or invested assets"; S. auch *BaFin*, Merkblatt (Fn. 11), S. 6.

37 *OECD*, The Economic Consequences of Climate Change, 2015; *Financial Stability Board* (Fn. 34), S. 5.

38 S. *FAZ*, BaFin befürchtet für Versicherer Kosten von bis zu 8,2 Milliarden Euro, 15.09.2021; *GDV*, Flutkatastrophe in Deutschland: Versicherer leisten Vorschüsse von 700 Millionen Euro, 18.08.2021.

39 S. *EBA*, Draft P3 ESG ITS (Fn. 21), S. 33, Artikel 18a Nr. 1 (d): „'Transition risk', as part of the overall environmental risk, means the risk of losses arising from any negative financial impact on the institution stemming from the current or prospective impacts of the transition to an environmentally sustainable economy on the institution's counterparties or invested assets."

40 S. *Campiglio/Dafermos/Monnin/Ryan-Collins/Schotten/Tanaka*, Climate Change Challenges for Central Banks and Financial Regulators, Nature Climate Change 8, Nr. 6 (2018), S. 462.

wendet: Verzögerungen beim Umwandlungsprozess der Wirtschaft werden die Transitionsrisiken und -kosten erhöhen.[41]

Die Bereiche „Umwelt", „Soziales" oder „Unternehmensführung" ähneln sich in den Herausforderungen, die sich bei der Bank Governance stellen, und sind mitunter eng miteinander verbunden.[42] Dennoch gibt es bisher erhebliche Unterschiede in der aufsichtlichen Schwerpunktsetzung. Die Aufbereitung für das Risikomanagement von Banken ist bei Umwelt- und Klimarisiken am weitesten fortgeschritten und erfährt auch in der Bankpraxis bisher die höchste Aufmerksamkeit.[43]

2.1.2 ESG-Daten

Die Erhebung, Aufarbeitung und Analyse von Risiken setzt voraus, dass den Instituten relevante Informationen über die ESG-Faktoren und die spezifische Betroffenheit der bestehenden und künftigen Geschäftspartner und Vermögenswerte zur Verfügung stehen. Dazu bedarf es besonderer Verfahren zur Datenverarbeitung, Strategien zur Feststellung von Datenlücken, der Anpassung der IT-Systeme und eines eigenen Berichtswesens, wobei alle diese Verfahren und Prozesse in die Geschäfts- und Risikomanagementprozesse des Instituts eingepasst sein müssen. Zum Zweck von Prognoseentscheidungen ist sicherzustellen, dass die gesammelten Daten ausreichend sind, um akute, schwebende und ggf. erst zukünftige Risiken und Interdependenzen zu anderen Risiken im Portfolio erkennen zu können.[44] Die EBA hat auf die bisher unzureichende Datenlage zur angemessenen Berücksichtigung von ESG-Risiken hingewiesen.[45]

Die besondere Herausforderung besteht darin, dass historische Vergleichsdaten entweder gar nicht verfügbar sind oder nur schwer zu ermitteln sind, weil sie bisher nicht von Geschäftspartnern abgefragt oder in sonstiger Weise erhoben wurden. Die Daten müssen so aufbereitet, weitergegeben und zusammengeführt werden, dass sie auf Portfolioebene eine gesamtheitliche Sicht des ESG-Risikoprofils der Bank ermöglichen. Dies setzt auch die laufende Überprüfung und Aktualisierung der gesammelten ESG-bezogenen Informationen im Hinblick auf Geschäftspartner und Vermögenswerte während des gesamten Lebenszyklus der

---

41 S. z. B. das „too-little-too-late" Szenario des *Financial Stability Board* (Fn. 34), S. 4.
42 *BaFin*, Merkblatt (Fn. 11), S. 6.
43 *BaFin*, Merkblatt (Fn. 11), S. 6.
44 *BCBS*, Principles (Fn. 23), Rz. 28.
45 *EBA*, Report (Fn. 18), Rz. 202.

jeweiligen Geschäftsverbindung voraus.[46] Die Nacherhebung über Fragebögen oder angepasste periodische Berichtspflichten ist ein langwieriger, aber notwendiger Schritt.[47] Wo tatsächliche Veränderungen oder neue wissenschaftliche Erkenntnisse dies erforderlich machen, müssen Datenerhebungsprozesse und -kriterien aktualisiert werden.[48]

Um die Verlässlichkeit und Aussagekraft der Datensätze zu erhöhen, sind Kontrollprozesse zur Überprüfung der Vollständigkeit und Richtigkeit der Datensätze einzurichten. Zweifel an der Vollständigkeit oder Verlässlichkeit müssen ebenso wie Datenlücken, die im Rahmen des Kreditvergabeprozesses, Kundendialogs und der ESG-Due Diligence nicht geschlossen werden konnten, kenntlich gemacht und ggf. übergangsweise durch Schätzungen geschlossen werden.[49]

Die besonderen Anforderungen an die Datenqualität und das Datenmanagement für ESG-Risiken werden nicht nur bei bedeutenden Instituten (SI), sondern auch im Bereich der weniger bedeutenden, kleineren Institute (LSI) zunehmen. Der Baseler Ausschuss betont bereits, dass die interne Verarbeitung von ESG-Daten eine stabile IT-Infrastruktur voraussetze.[50] Eine Orientierung für diese Anforderungen an das Risikodatenmanagement bieten die MaRisk, auch wenn die darin formulierten Anforderungen insoweit bisher nur für bedeutende Institute Geltung beanspruchen.[51]

2.2 Geschäftsstrategie

Die Geschäftsleitung von Instituten ist nach § 25a Abs. 1 KWG in Verbindung mit der Verwaltungspraxis der Bundesanstalt für Finanzdienstleistungsaufsicht (BaFin)[52] verpflichtet, eine „nachhaltige Geschäftsstrategie“ festzulegen, die die kommerziellen Ziele für einzelne Geschäftsbereiche und die zur Umsetzung geplanten Maßnahmen und Vorkehrungen beschreibt. In den MaRisk wird betont, dass dabei auch interne und externe „Einflussfaktoren“ zu berücksichtigen sind. Dazu gehören auch physische und transitorische Umweltrisiken sowie soziale und rechtliche Risiken bei Kreditnehmern und Geschäftspartnern, die im Rahmen der kontinuierlichen Anpassung und ggf. Neuausrichtung des Geschäftsmodells und

46 *EBA*, Report (Fn. 18), Rz. 288.
47 S. *EZB*, Report (Fn. 16), Abschnitt 4.1, S. 31, Praxisbeispiel „Good practice 5“.
48 S. *EBA*, Report (Fn. 18), Rz. 288.
49 S. *EBA*, Report (Fn. 18), Rz. 251.
50 *BCBS*, Principles (Fn. 23), Rz. 28.
51 *BaFin*, MaRisk (Fn. 7), Abschnitt 4.3.4.
52 *BaFin*, MaRisk (Fn. 7), Abschnitt 4.2 Absatz 1.

der daraus folgenden Rekalibrierung der Geschäftsstrategie zu beachten sind.[53] Dies setzt ein Verständnis dafür voraus, wie sich ESG-Risiken auf die kurz-, mittel- und langfristige Tragfähigkeit des Geschäftsmodells der Bank und ihre Geschäftsziele auswirken.[54]

Die EBA und der Baseler Ausschuss betonen, dass auch bei der Analyse von ESG-Faktoren im Hinblick auf Geschäftsmodelle von Banken strukturelle Veränderungen in der Wirtschaft und im Finanzsystem[55] sowie sonstiger makroökonomischer Bedingungen die Sensitivität des bestehenden Geschäftsmodells, insbesondere im Hinblick auf klima- und umweltbezogene Veränderungen im Konkurrenzverhältnis zu andere Banken,[56] sowie Auswirkungen dieser Veränderungen auf das Geschäftsumfeld in bestimmten Sektoren, in denen die Bank besonders aktiv ist – z. B. durch veränderte Nachfrage, höhere Produktionskosten, Rohstoffknappheit oder technologische Veränderungen –, eine wesentliche Rolle spielen.

2.2.1 Planungen und Prognosen

Die besondere Herausforderung bei der Berücksichtigung von ESG-Themen, insbesondere von Umwelt- und Klimarisiken, besteht in dem hohen Maß an Unsicherheit im Hinblick auf die Qualität und Quantität von Risiken und deren Realisierung sowie in dem potenziell sehr langen Zeitraum, in dem sich diese Risiken verwirklichen können. Hinzu kommt eine hohe Aktivität der Gesetz- und Normgeber, die Vorgaben zur Eindämmung von Umwelt- und Klimarisiken, aber auch zunehmend zur Steuerung von Diversitäts- und anderen sozialen Zielen[57] sowie Compliance- und Governance-Faktoren,[58] erlassen und fortlaufend anpassen. Um

---

53 *BCBS*, Principles (Fn. 23), Rz. 12ff., Principle 1; *BaFin*, MaRisk (Fn. 7), Abschnitt AT 4.2; dazu auch *Benzler/Krieger* in Binder/Glos/Riepe, Handbuch Bankaufsichtsrecht, 2. Aufl. 2020, § 11 Rz. 28ff.

54 *BCBS*, Principles (Fn. 23), Principle 1.

55 *BCBS*, Principles (Fn. 23), Principle 1. Dabei wird betont, dass Banken wesentliche klimabedingte finanzielle Risiken, die sich über verschiedene Zeithorizonte hinweg manifestieren, in ihre Geschäftsstrategien und ihr Risikomanagementkonzept einbeziehen müssen, ebda., Rz. 12.

56 *BCBS*, Principles (Fn. 23), Principle 1.

57 S. dazu das FüPoG II und das LkSG (Fn. 5).

58 S. dazu z.B. den Vorschlag für Legislativvorschläge zur weiteren Reform des Geldwäscherechts durch eine Verordnung zur Schaffung einer neuen EU-Behörde für die Bekämpfung von Geldwäsche und Terrorismusfinanzierung, eine Verordnung zur Bekämpfung von Geldwäsche und Terrorismusfinanzierung mit unmittelbar geltenden Vorschriften und die Sechste Richtlinie zur Bekämpfung von Geldwäsche und Terrorismusfinanzierung, die die Richtlinie 2015/849/EU.

künftige Umwelt- und Klimarisiken und rechtliche Entwicklungen und ihre Auswirkungen trotz des Fehlens historischer Vergleichsdaten in komplexe Risikoanalysen einzubeziehen, sind jeweils alternative Szenarien zugrunde zu legen.[59] Dabei hängt der Grad, wie ergiebig Szenarioanalysen für die Neuausrichtung von Geschäftsmodellen im Hinblick auf Klima- und Umweltentwicklungen sind, von den getroffenen Annahmen und Analysemethoden ab. Das *Network for Greening the Financial System* hat dazu vier Szenarien vorgeschlagen (*orderly, disorderly, too little too late* und *hot house world*)[60], die bei der Prüfung der Veränderung des Geschäftsumfelds und der Bewertung der Resilienz der Bank herangezogen werden können.[61]

Im Rahmen der für ESG-Risiken relevanten Prognoseentscheidungen empfiehlt die EBA, insbesondere vor dem Hintergrund der hohen Ungewissheit über den Eintritt von Klima- und Umweltrisiken, einen längeren Planungshorizont zugrunde zu legen. Der sonst bei der Geschäftsstrategie typische Planungshorizont von etwa 3–5 Jahren soll auf mindestens 10 Jahre verlängert werden.[62] Ein 3- bis 5-jähriger Planungshorizont kann zwar akute Veränderungen im geschäftlichen und regulatorischen Umfeld erfassen, wird jedoch physischen Risiken und tiefgreifenden und länger angelegten Veränderungen von Geschäftssektoren nicht gerecht.[63]

Unter Rückgriff auf Analysemethoden[64] für einzelne Geschäftsbereiche und Portfolios sind spezifische Messgrößen (KPIs) festzulegen, die eine Überwachung der Geschäftsstrategie und der Portfolioentwicklung ermöglichen und Anpassungs- und Optimierungsbedarf rechtzeitig aufzeigen können.[65] Zugleich sollten auch die Auswirkungen der Aktivitäten der Bank selbst auf die Umwelt bewertet werden.[66]

Soweit quantitative Prognosen über einen verlängerten Planungshorizont nicht sachgerecht erstellt werden können, empfiehlt die EBA für den über 5 Jahre hinausgehenden Zeitraum zumindest qualitative Planungen.[67] Eine solche Er-

---

59 *EBA*, Report (Fn. 18), Rz. 168 ff.

60 *Network for Greening the Financial System (NGFS)*, Climate Scenarios for central banks and supervisors, Juni 2020.

61 *EBA*, Report (Fn. 18), Rz. 168; *BaFin*, Merkblatt (Fn. 11), S. 22, die allerdings darauf hinweist, dass die einschränkenden Annahmen für die Szenarien berücksichtigt werden müssen.

62 *EBA*, Report (Fn. 18) Rz. 170.

63 *EBA*, Report (Fn. 18), Rz. 170.

64 Dazu unten 2.3.2.

65 *EBA*, Report (Fn. 18), Rz. 173 f. und Empfehlung in Kapitel 4.1, sowie *BaFin*, Merkblatt (Fn. 11), S. 1.

66 *EZB*, Report (Fn. 16), Abschnitt 3.1, S. 20, „Good practice 1" (sog. doppelte Materialität).

67 *EBA*, Report (Fn. 18), Rz. 171.

weiterung des Planungshorizonts hat bisher kaum eines der von der BaFin befragten LSIs bisher vorgenommen. Die BaFin weist darauf hin, dass dies zukünftig Teil regulatorischer Forderungen sein wird.[68]

2.2.2 Interner und externer Dialog mit Stakeholdern

ESG-Risiken können auch durch Veränderungen auf Seiten der Kunden und Geschäftspartner begrenzt oder abgeschwächt werden, indem etwa Produkte und Fertigungsmethoden weiterentwickelt werden. Um detaillierte Informationen über die Geschäftsmodelle ihrer Kontrahenten zu sammeln und zu verarbeiten, bedarf es nach Ansicht der EBA erhöhter Anstrengungen der Institute, intern entsprechende Ressourcen und Expertise aufzubauen.[69] Eine weitere Empfehlung der EBA geht dahin, dass Banken in einen vertieften Austausch mit Kreditnehmern und anderen Marktteilnehmern über relevante ESG-Faktoren und deren Mitigierung eintreten sowie am öffentlichen Diskurs über ESG-Risiken und deren Auswirkungen der Taxonomie auf die Finanzmärkte mit Industrie- und Branchenverbänden teilnehmen.[70] Durch diesen Dialog soll einerseits das Verständnis bei Kreditnehmern erhöht werden, dass Banken unter dem Gesichtspunkt des Risikomanagements zu weitreichenden Entscheidungen bei der Auswahl und Bepreisung von Finanzierungen gezwungen sind, und andererseits die Banken selbst präziser und schneller über den Wandel und künftige Entwicklungen bei Unternehmen unterrichtet werden.

Die BaFin hat in der Befragung von LSI festgestellt, dass nur etwa ein Viertel der Banken, die sich die Identifizierung und Beobachtung von ESG-Risiken zum Ziel gesetzt haben, auch über entsprechende Verfahren verfügen.[71] Vor diesem Hintergrund kann die Bedeutung des Kundendialogs und der ESG-Due Diligence bei der Kreditvergabe nicht unterschätzt werden.

68 *BaFin*, Merkblatt (Fn. 11), S. 15.
69 *EBA*, Report (Fn. 18), Rz. 182f.
70 *EBA*, Report (Fn. 18), Rz. 184.
71 S. *BaFin*, Sachstandserhebung (Fn. 9), S. 19.

2.3 Risikostrategie

2.3.1 Festlegung des Risikoappetits

Jedes Institut hat auf der Grundlage seiner Geschäftsstrategie eine damit und den aus den Aktivitäten erwachsenden Risiken konsistente Risikostrategie festzulegen.[72] Dabei ist die Risikotragfähigkeit des Instituts zu berücksichtigen.[73] Als Teil der Risikostrategie ist für alle wesentlichen Risiken ein sog. Risikoappetit zu definieren. Auch relevante ESG-Risiken sind im Rahmen der Sicherstellung der Risikotragfähigkeit zu berücksichtigen. Dazu soll ein eigenes ESG-Risikoappetit-Profil mit Zielen und Grenzen für ESG-bezogene Risiken definiert werden.[74]

Die Unsicherheiten, die hinsichtlich der Auswirkungen und Interdependenzen von ESG-Faktoren bei einzelnen Engagements bestehen, erschweren eine verallgemeinernde Festlegung der Grenzen von tragbaren ESG-Risiken im Bereich des Kredit-, Markt-, Liquiditäts- und operationellen Risikos.[75] Dabei kommt es zum einen auf eine umfassende Berücksichtigung von ESG-Risiken, zum anderen aber auch auf die Vermeidung einer doppelten Berücksichtigung von Risiken an.[76]

Bei der Festlegung des ESG-Risikoappetit-Profils können bestimmte (Teil-) Sektoren, Regionen oder Aktivitäten, die als besonders „risikobelastet“ anzusehen sind, vollständig ausgeschlossen oder im Volumen begrenzt werden.[77] Daraus sind Kriterien für die Kreditvergabe zu entwickeln, die auch die Signifikanz des Risikos, Risikokonzentrationen und Diversifizierungen berücksichtigen.

2.3.2 Methoden zur Analyse von Umwelt- und Klimarisiken

Nicht nur bei der Steuerung und Überwachung von ESG-Risiken, sondern bereits bei der Festlegung ihres ESG-Risikoappetits müssen Institute Risiken analysieren, messen und bewerten. Mangels verlässlicher Daten und historischer Erfah-

---

72 § 25a Abs. 1 Satz 3 Nr. 1 KWG, *BaFin*, MaRisk (Fn. 7), Abschnitt AT 4.2 Absatz 2.

73 *BaFin*, MaRisk (Fn. 7), Abschnitt AT 4.1 Absatz 3; dazu *Braun* in Boss/Fischer/Schulte-Mattler, KWG, CRR-VO, 5. Aufl. 2016, § 25a Rz. 107 ff, 124 ff., 148 ff.

74 S. *EBA*, Report (Fn. 18), Rz. 174 ff.; s. *BCBS*, Principles (Fn. 23), Principle 6, Rz. 24, nach dem die Geschäftsleitung und das Senior Management dafür zu sorgen haben, dass signifikante klimabezogene Finanzrisiken analysiert und im Risikoprofil der Bank berücksichtigt werden.

75 S. *EBA*, Report (Fn. 18), Rz. 259 ff.

76 *EBA*, Report (Fn. 18), Rz. 258.

77 *EBA*, Report (Fn. 18), Rz. 177.

rungswerte und wegen des hohen Maßes an Unsicherheit in der voraussichtlich nicht linearen Entwicklung der physischen Risiken über sehr lange Zeiträume und der Betroffenheit ganz unterschiedlicher Risikokategorien,[78] müssen neue Methoden zur qualitativen und quantitativen Erfassung und Messung von ESG-Risiken entwickelt werden. Abhängig von der Komplexität der Institute werden unterschiedlich ausgefeilte Methoden einzusetzen sein.[79] Die Überlegungen befinden sich zwar noch am Anfang, allerdings ist die Etablierung anerkannter Standards insbesondere für kleinere Institute wünschenswert. Bisher hat sich die EBA noch nicht auf einzelne Methoden festgelegt. Hervorgehoben werden bisher drei verschiedene Methoden, wobei ein Schwerpunkt auf der Analyse von Umwelt- und Klimarisiken festzustellen ist.[80]

2.3.2.1 Portfolio Alignment Method

Die *Portfolio Alignment Method* analysiert den Grad der Vereinbarkeit von Portfolien mit Nachhaltigkeitszielen[81], z. B. mit dem 2%-Ziel des Pariser Klimaabkommens, die Erderwärmung zu beschränken.[82] Dabei wird beispielsweise bewertet, inwieweit die von einem Institut finanzierten Unternehmen und deren Aktivitäten auf der Grundlage eines erwarteten Produktionsprofils zur Erreichung des jeweiligen Nachhaltigkeitsziels beitragen werden.[83] Die *Portfolio Alignment Method* verfolgt einen portfoliobasierten Ansatz, unabhängig vom Level der Homogenität der einzelnen Portfoliobestandteile in Bezug auf ESG-Risiken.[84]

2.3.2.2 Risk Framework Method

Als *Risk Framework Method*[85] wird eine risikospezifische Methode bezeichnet, die im Grundsatz die Sensitivität von einzelnen Vermögenswerten oder Portfolien und letztlich des Risikoprofils der Bank insgesamt auf nachhaltigkeitsbezogene

---

78 *EBA*, Report (Fn. 18), Rz. 91.
79 *EBA*, Report (Fn. 18), Rz. 106.
80 *EBA*, Report (Fn. 18), Rz. 111 ff.
81 *EBA*, Report (Fn. 18), Rz. 112.
82 *EBA*, Report (Fn. 18), Rz. 113.
83 *EBA*, Report (Fn. 18), Rz. 114 ff. Beispiele für Tools sind das *Paris Agreement Capital Transition Assessment Tool* (beschränkt auf den Bereich „Umwelt"), die *United Nations Environmental Program Finance Initiative Principles for Responsible Banking* (alle drei ESG-Bereiche) sowie das Tool der *Partnership for Carbon Accounting Financials* zur Messung der direkten und indirekten Emissionen des Portfolios.
84 *EBA*, Report (Fn. 18), Rz. 117
85 Dazu *EBA*, Report (Fn. 18), Rz. 119 ff.

Ereignisse und Entwicklungen misst. Besonders weit fortgeschritten ist die methodische Entwicklung im Bereich von Klima- und Umweltrisiken. Einfachere Modelle prüfen die Toleranz und Effekte von Klima- und Umweltveränderungen auf die Risikomerkmale von Vermögenswerten und Portfolien im Rahmen von Modellen (sog. *climate sensitivity analysis*), also z. B. Kreditausfallwahrscheinlichkeiten von „grünen" vs. „braunen" Krediten.

Umfassende Stresstests setzen an komplexen Szenarien an, bei denen verschiedene klimarelevante Variablen berücksichtigt werden (sog. *climate stress tests*).[86] Bei Klimastresstests werden bestimmte tatsächliche Ereignisse und Veränderungen, z. B. Wetterereignisse, der Grad der Erderwärmung oder Preisentwicklungen für Verschmutzungsrechte, und daraus resultierende makroökonomische oder finanzielle Auswirkungen, z. B. Arbeitslosigkeit, Wirtschaftswachstum oder Zinsniveaus, analysiert, um die Konsequenzen auf das Risikoprofil der Bank zu messen.[87] Die Aussagekraft und Genauigkeit von Stresstests hängen wesentlich von den verfügbaren Daten und zugrunde gelegten Annahmen ab.[88] Ähnliche Ansätze wurden bei den aufsichtlichen Klimastresstests berücksichtigt, die etwa die niederländische Zentralbank (DNB)[89], die Bank of England[90] und die französische Bankenaufsicht (ACPR)[91] durchgeführt haben.

2.3.2.3 Exposure Method

Die *Exposure Method* bewertet, inwieweit einzelne Vermögenspositionen oder Kontrahenten des Instituts von ESG-Faktoren betroffen sind. Diese Informationen können bei der Evaluierung und Steuerung auf Einzelengagementebene verwendet werden und in die Risikoanalyse auf der Grundlage der herkömmlichen Risikokategorien einfließen. Die *Exposure Method* wird insbesondere in der Form von ESG-Scores angewendet. Sie findet auch Verwendung bei der Erstellung von ESG-Ratings, sei es intern oder durch Kreditratingagenturen.[92]

---

86 *EBA*, Report (Fn. 18), Rz. 121 f., 277 ff.
87 *EBA*, Report (Fn. 18), Rz. 122.
88 *EBA*, Report (Fn. 18), Rz. 123.
89 *De Nederlandsche Bank*, An energy transition risk stress test for the financial system of the Netherlands, 2018.
90 *Bank of England*, The 2021 biennial exploratory scenario on the financial risks from climate change, 2019.
91 *Autorité de contrôle prudentiel et de résolution*, Les principaux résultats de l'exercice pilote climatique, 04.05.2021.
92 *EBA*, Report (Fn. 18), Rz. 134.

Diese drei Methoden stehen grundsätzlich nicht in Konkurrenz zueinander, sondern ermöglichen die Messung von ESG-Risiken auf unterschiedlichen Ebenen (Einzelengagement, Portfolio, Gesamtbank) und für unterschiedliche Risikoentscheidungen (Unternehmen, Sektor, Geschäftsmodell).[93]

2.3.3 ESG-Risiken als Bestandteil der finanziellen Risiken

ESG-Risiken sind Treiber der finanziellen Risiken, denen die Institute ausgesetzt sind. Sie können verschiedene Auswirkungen haben und sollten daher auch allen relevanten finanziellen Risikokategorien zugeordnet werden.[94]

2.3.3.1 Kreditrisiko

Die ESG-Risiken der Kreditnehmer werden mittelbar von den Instituten getragen und sind daher insbesondere im Kredit- bzw. Adressenausfallrisiko zu berücksichtigen. Vorgaben, Kriterien, Ziele, Grenze und Prozesse, die aus dem Risikoappetit der Bank entwickelt werden, müssen maßgeblich auch bei der Kreditneuvergabe und beim Management bestehender Kredite beachtet werden.[95] Dazu sind die Kriterien und Verfahren anzupassen und auch Kreditrisikominderungstechniken für ESG-Faktoren einzusetzen.[96]

In der bisherigen Praxis ergibt sich ein geteiltes Bild: Nach den Erhebungen der BaFin sehen zwar die meisten der befragten LSI einen Zusammenhang zwischen Nachhaltigkeitsrisiken und Kreditrisiken, allerdings stufen nur rund 10 % ESG-Risiken als wesentlich ein.[97] In der Umfrage der EZB stuften hingegen fast alle Institute (SI) ESG-bezogene Kreditrisiken als wesentlich oder zukünftig wesentlich ein.[98]

---

93 *EBA*, Report (Fn. 18), Rz. 147.

94 *EBA*, Report (Fn. 18), Rz. 239; *EZB*, Report (Fn. 16), Abschnitt 1.1; *BCBS*, Principles (Fn. 23), Rz. 12.

95 *EBA*, Report (Fn. 18), Rz. 248; zu klima- und umweltbezogenen Risiken insbesondere *BCBS*, Principles (Fn. 23), Rz. 32, 34, Principle 8: „Banks should understand the impact of climate-related risk drivers on their credit risk profiles and ensure credit risk management systems and processes consider material climate-related financial risks.“

96 *BCBS*, Principles (Fn. 23), Principle 8, Rz. 34.

97 *BaFin*, Sachstandserhebung (Fn. 9), S. 8 f.

98 *EZB*, Report (Fn. 16), Abschnitt 2.4, S. 16.

2.3.3.2 Marktrisiko

Finanzprodukte mit höheren ESG-Risiken tragen höhere Verlustrisiken, und zwar in Höhe potenzieller Verluste und in der Wahrscheinlichkeit für den Eintritt eines Verlustfalls. Umgekehrt bedeutet dies aber in Bezug auf das Marktrisiko eine besonders ausgeprägte Volatilität von Vermögenswerten mit erhöhten ESG-Risiken.[99]

Zahlreiche Vermögenswerte können aktuell oder künftig mit ESG-Risiken belastet sein. Häufig sind die Risiken noch nicht eingepreist, sondern verwirklichen sich auch abrupt, etwa durch extreme Wetterereignisse oder regulatorische Veränderungen. Auch Veränderungen im Konsum- und Anlageverhalten der breiteren Öffentlichkeit oder bei Kapitalsammelstellen, Asset Managern[100] oder auch Zentralbanken im Rahmen ihrer Ankaufprogramme[101] können zu Schwankungen in Marktpreisen und damit in der Werthaltigkeit führen. Zudem sind Risikokonzentrationen und -akkumulation bei der Quantifizierung insbesondere bei Stresstests und Szenarioanalysen zu beachten.[102]

Die von der BaFin befragten LSI sehen bisher nur zu rund zwei Dritteln Auswirkungen auf Marktrisiken, wobei diese Einschätzung vermutlich mit dem relativ begrenzten Volumen der Anlageportfolios zusammenhängt.[103]

2.3.3.3 Kapital- und Liquiditätsrisiko

Der zentrale Teil des ESG-Risikomanagements ist die angemessene Berücksichtigung von ESG-Risiken in der Kapital- und Liquiditätsplanung.[104]

---

99 *EBA*, Report (Fn. 18), Rz. 261 f.; *BCBS*, Principles (Fn. 23), Principle 9: „Banks should understand the impact of climate-related risk drivers on their market risk positions and ensure that market risk management systems and processes consider material climate-related financial risks."

100 *EBA*, Report (Fn. 18), Rz. 261 f.

101 So schlug der ehemalige Präsident der deutschen Bundesbank, *Jens Weidmann*, vor, dass Zentralbanken nur noch Wertpapiere erwerben bzw. als Sicherheiten akzeptieren sollen, deren Emittenten klimabedingte finanzielle Risiken ausreichend berücksichtigen oder die Ratings aufweisen, die diese Risiken ausreichend einbeziehen (https://www.bundesbank.de/en/tasks/topics/weidmann-central-banks-should-take-adequate-account-of-climate-related-financial-risks-851588).

102 *EBA*, Report (Fn. 18), Rz. 245; dazu auch *BCBS*, Principles (Fn. 23), Principle 12.

103 *BaFin*, Sachstandserhebung (Fn. 9), S. 8 f.

104 S. *BCBS*, Principles (Fn. 23), Principle 5: „Banks should identify and quantify climate-related financial risks and incorporate those assessed as material over relevant time horizons into their internal capital and liquidity adequacy assessment processes."

2.3.3.3.1 Liquiditätsrisiko

ESG-Risiken können für die Liquiditätsplanung von zwei Seiten aus relevant werden: Zum einen durch einen erhöhten Liquiditätsbedarf und zum anderen durch eine verminderte Fähigkeit der Bank, Liquidität zur Verfügung zu stellen. Der Liquiditätsbedarf der Kunden und Geschäftspartner und mithin die Liquiditätssituation von Instituten können durch unvorhergesehene Ereignisse, bei denen sich physische Umwelt- und Klimarisiken – wie etwa großflächige Fluten oder Waldbrände – sprunghaft erheblich erhöhen bzw. verschärfen. Bereits genehmigte Kreditlinien werden ausgeschöpft und Einlagen abgezogen. Auch Reputationsrisiken können den Liquiditätssituation negativ beeinflussen. Um Vorsorge treffen zu können, müssen Institute die Effekte in Szenarien analysieren und Stresstests unterziehen.[105]

Im Rahmen der Liquiditätsplanung ist es daher auch geboten, fortlaufend den Einfluss von Klima- und Umweltrisiken und sonstigen ESG-Faktoren auf Vermögenswerte zu untersuchen, die als Liquiditätspuffer verwendet werden.[106]

2.3.3.3.2 Kapitalrisiko

Risiken für die Kapitalplanung der Bank können sich aus Wertberichtigungen ergeben, bei denen ESG-Risiken sukzessive oder auch abrupt insbesondere als unmittelbare Folge der Verwirklichung von physischen Risiken, berücksichtigt werden müssen. In der Folge können sie sich im Krisenfall durch *fire sales* verschärfen, die die Solvenz der Bank nachhaltig bedrohen können.[107]

Die Erkenntnisse der kurz-, mittel- und langfristigen Liquiditäts- und Kapitalplanung unter Einbeziehung von ESG-Risiken fließen in die internen Prüfungsprozesse (ICAAP und ILAAP) ein.[108] Die EZB hat bereits angekündigt, dass klima- und umweltbezogene Finanzrisiken in Zukunft schrittweise in ihren Leitfäden zum ICAAP und ILAAP Berücksichtigung finden werden.[109]

105 *EBA*, Report (Fn. 18), Rz. 266; *BCBS*, Principles (Fn. 23), Rz. 38.
106 *BCBS*, Principles (Fn. 23), Rz. 22, 38.
107 *EBA*, Report (Fn. 18), Rz. 265.
108 *EBA*, Report (Fn. 18), Rz. 247, 265 f.; *BCBS*, Principles (Fn. 23), Principle 5, Rz. 21 f.
109 *ECB*, Guide to the internal capital adequacy assessment process (ICAAP), November 2018, sowie Guide to the internal liquidity adequacy assessment process (ILAAP), November 2018.

2.3.3.4 Operationelle Risiken und weitere Risikoarten

Das Verlustrisiko durch vielfältige ESG-Risiken ist auch im operationellen Risiko zu berücksichtigen.[110] Hier spielen Verfahrensfehler und physische Risiken eine zentrale Rolle. In diesem Rahmen ist auch ein ESG-Risiken berücksichtigendes Notfallkonzept vorzuhalten.[111] Rund drei Viertel der von der BaFin befragten LSI stufen Nachhaltigkeitsrisiken als relevante operationelle Risiken ein.[112]

Andere Risikoarten, für die ESG-Faktoren relevant sind, umfassen Reputationsrisiken (z. B. *Greenwashing*), Rechts- und Haftungsrisiken, Versicherungsrisiken und strategische Risiken.[113] Insbesondere das Reputationsrisiko wird von der Aufsicht vor dem Hintergrund wachsender öffentlicher Aufmerksamkeit der ESG-Risiken als sehr relevantes Risiko angesehen.[114]

2.3.4 Kreditvergabekriterien

ESG-Risiken sind als wesentliche Risikotreiber im Rahmen der etablierten Kreditvergabekriterien zu beachten. Sie können als Prognosen über mittelbare Folgen von klimatischen Veränderungen für Produktionsvolumina und -kosten oder Nachfrageverhalten auf Absatzmärkten bei der Bestimmung der Ausfallwahrscheinlichkeit (*Probability of Default*) einkalkuliert werden.[115] Ebenso sollten für den Fall der Verwirklichung von ESG-Risiken die Höhe des Kreditausfalls und schließlich auch die Verlustquote bzw. -sensitivität bei Kreditausfällen (*Loss Given Default*) analysiert werden.

Eine angemessene Berücksichtigung von ESG-Risiken wird im Rahmen der Kreditvergabe dadurch erschwert, dass traditionelle Kriterien für die Beurteilung der Kreditwürdigkeit regelmäßig auf historischen Daten beruhen, verbunden mit der Annahme, dass diese näherungsweise Auskunft über künftige Ausfallwahrscheinlichkeiten liefern. Historische Daten sind jedoch insbesondere im Hinblick

---

110 Artikel 4 Abs. 1 Nr. 52 CRR; *BCBS*, Principles (Fn. 23), Rz. 39.

111 BaFin, MaRisk (Fn. 7), Abschnitt AT 7.3 Absatz 1.

112 *BaFin*, Sachstandserhebung (Fn. 9), S. 9.

113 Diese Risiken sollen durch die künftige Definition in der CRR dem operationellen Risiko zugeschlagen werden, s. *Europäische Kommission*, Vorschlag für eine Verordnung des Europäischen Parlaments und des Rates zur Änderung der Verordnung (EU) Nr. 575/2013 im Hinblick auf Vorschriften für das Kreditrisiko, das Risiko einer Anpassung der Kreditbewertung, das operationelle Risiko, das Marktrisiko und die Eigenmitteluntergrenze (Output-Floor), COM(2021) 664 final 2021/0342, vom 27.10.2021, Artikel 4 Abs. 1 Nr. 52 CRR; s. *BCBS*, Principles (Fn. 23), Principle 11, Rz. 39 f.; *EBA*, Report (Fn. 18), Rz. 263.

114 *BaFin*, Merkblatt (Fn. 11), S. 7.

115 *EBA*, Report (Fn. 18), Rz. 248, 252 ff.

auf Klima- und Umweltrisiken regelmäßig nicht oder zumindest nicht in ausreichendem Umfang verfügbar oder bieten vor dem Hintergrund der wissenschaftlichen Unsicherheit und des langen Zeithorizonts, über den sich Klima- und Umweltrisiken zu verwirklichen drohen, keine belastbare Grundlage für verlässliche Rückschlüsse auf die Entwicklung von Kreditrisiken. Daher sind kurz-, mittel- und langfristige Parameter für alternative Szenarien zu entwickeln.[116]

Die Integration von ESG-Risiken in die Kreditvergabekriterien soll auch dazu führen, dass einzelne Segmente der Realwirtschaft priorisiert bzw. depriorisiert werden. Eine Priorisierung kann anhand eines Rankings erfolgen, das den Grad misst, in dem Unternehmen ihre selbst gesteckten ESG-Ziele erreichen, oder eine Bewertung der technologischen Innovation zugrunde legen, mit denen Unternehmen Lösungen für ESG-Faktoren am Markt anbieten. Eine Depriorisierung kann durch einen absoluten Stopp der Kreditvergabe – etwa an Betreiber von Kohlekraftwerken – erfolgen, oder es werden Limite festgesetzt oder Kredit-Scores für bestimmte Segmente oder Regionen eingeführt.[117] Dazu können die bekannten Ranking-Verfahren „Best-in-class“[118], „Best-in-universe“[119] oder „Best-effort“[120] verwendet werden. Bei der Kreditvergabe sind auch Konzentrationen und Diversifizierungen von ESG-Risiken zu berücksichtigen. Dazu können *Heatmaps* herangezogen werden, um Risikokonzentrationen in Regionen und Sektoren zu erkennen und zu überwachen.[121]

---

116 *EBA*, Report (Fn. 18), S. 10 f.

117 *BaFin*, Merkblatt (Fn. 11) S. 13.

118 S. hierzu *EBA*, Report (Fn. 18), Rz. 234: Potenzielle Kreditnehmer in einem bestimmten Sektor werden entsprechend ihrer Risikoprofile (einschließlich ESG-Risiken) in eine Rangfolge gebracht, wobei Kredite nur an die besten drei vergeben werden. Da der Vergleich hierbei nur innerhalb eines jeweiligen Sektors stattfindet, werden komplette Sektoren jedenfalls nicht per se ausgeschlossen. Möglich ist bei Anwendung dieser Methode allerdings ein effektiver Ausschluss ganzer Regionen.

119 S. *EBA*, Report (Fn. 18), Rz. 234: Potenzielle Kreditnehmer in allen Sektoren werden entsprechend ihrer Risikoprofile (einschließlich ESG-Risiken) in eine Rangfolge gebracht, wobei Kredite nur an die besten 5 in diesem Ranking vergeben werden. Diese Methode führt mit hoher Wahrscheinlichkeit zu einem kompletten Ausschluss bestimmter Sektoren, da anzunehmen ist, dass Unternehmen aus besonders sensiblen Sektoren (beispielsweise fossile Energien) wahrscheinlich keinen ausreichend hohen Rangplatz erzielen.

120 S. *EBA*, Report (Fn. 18), Rz. 234: Potenzielle Kreditnehmer in allen Sektoren werden anhand des Levels der Verbesserungen in eine Rangfolge gebracht, die sie in einem bestimmten Zeitraum im Hinblick auf ihr ESG-Risikoprofil erreicht haben.

121 S. *BCBS*, Principles (Fn. 23), Principle 8, Rz. 33, nach dem Banken auch Konzentrationen innerhalb und zwischen Risikoarten, die mit klimabezogenen Finanzrisiken verbunden sind, identifizieren, messen, bewerten, überwachen, berichten und steuern sollen.

Im Rahmen der Limite und Kredit-Scores können erhöhte ESG-Risiken auch durch variable Konditionen gesteuert werden. Dies kann durch Aufschläge auf den Zins oder den Rückzahlungsbetrag bei Verfehlen vorab festgelegten Parameter (KPIs) erfolgen. Solche *sustainability-linked bonds* oder *loans* sind inzwischen marktüblich.[122]

2.4 Geschäftsorganisation

Die Etablierung von Verantwortlichkeiten für die Steuerung von ESG-Risiken innerhalb der Institute verlangt nicht unwesentliche Veränderungen in der gesamten Geschäftsorganisation. Hier besteht aus Sicht der Regulatoren und Aufsichtsbehörden noch erheblicher Verbesserungsbedarf. Die EBA hat auf Grundlage der von ihr von den Banken erhobenen Daten insbesondere die fehlende Zuordnung von klaren Verantwortlichkeiten und fehlendes Know-how und unzureichendes Bewusstsein für ESG-Risiken auf allen relevanten Ebenen der Institute als wesentliche Schwächen der ESG Governance ausgemacht.[123]

2.4.1 Grundsätze

Für das Risikomanagement ist die Geschäftsleitung des Instituts verantwortlich.[124] Dazu gehört neben der Festlegung und fortlaufenden Weiterentwicklung der Geschäfts- und Risikostrategien und des portfolioweiten Risikoappetitprofils auch die Steuerung von ESG-Risiken. Soweit vorhandene Datenerhebungen oder -analysen hierfür nicht ausreichend sind, ist der Vorstand dafür verantwortlich, dass diese Lücken geschlossen werden. Die Geschäftsleitung ist dafür verantwortlich, Leitlinien vorzugeben und Verantwortlichkeiten und interne Ar-

---

122 S. beispielsweise das Anleiheemissionsprogramm 2021 der Lanxess SE, das als eine Option der Anleihebedingungen Zinsaufschläge oder eine Prämie bei der Kapitalrückzahlung vorsieht, wenn bestimmte Ziele bei der Reduktion der Treibhausgasemissionen des Konzerns nicht erreicht werden.

123 *EBA*, Report (Fn. 18), Rz. 202.

124 § 25a Abs. 1 KWG, *BaFin*, MaRisk (Fn. 7), Abschnitt AT 3, Absatz 1; dazu *BCBS*, Principles (Fn. 23), Principle 1: „The board and senior management should be involved in all relevant stages of the process, and the approach established by the board should be clearly communicated to the bank's managers and employees."

beitsprozesse für die nähere Ausgestaltung und die Umsetzung[125] festzulegen und sachgerechte interne Kontrollfunktionen einzurichten.

Um ESG-Faktoren Rechnung zu tragen, die sich auf die Bank und ihre Geschäftsziele auswirken (können), sind transparente und effektive Prozesse zu etablieren und Organisationseinheiten mit hinreichenden materiellen und personellen Ressourcen auszustatten.[126] Hierzu gehört das Monitoring der Umsetzungsfortschritte im Abgleich mit den von der Geschäftsleitung definierten Zielen und Grenzen in der Geschäftsstrategie und im Risikoappetitprofil aus kurz-, mittel- und langfristiger Sicht und ggf. notwendige Nachsteuerungen.

Die BaFin stellt in ihrer letzten Befragung von LSI fest, dass dieser Aspekt, d. h. die generelle Zuständigkeit der Geschäftsleitung für Nachhaltigkeitsrisiken, bereits verbreitet umgesetzt wurde.[127] Bei der Wahrnehmung ihrer Gesamtverantwortung im Hinblick auf ESG-Themen und -Risiken durch die Geschäftsleitung des Instituts sind verschiedene Gestaltungen denkbar. Wichtig ist auch auf Geschäftsleiterebene eine klare und transparente Zuordnung von Zuständigkeiten zu einzelnen Mitgliedern und Ausschüssen,[128] sowie die fortlaufende Schulung und Aneignung von notwendigen Kenntnissen und Fähigkeiten in ESG-Themen durch die Mitglieder der Geschäftsleitung selbst.[129] Dabei kann ein Schwerpunkt auf die Identifizierung und Analyse potenzieller ESG-Risiken im relevanten Verantwortungsbereich gesetzt werden.

2.4.2 Grundmodelle der ESG-Geschäftsorganisation

Bei der Einrichtung einer Geschäftsorganisation innerhalb des Instituts und ggf. der Gruppe, die ESG-Risiken angemessen berücksichtigt, sind ganz unterschied-

125 S. *BCBS*, Principles (Fn. 23), Principle 2: „Banks should clearly define and explicitly assign roles and responsibilities associated with identifying and managing climate-related financial risks throughout the bank's organisational structure and ensure relevant functions and business units have adequate resources and expertise to effectively fulfil responsibilities regarding climate-related financial risk management. Where dedicated climate units are set up, their responsibilities and interaction with existing governance structures should be clearly defined."

126 *EBA*, Report (Fn. 18), Rz. 203 ff.

127 Die BaFin stellt in ihrer letzten Befragung von LSI fest, dass dieser Aspekt, d. h. die generelle Zuständigkeit der Geschäftsleitung für Nachhaltigkeitsrisiken bereits verbreitet umgesetzt wurde, s. *BaFin*, Sachstandserhebung (Fn. 9), S. 15.

128 Dazu *BCBS*, Principles (Fn. 23), Principle 2: „The board and senior management should clearly assign climate-related responsibilities to members and committees and exercise effective oversight of climate-related financial risks."

129 *BCBS*, Principles (Fn. 23), Principle 2.

liche Strukturen möglich. Jedenfalls nicht mehr ausreichend ist die teilweise früher praktizierte Einbettung von ESG-Themen als ein Unterbereich der *Corporate Social Responsibility* in der Abteilung für Kommunikation und Öffentlichkeitsarbeit. Eine solche randständige Berücksichtigung in der Aufbauorganisation wird der Tragweite von ESG-Risiken nicht mehr gerecht.

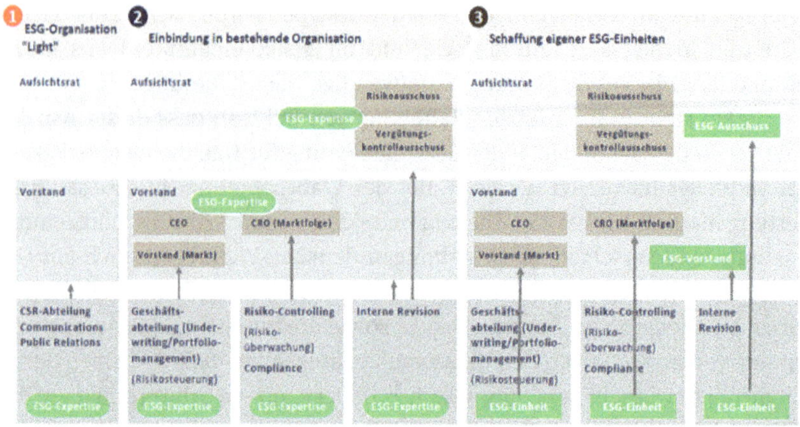

Graphik 1: © des Autors.

Bei der Einrichtung der Geschäftsorganisation besteht die Möglichkeit, ESG-Verantwortlichkeiten und Expertise in bestehende Organisationsstrukturen von Vorstand und Aufsichtsrat zu integrieren und relevante Teilaspekte im Aufsichtsrat z.B. dem Risikoausschuss und dem Vergütungskontrollausschuss zuzuordnen. Innerhalb der Geschäftsleitung können Ressortzuständigkeiten geschaffen werden, etwa für Klima- und Umweltrisiken im Risikoressort (CRO), für soziale Risiken beim Personalvorstand und für Rechts- und Governance-Risiken beim CEO. Bei der Einbindung des ESG-Risikomanagements in die bestehende Aufbauorganisation kann die Schwierigkeit bestehen, die Interdependenzen der ESG-Risiken gesamthaft zu steuern und die Risiken sowie die für sie relevanten Markt-, Umwelt- und rechtlichen Entwicklungen einheitlich zu bewerten. Da auf Vorstandsebene jedes Vorstandsmitglied für die Identifizierung, Analyse und das Management von ESG-Risiken in seinem Ressort verantwortlich ist, liegt die gesamthafte Steuerungsfunktion bei der Geschäftsleitung in ihrer Gesamtheit. Der weit überwiegende Teil der von der BaFin befragten LSI siedelt die Zuständigkeit für ESG-Risiken derzeit bei der gesamten Geschäftsleitung an[130] und bindet die Aufgaben in bestehende Funktionsverteilungen ein.[131]

Alternativ ist es möglich, eigene ESG-Einheiten mit Querschnittskompetenzen auf den verschiedenen Ebenen der Aufbauorganisation sowie auch auf der Ebene von Vorstand und Aufsichtsrat zu schaffen. Die erfolgreiche Umsetzung dieser Organisationsvariante setzt eine enge, nahtlose Zusammenarbeit mit allen Organisationseinheiten im Institut bzw. mit den Ressorts und Ausschüssen in Vorstand und Aufsichtsrat voraus. Sie hat den Vorteil einer koordinierten Steuerung der ESG-Themen auf allen Ebenen. Daneben sind auch Mischformen denkbar. Einzelne Institute haben trotz grundsätzlicher Einbindung der ESG-Themen in die bestehende Organisation zusätzlich Querschnittsabteilungen und auf Ebene der Geschäftsleitung einen Steuerungsausschuss zur institutsweiten Koordination und konsistenten Umsetzung der ESG-Strategie etabliert.[132]

Unabhängig von der gewählten Organisationsstruktur setzt die erfolgreiche Anpassung der Geschäftsorganisation und der Geschäftsaktivitäten der Bank an ESG-Risiken eine klare und kontinuierliche Kommunikation der Geschäftsleitung voraus (*tone from the top*).[133]

2.4.3 Three Lines of Defense

In allen Varianten der Geschäftsorganisation müssen auch gegenüber ESG-Risiken drei Verteidigungslinien (*three lines of defense*) eingehalten werden.[134]

---

130 *BaFin*, Sachstandserhebung (Fn. 9), S. 16.

131 *BaFin*, Sachstandserhebung (Fn. 9), S. 17.

132 *EZB*, Report (Fn. 16), S. 27 f.

133 S. *BCBS*, Principles (Fn. 23), Principle 1: „The board and senior management should be involved in all relevant stages of the process, and the approach established by the board should be clearly communicated to the bank's managers and employees." Ferner Principle 2: „Banks should clearly define and explicitly assign roles and responsibilities associated with identifying and managing climate-related financial risks throughout the bank's organisational structure and ensure relevant functions and business units have adequate resources and expertise to effectively fulfil responsibilities regarding climate-related financial risk management. Where dedicated climate units are set up, their responsibilities and interaction with existing governance structures should be clearly defined."

134 S. *BCBS*, Principles (Fn. 23), Principle 4: „Banks should incorporate climate-related financial risks into their internal control frameworks across the three lines of defence to ensure sound, comprehensive and effective identification, measurement and mitigation of material climate-related financial risks."

Die erste Verteidigungslinie im Front-Office berücksichtigt ESG-Kriterien bei der Kreditvergabe und beim Underwriting.[135] Zu den Aufgaben gehören insbesondere der Dialog mit Kunden und Geschäftspartnern über ESG-relevante Entwicklungen[136] und die Durchführung der ESG Due Diligence sowie das fortlaufende Monitoring der Geschäftsbeziehungen. Im Fall von Auslagerungen wesentlicher Funktionen ist die Verankerung und Beachtung von ESG-Risiken und Strategien der Bank sicherzustellen.

Die zweite Verteidigungslinie bilden eine unabhängige Risikobewertung und -überwachung einschließlich der Überprüfung der vom Front-Office durchgeführten Bewertungen sowie ständige Compliance-Prüfungen.[137]

Als dritte Verteidigungslinie ist die Innenrevision für die Überprüfung des ESG-Risikomanagements im Rahmen der internen Risikokontrollsysteme und -prozesse unter besonderer Berücksichtigung von Neuentwicklungen in Methodik oder Datenerhebung sowie von Veränderungen des Geschäftsumfelds und des Risikoappetits der Bank verantwortlich.[138]

2.4.4 ESG-gerechte Vergütungssysteme

Die Effektivität des Risikomanagements wird maßgeblich durch Vergütungssysteme beeinflusst,[139] durch die für Entscheidungsträger selbst sachgerechte und langfristige Anreize gesetzt werden.[140] Die mittel- und langfristigen ESG-Strategien sind daher auch bei der Ausgestaltung von Anreizsystemen im Bereich der variablen Vergütung zu berücksichtigen.

135 *BCBS*, Principles (Fn. 23), Principle 4: „In the frontline, climate-related risk assessments may be undertaken during the client onboarding, credit application and credit review processes. Frontline staff should have sufficient awareness and understanding to identify potential climate-related financial risks."

136 Dazu oben Abschnitt 2.2.2.

137 *BCBS*, Principles (Fn. 23), Principle 4.

138 *BCBS*, Principles (Fn. 23), Principle 4.

139 Artikel 92 CRD, näher ausgestaltet durch die Leitlinien der EBA für solide Vergütungspolitik nach Richtlinie 2013/36/EU (EBA/GL/2021/04), 02.07.2021, sowie Artikel 25, 30, 33 der Richtlinie 2019/2034/EU.

140 *EBA*, Report (Fn. 18), Rz. 224ff.

2.5 Risikomanagement

2.5.1 Stand der Einbeziehung von ESG-Risiken

Eine Umfrage der EBA im Jahr 2019 hat ergeben, dass viele Institute noch keine auf ein effektives ESG-Risikomanagement angepasste und auf einzelne Geschäftsbereiche und Portfolien bezogene Messgrößen (KPIs) entwickelt haben oder die Integration von ESG-Risiken in bestehende Risikomanagementsysteme unzureichend ist.[141] Weitere Schwachstellen können darin bestehen, dass ESG-Risiken nur für besonders risikoträchtige Sektoren herausgearbeitet werden oder nur qualitativ und nicht quantitativ gemessen werden.[142] Auch die Befragung von LSI durch die BaFin ergab signifikante Defizite, die von fehlenden internen Leitlinien für ESG-Risiken über fehlende Verfahren und Fähigkeiten zur Identifizierung, Bewertung und Steuerung von ESG-Risiken bis hin zum vollständigen Fehlen von Steuerungsmethoden für Nachhaltigkeitsrisiken reichen.[143]

2.5.2 Szenarien und Stresstests

Neben der Festlegung und Weiterentwicklung geeigneter Methoden zur Messung und Beurteilung von ESG-Risiken,[144] sind Verfahren einzurichten, mit denen bisher unentdeckte Transmissionskanäle oder unentdeckte Verknüpfungen verschiedener Risiken zu bestehenden finanziellen Risikokategorien erkannt werden können.[145]

Angesichts der Unsicherheiten in der bestehenden Datenlage sowie in der Prognose künftiger Entwicklungen bei ESG-Risiken empfehlen sich Szenarioanalysen und Stresstests zur Überprüfung der im Rahmen der Risikostrategie gesetzten Kriterien, Indikatoren, Ziele und Grenzen.[146] Szenarioanalysen und Stresstests bieten sich wegen der langen Prognosezeiträume insbesondere für das Management von Klima- und Umweltrisiken an.[147] Der für den steigenden Einsatz von Szenarioanalysen und Stresstests notwendige Ausbau der Dateninfrastruktur ist nach Größe, Komplexität, Diversität des Geschäftsmodells zu kalibrieren.

141 *EBA*, Report (Fn. 18), Rz. 229 ff.
142 *EBA*, Report (Fn. 18), Rz. 230.
143 *BaFin*, Sachstandserhebung (Fn. 9), S. 18.
144 Dazu bereits oben Abschnitt 2.2.2.
145 *BCBS*, Principles (Fn. 23), Principle 6, Rz. 27.
146 S. *BaFin*, Merkblatt (Fn. 11), S. 20.
147 *EBA*, Report (Fn. 18), Rz. 288, S. 124.

Bisher haben von den seitens der BaFin befragten LSI nur eine Minderheit Stresstests bzw. Szenarioanalysen entwickelt.[148]

3 ESG-Offenlegungspflichten

Offenlegungspflichten für Banken in Bezug auf ESG-Risiken können sich aus verschiedenen Rechtsquellen ergeben, jeweils mit unterschiedlichen Zielrichtungen, Adressaten und Anforderungen. Auch wenn Bemühungen zu erkennen sind, die verschiedenen Offenlegungspflichten aufeinander abzustimmen, so ist dieser Prozess noch nicht vollendet. Für die Governance bei Banken bedeutet dies, dass verschiedene Offenlegungspflichten nebeneinander beachtet werden müssen.

3.1 Nicht finanzielle Berichterstattung

Derzeit sind bereits größere Institute[149] nach Maßgabe des § 289b HGB zur Erstellung einer sog. nicht finanziellen Erklärung verpflichtet. In ihren unverbindlichen Leitlinien zur nicht finanziellen Berichterstattung[150] hat die Europäische Kommission auch die Veröffentlichung von klimabezogenen Informationen gefordert. Die Berichtspflicht ist nicht bankenspezifisch, sondern trifft bilanzrechtlich alle Wirtschaftssektoren. Sie beruht auf der EU-Richtlinie über die nichtfinanzielle Berichterstattung (*Non-Financial Reporting Directive*, NFRD)[151] die durch eine neue EU-Richtlinie zur Nachhaltigkeitsberichterstattung von Unternehmen (*Corporate Sustainability Reporting Directive*, CSRD)[152] reformiert wer-

148 *BaFin*, Sachstandserhebung (Fn. 9), S. 20 f.

149 Nach den kumulativ anzuwendenden Größenkriterien sind Institute betroffen, die (i) große Kapitalgesellschaften i. S.v. § 267 Abs. 3 Satz 1 HGB sind, (ii) als kapitalmarktorientiert i. S.v. § 264d HGB anzusehen sind und (iii) im Jahresdurchschnitt mehr als 500 Arbeitnehmer beschäftigen.

150 *Europäische Kommission*, Leitlinien für die Berichterstattung über nichtfinanzielle Informationen: Nachtrag zur klimabezogenen Berichterstattung (2019/C 209/01), ABl. EU C 209/1 vom 20. 06. 2019.

151 Richtlinie 2014/95/EU des Europäischen Parlaments und des Rates vom 22. Oktober 2014 zur Änderung der Richtlinie 2013/34/EU im Hinblick auf die Angabe nichtfinanzieller und die Diversität betreffender Informationen durch bestimmte Unternehmen und Gruppen, Abl. EU L 330/1 vom 15. 11. 2014. S. dazu *Boecker/Zwirner*, IRZ 2019, 233.

152 *Europäische Kommission*, Vorschlag für eine Richtlinie des Europäischen Parlaments und des Rates zur Änderung der Richtlinie 2013/34/EU, 2004/109/EG und 2006/43/EG und der Verordnung

den soll. Konkret soll der persönliche Anwendungsbereich auf alle „großen Unternehmen" und alle an regulierten Märkten gelistete Unternehmen (ausgenommen börsennotierte Kleinstunternehmen) ausgedehnt. Zudem sollen die Anforderungen detaillierter ausgestaltet und die Berichterstattung an EU-weit verbindlichen Standards ausgerichtet werden.

3.2 Taxonomie-Verordnung

Zur Ergänzung der nicht finanziellen Berichterstattung verlangt Artikel 8 der Taxonomie-Verordnung[153] von allen Unternehmen, die unter die EU-Richtlinie über nicht finanzielle Berichterstattung fallen, die Offenlegung über Art und Umfang des Beitrags ihrer Geschäftstätigkeiten zu ökologisch nachhaltigen Wirtschaftsaktivitäten.[154] Die sehr komplexe Klassifizierung richtet sich nach den Vorgaben der Taxonomie-Verordnung und des dazu erlassenen delegierten Rechtsakts.[155] Für Kreditinstitute wird als zusätzliche Messgröße eine *Green Asset Ratio* (GAR) eingeführt, die den Anteil der mit der Taxonomie vereinbaren Risikopositionen an der Gesamtbilanz zeigen soll.

3.3 Offenlegungs-Verordnung

Neben den bilanziellen und zusätzlichen unternehmensbezogenen ESG-Offenlegungspflichten werden künftig produkt- und geschäftsbezogene ESG-Offenlegungspflichten für Banken und andere Finanzdienstleister eine sehr große Rolle spielen. Sie sind in der Offenlegungs-Verordnung (SFDR)[156] sowie Artikel 53 der

---

(EU) Nr. 537/2014 hinsichtlich der Nachhaltigkeitsberichterstattung von Unternehmen, 2021/0104 (COD), 21.04.2021.

153 S. oben Fn. 3.

154 S. *EBA*, Draft P3 ESG ITS (Fn. 21), Rz. 8.

155 *Europäische Kommission*, Delegierte Verordnung (EU) der Kommission vom 6.7.2021 zur Ergänzung der Verordnung (EU) 2020/852 des Europäischen Parlaments und des Rates durch Festlegung des Inhalts und der Darstellung der Informationen, die von Unternehmen, die unter Artikel 19a oder Artikel 29a der Richtlinie 2013/34/EU fallen, in Bezug auf ökologisch nachhaltige Wirtschaftstätigkeiten offenzulegen sind, und durch Festlegung der Methode, anhand deren die Einhaltung dieser Offenlegungspflicht zu gewährleisten ist, C(2021) 4987 final, ABl. EU 442/1 vom 04.12.2021.

156 S. oben Fn. 4.

Investment Firms Regulation (IFR)[157] niedergelegt und werden durch technische Regulierungsstandards (RTS) im Wege eines delegierten Rechtsakts der Europäischen Kommission konkretisiert.[158]

3.4 Kapitaladäquanzverordnung (CRR)

In den Offenlegungsvorschriften der CRR (Säule 3) wird ab 2022 auch eine Berichterstattung zum Umfang der ESG-Risiken verlangt. Sie erfolgt zunächst jährlich und ab 2023 halbjährlich. Artikel 449a der im Jahr 2019 reformierten Kapitaladäquanzverordnung (CRR II)[159] legt fest, dass große Institute, die Wertpapiere emittieren, die zum Handel auf einem geregelten Markt eines Mitgliedstaats zugelassen sind, Informationen zu ESG-Risiken einschließlich physischer Risiken und Transitionsrisiken offenlegen müssen.

Die EBA hat dazu *Implementing Technical Standards* (ITS) erarbeitet, die noch von der Europäischen Kommission in einem delegierten Rechtsakt anzunehmen sind.[160] Diese „P3 ESG ITS" sind mit den Empfehlungen der *Financial Stability Board Task Force on Climate-related Disclosures* (FSB-TCFD)[161] sowie den Vorgaben der Taxonomie-Verordnung und der EU-Referenzwerte-Verordnung[162] abge-

157 Verordnung (EU) 2019/2033 des Europäischen Parlaments und des Rates vom 27. November 2019 über Aufsichtsanforderungen an Wertpapierfirmen und zur Änderung der Verordnungen (EU) Nr. 1093/2010, (EU) Nr. 575/2013, (EU) Nr. 600/2014 und (EU) Nr. 806/2014, ABl. EU L 314/1 vom 05.12.2019.

158 Dazu haben die Europäischen Aufsichtsbehörden einen Entwurf finalisiert, s. *Joint ESAs*, Final Report on draft Regulatory Technical Standards with regard to the content and presentation of disclosures pursuant to Article 8(4), 9(6) and 11(5) of Regulation (EU) 2019/2088 (JC 2021 50), 22.10.2021.

159 Verordnung (EU) 2019/876 des Europäischen Parlaments und des Rates vom 20. Mai 2019 zur Änderung der Verordnung (EU) Nr. 575/2013 in Bezug auf die Verschuldungsquote, die strukturelle Liquiditätsquote, Anforderungen an Eigenmittel und berücksichtigungsfähige Verbindlichkeiten, das Gegenparteiausfallrisiko, das Marktrisiko, Risikopositionen gegenüber zentralen Gegenparteien, Risikopositionen gegenüber Organismen für gemeinsame Anlagen, Großkredite, Melde- und Offenlegungspflichten und der Verordnung (EU) Nr. 648/2012, ABl. EU L 150/1 vom 07.06. 2019.

160 *EBA*, P3 ESG IST (Fn. 21).

161 *Task Force on Climate-related Disclosures (TCFD)*, Final Report, Recommendations of the Task Force on Climate-related Financial Disclosures, Juni 2017.

162 Verordnung 2019/2089/EU zur Änderung der Verordnung (EU) 2016/1011 hinsichtlich EU-Referenzwerten für den klimabedingten Wandel, hinsichtlich auf das Übereinkommen von Paris abgestimmter EU-Referenzwerte sowie hinsichtlich nachhaltigkeitsbezogener Offenlegungen für Referenzwerte.

stimmt.[163] Vor dem Hintergrund eines angestrebten einheitlichen Offenlegungsregimes unter der Kapitaladäquanzverordnung ergänzen die P3 ESG ITS die Durchführungsverordnung der Europäischen Kommission zur Festlegung technischer Durchführungsstandards für die Offenlegung nach der Kapitaladäquanzverordnung[164].

Ziel der P3 ESG ITS ist es, durch Vereinheitlichung und Standardisierung Informationsasymmetrien zwischen Banken und Investoren bzw. sonstigen Stakeholdern abzubauen und aussagekräftige und vergleichbare Informationen über ESG-Risikopositionen, Interdependenzen zu anderen Risiken sowie potenziellen Risikominderungsmaßnahmen zur Verfügung zu stellen.[165]

3.4.1 Persönlicher Anwendungsbereich

Die Offenlegungspflichten nach Artikel 449a CRR gelten zunächst nur für große Institute, die an einem regulierten Markt zugelassene Wertpapiere emittieren. Der Adressatenkreis von Artikel 449a CRR ist damit zwar enger als der einheitliche Adressatenkreis von Artikel 8 der Taxonomie-Verordnung, dürfte aber künftig ausgeweitet werden.

Eine Ausweitung des persönlichen Anwendungsbereichs der Veröffentlichungspflichten in Artikel 449a CRR durch den europäischen Gesetzgeber führt nicht automatisch zu einer entsprechenden Erweiterung des persönlichen Anwendungsbereichs der EBA ITS; es bedarf in diesem Fall vielmehr einer Überarbeitung und gesonderten Erweiterung des persönlichen Anwendungsbereichs der EBA ITS.[166]

---

163 *EBA*, Draft P3 ESG ITS (Fn. 21), S. 4 f.

164 *Europäische Kommission,* Durchführungsverordnung 2021/637/EU zur Festlegung technischer Durchführungsstandards für die Offenlegung der in Teil 8 Titel II und III der Verordnung (EU) Nr. 575/2013 des Europäischen Parlaments und des Rates genannten Informationen durch die Institute und zur Aufhebung der Durchführungsverordnung (EU) Nr. 1423/2013 der Kommission, der Delegierten Verordnung (EU) 2015/1555 der Kommission, der Durchführungsverordnung (EU) 2016/200 der Kommission und der Delegierten Verordnung (EU) 2017/2295 der Kommission, ABl. EU L 136/1 vom 21.4.2021.

165 *EBA*, Draft P3 ESG ITS (Fn. 21), S. 4, 7.

166 *EBA*, Draft P3 ESG ITS (Fn. 21), S. 11.

3.4.2 Sachlicher Anwendungsbereich

Dem sachlichen Anwendungsbereich von Artikel 449a CRR i.V.m. EBA ITS liegt ein sequenzieller Ansatz zugrunde. Danach betrifft die Offenlegungspflicht zwar alle drei ESG-Bereiche, doch steht zunächst ein Teilaspekt des Bereichs „Umwelt", nämlich der Klimawandel, im Vordergrund. Dieser Ansatz steht im Einklang mit dem Zeitplan für Offenlegungspflichten der Taxonomie-Verordnung, die sich auch zunächst auf den Aspekt „Klimawandel" beschränken.[167] Hieraus ergibt sich derzeit die folgende Struktur für Offenlegungspflichten nach Artikel 449a CRR: Für die Bereiche „Umwelt", „Soziales" und „Unternehmensführung" gelten qualitative Offenlegungspflichten. Quantitative Offenlegungspflichten hingegen bestehen zunächst nur zu physischen Risiken und Transitionsrisiken sowie zu Maßnahmen zur Eindämmung des Klimawandels.

Die EBA hat eine Ausweitung der quantitativen Offenlegungspflichten auf andere Umweltaspekte angekündigt, sobald auch die Taxonomie-Verordnung eine entsprechende Erweiterung erfährt.[168] Um den Anforderungen der Verhältnismäßigkeit zu entsprechen, sind Daten nach dem „best effort"-Grundsatz zur Verfügung zu stellen. Sollten Daten nicht oder nicht mit zumutbarem Aufwand erhoben werden können, sind entsprechende Erläuterungen und ggf. Schätzungen möglich.[169]

a) Quantitative Offenlegungspflichten zu Transitionsrisiken

Die Offenlegungspflichten zu Transitionsrisiken betreffen sowohl bestehende Risikopositionen der Bank als auch potenzielle Auswirkungen dieser Risikopositionen.

Quantitative Angaben sind zu Kreditrisiken gegenüber Unternehmen der Realwirtschaft (*Non-Financial Corporates*, NFCs) aus Sektoren machen, die stark zum Klimawandel beitragen, insbesondere bei Unternehmen aus dem Sektor „fossile Energien" und sonstigen CO_2-relevanten Sektoren.[170] Zudem sind Angaben zur Energieeffizienz von Immobilien aufzunehmen, die auf der Bilanz oder als Sicherheiten gehalten werden,[171] sowie zu Emissionen der von der Bank finanzierten Geschäftspartner (*Financed Greenhouse Gas Emissions*, GHG)[172] ein-

167 *EBA*, Draft P3 ESG ITS (Fn. 21), S. 12.
168 *EBA*, Draft P3 ESG ITS (Fn. 21), S. 13.
169 *EBA*, Draft P3 ESG ITS (Fn. 21), S. 14.
170 *EBA*, Draft P3 ESG ITS (Fn. 21), S. 15 f.
171 *EBA*, Draft P3 ESG ITS (Fn. 21), S. 16.
172 *EBA*, Draft P3 ESG ITS (Fn. 21), S. 18.

schließlich Risikopositionen gegenüber den 20 global emissionsintensivsten Unternehmen.[173] Dabei sind auch die Laufzeiten bestehender Kredite anzugeben.

Banken müssen ferner quantifizieren, welche Auswirkungen die jeweils offengelegten Risikoexponierungen auf ihr operationelles Risiko, ihre Liquiditäts- und Kreditrisiken haben.[174]

b) Quantitative Offenlegungspflichten zu physischen Risiken

Quantitative Offenlegungen zu physischen Risiken im Zusammenhang mit dem Klimawandel werden nicht nur in Bezug auf Kreditexponierungen gegenüber der Realwirtschaft erwartetet, sondern auch in Bezug auf Finanzprodukten zugrundeliegende Immobilien, die „chronischen und akuten klimabedingten Gefahren ausgesetzt sind".[175] Die Angaben müssen nach Sektor und geographischer Lage sortiert sein[176], sowie mit Angaben zu Laufzeiten verbunden werden[177].

c) Quantitative Offenlegungspflichten und Indikatoren zur Eindämmung des Klimawandels

Als Gegenstück zu den quantitativen Offenlegungen zu physischen Risiken und Transitionsrisiken im Zusammenhang mit dem Klimawandel sind Angaben zu Kreditvergabe und Investitionen gegenüber ESG-Taxonomie-konformen Unternehmen und Aktivitäten vorgesehen. Zu diesem Zweck sind eine *Green Asset Ratio* (*GAR*) und eine *Banking Book Taxonomy Alignment Ratio* (*BTAR*) zu errechnen und offenzulegen.[178] Die *Green Asset Ratio* ist im Wesentlichen mit der GAR unter dem delegierten Rechtsakt zur Taxonomie-Verordnung vergleichbar, unterscheidet sich aber in einigen Details.[179]

4 Berücksichtigung von ESG-Zielen in Säule 1?

Bisher ist eine Berücksichtigung von ESG-Faktoren bei den Eigenmittelvorschriften der CRR (Säule 1) nicht vorgesehen. Diskutiert werden sowohl Privilegien für

173 *EBA*, Draft P3 ESG ITS (Fn. 21), S. 19f.
174 *EBA*, Draft P3 ESG ITS (Fn. 21), S. 16f.
175 *EBA*, Draft P3 ESG ITS (Fn. 21), S. 20.
176 *EBA*, Draft P3 ESG ITS (Fn. 21), S. 20.
177 *EBA*, Draft P3 ESG ITS (Fn. 21), S. 21
178 Vgl. *EBA*, Draft P3 ESG ITS (Fn. 21), S. 21ff.
179 Vgl. hierzu *EBA*, Draft P3 ESG ITS (Fn. 21), S. 9.

ESG-konforme Vermögenswerte als auch Verschärfungen für ESG-schädliche Vermögenswerte. Im Bereich der ökologischen Ziele wird von einem *Green Supporting Factor* bzw. *Brown Penalising Factor* gesprochen. Theoretisch ist auch eine Kombination aus grünem Bonus und braunem Malus denkbar.

Freilich fehlt es noch an einem Konsens über die empirische Evidenz der Annahme, dass dies Risiken „grüner" Vermögenswerte für das Institut und den Finanzsektor geringer sind als die „brauner" Vermögenswerte. Eine solche Unterscheidung erscheint plausibel bei Transitionsrisiken. Sie ist weniger überzeugend bei physischen Risiken; denn einzelne „grüne" Kredite oder Investitionen können weiterhin von physischen Risiken betroffen sein, da etwa ein Hochwasser gleichermaßen für eine Biogasanlage und ein Kohlekraftwerk eine Gefahr darstellt.

Ein anderer Ansatz zur Begründung einer privilegierten Behandlung von „grünen" Vermögenswerten im Hinblick auf Eigenmittelanforderungen beruht auf einem umwelt- und ordnungspolitischen Imperativ, die Transformation der Wirtschaft hin zur Klimaneutralität (*net zero*) zu unterstützen. Die Einbeziehung von solchen „sachfremden" Erwägungen in das Bankaufsichtsrecht birgt allerdings erhebliche Risiken im Hinblick auf die Angemessenheit und Solidität der Kapital- und Liquiditätsplanungen von Banken und kann – jedenfalls bei Einführung eines *Green Supporting Factor* – zu einer Unterbewertung der tatsächlichen (höheren) finanziellen Risiken führen und damit insgesamt die Finanzstabilität gefährden.[180] Diese Gefahr der Unterbewertung von finanziellen Risiken besteht bei einem *Brown Penalising Factor* nicht.[181] Gleichwohl liegen bisher keine Anhaltspunkte dafür vor, dass niedrigere Eigenmittelanforderungen den gewünschten Effekt in signifikanter Höhe haben.[182]

Im geltenden Rahmen der Eigenmittelvorschriften findet sich in Artikel 501a CRR eine Regelung, die Umweltschutzaspekte bei der Reduzierung von Eigenmittelanforderungen für Kreditrisiken gegenüber Infrastrukturinvestitionen berücksichtigt. Zu dem Kriterienkatalog gehört auch eine Bewertung durch den Kreditnehmer, ob die finanzierten Vermögenswerte zu bestimmten Umwelt-

---

180 Ebenfalls kritisch *Carney* (Fn. 12): „Some have suggested we ought to accelerate the financing of a low carbon economy by adjusting the capital regime for banks and insurers. That is flawed. History shows the danger of attempting to use such changes in prudential rules – designed to protect financial stability – for other ends."

181 S. *Matikainen*, Kommentar im Grantham Research Institute on Climate Change and the Environment, 18.12.2017 (https://www.lse.ac.uk/granthaminstitute/news/eu-green-supporting-factor-bank-risk/).

182 Ähnlich zum „SME supporting factor" *EBA*, Report on SMEs and SME supporting factor (EBA/OP/2016/04), 23.03.2016.

schutzzielen beitragen. Diese Regelung ist offensichtlich auf eine Privilegierung der Finanzierung nachhaltiger Investitionen im Rahmen der Eigenmittelunterlegung gerichtet.[183]

Zudem hat der Europäische Gesetzgeber der EBA in Artikel 501c CRR den generellen Auftrag erteilt, zu untersuchen, ob eine aufsichtsrechtliche Sonderbehandlung von Risikopositionen im Zusammenhang mit ökologischen und/oder sozialen Zielen verbundenen Vermögenswerten gerechtfertigt wäre. Die EBA wird insbesondere die potenziellen Auswirkungen einer Unterscheidung bei den Eigenkapitalanforderungen auf die Finanzstabilität und die Kreditvergabe prüfen.[184]

5 Ausblick: Weitere Reformen durch das Bankenpaket 2021

Im Rahmen der Weiterentwicklung des bankaufsichtsrechtlichen Rahmens auf EU-Ebene durch CRR III und CRD VI rücken ESG-Risiken verstärkt in den Fokus der Gesetzgebung, um die Wirtschaft innerhalb der Union in eine nachhaltige Wirtschaft umzuwandeln und zugleich die Folgen des Klimawandels zu bewältigen. Um die mit der ESG-Transformation der Wirtschaft für die Institute auftretenden Risiken angemessen zu steuern und daraus folgende potenzielle Risiken für die Finanzstabilität zu beherrschen, sollen die rechtlichen Anforderungen erweitert und „Anreize für ein systematisches und kohärentes Management der ESG-Risiken durch Institute" geschaffen werden.[185]

Artikel 430 CRR soll um Meldepflichten im Hinblick auf Verflechtungen mit ESG-Risiken ergänzt werden. In Artikel 4 CRR sollen zu diesem Zweck die von der EBA entwickelten Definitionen von ESG-Risiken[186] übernommen werden.[187] Ferner wird die der EBA in Artikel 501c CRR eingeräumte Frist zur Vorlage eines Berichts über die aufsichtliche Behandlung von ESG-Risiken von 2025 auf 2023 vorverlegt.

---

183 Artikel 501a Abs. 1 UAbs. 1 Buchstabe (o) CRR; s. dazu *Weiand/Winter/Rojahn*, ZfgK 2020, 285, 286; *Waschbusch/Kiscka/Runco*, BKR 2021, 609, 612.

184 S. dazu *EBA*, The role of enviromental risks in the prudential framework, Discussion Paper (EBA/DP/2022/02), 02.05.2022.

185 *Europäische Kommission*, CRR III-Vorschlag (Fn. 115), S. 4f. mit Hinweis auf die Mitteilungen der Kommission über den europäischen Grünen Deal und „Fit für 55": auf dem Weg zur Klimaneutralität – Umsetzung des EU-Klimaziels für 2030.

186 Dazu oben Abschnitt 2.1.1.

187 Die Definitionen sollen in Artikel 4 Absatz 1 Nummern 52d bis 52i CRR eingefügt werden, s. *Europäische Kommission*, CRR III-Vorschlag (Fn. 115).

Schließlich ist geplant, zahlreiche der von der EBA, der EZB und den nationalen Aufsichtsbehörden bereits erarbeiteten Grundsätze des ESG-Risikomanagements auch in der Bankenrichtlinie festzuschreiben. Die Institute sollen künftig im Risikomanagement „belastbare Strategien, Grundsätze, Verfahren und Systeme zur Ermittlung, Messung, Steuerung und Überwachung von Umwelt-, Sozial- und Unternehmensführungsrisiken über einen angemessenen Zeithorizont" vorhalten.[188] Der Planungshorizont soll ausdrücklich auf 10 Jahre verlängert, die Durchführung von Szenarioanalysen und Stresstests für alle ESG-Risiken festgeschrieben und die Bewertung und Überwachung des ESG-Risikomanagements in den SREP einbezogen werden. Damit wird die ESG Governance bei Banken auf ein solides Fundament gestellt werden.

188 *Europäische Kommission*, Vorschlag für eine Richtlinie des Europäischen Parlaments und des Rates zur Änderung der Richtlinie 2013/36/EU im Hinblick auf Aufsichtsbefugnisse, Sanktionen, Zweigstellen aus Drittländern sowie Umwelt-, Sozial- und Unternehmensführungsrisiken und zur Änderung der Richtlinie 2014/59/EU (COM(2021) 663 final), 27.10.2021, Artikel 87a CRD VI.

Tagungsbericht

1 Einleitung

Der Bankrechtstag 2021 der „Bankrechtlichen Vereinigung – Wissenschaftliche Gesellschaft für Bankrecht e.V." (BrV) fand am 25. Juni 2021 aufgrund der anhaltenden Covid-19-Pandemie virtuell statt. Er beschäftigte sich mit aktuellen Fragen der Prospekthaftung, mit europäischen Verbandsklagen, mit dem durch Zivilgerichte, Bankenaufsicht und Kartellbehörden durchgesetzten Verbraucherschutz, mit digitalen Anlagen, mit der EU-Gesetzgebung zu Green Finance sowie mit der ESG-Governance für Banken.

2 Begrüßung

Univ.-Prof. Dr. Peter O. Mülbert, Direktor des Instituts für deutsches und internationales Recht des Spar-, Giro- und Kreditwesens an der Johannes Gutenberg-Universität Mainz und Mitglied des Vorstands der BrV, begrüßte die Teilnehmer und stellte die Themen des Bankrechtstags 2021 knapp vor.

3 Beiträge

[Beitrag *Koch*, S. 1 ff.]

3.1 Aktuelle Fragen der Prospekthaftung

Univ.-Prof. Dr. Jens Koch, Geschäftsführender Direktor des Instituts für Arbeits- und Wirtschaftsrecht (Abteilung Gesellschaftsrecht) an der Universität zu Köln, trug zum Thema „Aktuelle Fragen der Prospekthaftung" vor. Er betonte zunächst, dass das Prospekthaftungsrecht wegen vieler unterschiedlicher gesetzlicher Grundlagen auf nationaler und europäischer Ebene besonders unübersichtlich sei. Anschließend ging er auf die ständig fortschreitende gesetzgeberische Aktivität und die Stolperfallen der Europäisierung ein. Er diskutierte die Irrelevanz des Kriteriums der Anlagestimmung für die haftungsbegründende Kausalität sowie im Detail die Telekom III-Entscheidung des BGH. Zudem setzte er sich mit dem

https://doi.org/10.1515/9783110790191-008

Verhältnis zwischen spezialgesetzlicher Prospekthaftung und allgemeiner bürgerlich-rechtlicher Prospekthaftung auseinander.

3.2 Diskussion zu *Koch*

Univ.-Prof. Dr. Katja Langenbucher fragte nach der Einschätzung von *Koch* zum Urteil des LG Berlin und ob dieses eine Wiederbelebung der Prospekthaftung für ICOs darstelle. *Koch* wies darauf hin, dass aufgrund der Besonderheit des Falls – die Kryptowerte seien nicht im Inland angeboten worden – beide Formen der spezialgesetzlichen Prospekthaftung scheiterten. Für ICOs würde sich das Problem in Zukunft nicht mehr stellen, weil diese in Zukunft normativ geregelt seien. Mit einer Wiederbelebung rechnete *Koch* nicht.

[Beitrag *Gsell*, S. 47 ff.]

3.3 Europäische Verbandsklagen zum Schutz kollektiver Verbraucherinteressen – Königs- oder Holzweg?

Univ.-Prof. Dr. Beate Gsell, Professorin für Bürgerliches Recht, Zivilverfahrensrecht, Europäisches Privat- und Verfahrensrecht an der Ludwig-Maximilians-Universität München sowie Richterin am Oberlandesgericht München, trug zum Thema „Europäische Verbandsklagen zum Schutz kollektiver Verbraucherinteressen – Königs- oder Holzweg?" vor. Zu Beginn stellte *Gsell* fest, dass Deutschland zur Minderheit derjenigen EU-Mitglieder gehört, die kein Instrument des kollektiven Rechtsschutzes zur gebündelten Geltendmachung von Schadensersatzansprüchen kennt. Anschließend beschrieb sie die Fallgruppen und Ziele kollektiven Rechtsschutzes. Ausführlich ging sie danach auf die Eckpunkte der neuen Verbandsklage auf Basis der Verbandsklage-RL ein. Zum Abschluss folgten Anregungen zur Umsetzung der Richtlinie in nationales Recht.

3.4 Diskussion zu *Gsell*

Ein Teilnehmer stellte mit Blick auf die Finanzierung der QE die Frage, ob die uneingeschränkte Drittfinanzierung durch Konkurrenzunternehmen nicht doch eine gute Lösung für die Wirtschaftlichkeit der Verbandsklage sein könnte. Interessenskonflikten sei durch die gerichtliche Entscheidung selbst hinreichend vorgebeugt. *Gsell* antwortete darauf, dass der Grund des klaren Verbots in der Richtlinie sei, dass sich gegebenenfalls größere Unternehmen im Wege der Verbandsklage unliebsamer Konkurrenten entledigten. Dies sei durchaus verständlich; die Richtlinie böte aber keine überzeugende Alternative.

Klaus Rotter, Rechtsanwalt in München, stellte die Frage, ob der Instanzenzug bei Verbandsklagen im Sinne der Verbandsklage-RL beim OLG beginnen sollte. *Gsell* bejahte die Frage; der Instanzenzug sollte nur eine Instanz vor dem BGH angesiedelt werden, um die Zügigkeit des Verfahrens zu gewährleisten.

Prof. Dr. Hanns-Christian Salger, Rechtsanwalt in Frankfurt a.M., stellte die Frage, ob dem Verbraucher, der eine Individualklage erhebe, auch die Möglichkeit gewährt werden sollte, später der Verbandsklage beizutreten. *Gsell* bejahte diese Frage; Sinn und Zweck der Verbandsklage, der nach *Gsell* allgemeininteressenbezogen zu verstehen ist, geböten es, die Verbandsklage möglichst verbraucherfreundlich auszugestalten.

[Beitrag *Poelzig*, S. 73 ff.]

3.5 Verbraucherschutz durchgesetzt durch Zivilgerichte, Bankenaufsicht und Kartellbehörden?

Univ.-Prof. Dr. Dörte Poelzig, Professorin für Bürgerliches Recht sowie Handels- und Gesellschaftsrecht an der Universität Hamburg, zum Zeitpunkt des Bankrechtstages noch Professorin für Bürgerliches Recht, Deutsches und Internationales Wirtschaftsrecht an der Universität Leipzig, trug zum Thema „Verbraucherschutz durchgesetzt durch Zivilgerichte, Bankenaufsicht und Kartellbehörden?“ vor. Poelzig ging zunächst auf die Schwächen der Durchsetzung von Verbraucherrechten durch Private ein. Anschließend erörterte sie die fortschreitende behördliche Verbraucherrechtsdurchsetzung, wobei sie insbesondere auf BaFin und BKartA einging. Zum Schluss beschäftigte sie sich mit der Koordinierung von privater und behördlicher Verbraucherrechtsdurchsetzung.

3.6 Diskussion zu *Poelzig*

Matthias Roder, bayerisches Staatsministerium für Umwelt und Verbraucherschutz in München, stellte die Frage, ob der Gleichbehandlungsgrundsatz berührt ist, wenn der deutsche Gesetzgeber bei der Umsetzung der Omnibus Richtlinie bei gleichartigen Rechtsverstößen eine Bußgeldandrohung auf solche Verstöße beschränke, die Verbraucher in einem anderen EU-Mitgliedstaat schädigen, während die bloße Schädigung von Verbrauchern im Inland ohne Bußgeldsanktion bliebe. *Poelzig* wies zunächst darauf hin, dass ihrer Ansicht nach bereits aus der Omnibusrichtlinie selbst die Notwendigkeit einer Bußgeldsanktion auch für rein innerstaatliche Verstöße erwachse. Dies ergebe sich daraus, dass die Richtlinie vorsieht, dass bei der Bemessung der Sanktion gezogene Vorteile zu berücksichtigen sesindien; Schadensersatzklagen seien hierfür ungeeignet. Folge man ihrer Ansicht nicht und sähe derartige Klagen als hinreichend im Sinne der Richtlinie an, stelle sich anschließend die Frage, ob nicht eine Inländerdiskriminierung vorliege. Auch hieraus ergebe sich ein „faktischer Zwang" für den Gesetzgeber, Bußgelder für innerstaatliche Sachverhalte vorzusehen.

Univ.-Prof. Dr. Petra Buck-Heeb, Universität Hannover, stellte die Frage, wie Schadensersatzzahlungen praktisch berücksichtigt werden sollen, wenn die Aufsichtsbehörde ein Bußgeld verhängt, bevor Gerichte letztinstanzlich über Schadensersatzansprüche befinden. *Poelzig* antwortete, dass man sich hier am Kartellrecht, welches das Problem bereits erkannt habe, orientieren könne. Hier werde eine Lösung zumindest für den Fall geliefert, dass Schadensersatzansprüche erst nach einer behördlichen Gewinnabschöpfung erhoben werden. In diesem Fall entstünde ein Rückzahlungsanspruch des Unternehmers gegen den Staat.

[Beitrag *Zetzsche*, S. 95 ff.]

3.7 Digitale Anlagen

Univ.-Prof. Dr. Dirk Zetzsche, Professor in Financial Law, Holder of the ADA Chair, Faculté de Droit, d'Économie et de Finance (FDEF), University of Luxembourg, trug zum Thema „Digitale Anlagen" vor. Zunächst stellte *Zetzsche* die technischen Grundlagen der Krypto-Emission dar und ging dabei unter anderem auf die Elemente Distributed Ledger, Blockchain und Smart Contracts sowie auf den Begriff der Decentralized Finance ein. Im Anschluss erörterte er die Gründe für den Regelungsbedarf im Bereich digitaler Anlagen. Es folgten Ausführungen zur aufsichtsrechtlichen Taxonomie. Umfassend stellte *Zetzsche* die EU-Regulierung zu Kryptowerten dar, wobei er zwischen Investment Token, Payment Token und Utility Token differenzierte. Zuletzt ging es um die Frage, wie die Verität des Kryptowertes oder andere für die Werthaltigkeit des Kryptowertes notwendige technische Prozesse durch Nodes bei dezentraler Organisation des Ledger-Netzwerks rechtlich berücksichtigt werden können. Hierzu stellte *Zetzsche* das sog. Business Plan Konzept vor.

3.8 Diskussion zu *Zetzsche*

Univ.-Prof. Dr. Matthias Casper, Universität Münster, fragte, ob KI in Zukunft dazu genutzt werden könnte, eine DLT doch zu manipulieren. *Zetzsche* betonte hierauf die aus seiner Sicht äußerst geringe Wahrscheinlichkeit, mit der eine DLT gehackt werden könne.

[Beitrag *Parmentier*, S. 135 ff.]

3.9 Green Finance – EU-Gesetzgebung für Nachhaltigkeit in der Finanzierung

Dr. Miriam Parmentier, LL.M., Referentin der Europäische Kommission/Generaldirektion Finanzstabilität, Finanzdienstleistungen und Kapitalmarktunion, trug zum Thema „Green Finance – EU-Gesetzgebung für Nachhaltigkeit in der Finanzierung" vor. Sie hob zunächst die herausragende Rolle von Nachhaltigkeit und Green Finance im Rahmen des Green New Deal der EU hervor. Es folgte eine umfassende Erläuterung der EU-Nachhaltigkeitstaxonomie. Zudem wurde dargestellt, wie die nötige Transparenz für Anleger sichergestellt wird, sodass diese ihren Nachhaltigkeitspräferenzen bei der Geldanlage folgen können. Anschließend behandelte die Referentin die Pflichten für Unternehmen zur nicht-finanziellen Berichterstattung. Den Abschluss bildete ein Ausblick auf zukünftige Entwicklungen.

[Beitrag *Bliesener*, S. 157 ff.]

3.10 ESG Governance für Banken

Rechtsanwalt *Dr. Dirk H. Bliesener* LL.M. (Yale), Partner bei Hengeler Mueller, Frankfurt a.M., trug zum Thema „ESG Governance für Banken" vor. Zu Beginn erläuterte er die Einordnung von ESG-Risiken in die Bank Governance und stellte den regulatorischen Rahmen dar. Es folgte eine ausführliche Erörterung der Anforderungen an das Risikomanagement in der ESG Governance. Hierbei ging *Bliesener* insbesondere auf die Aspekte Geschäfts- und Risikostrategie, Geschäftsorganisation und Risikomanagement ein. Anschließend befasste er sich mit ESG-bezogenen Offenlegungspflichten, wobei er u.a. auf die Taxonomieverordnung, die Offenlegungsverordnung und die Kapitaladäquanzverordnung einging. Zum Abschluss gewährte *Bliesener* einen Ausblick auf anstehende Reformen durch das Bankenpaket 2021.

3.11 Diskussion zu *Bliesener*

Prof. Dr. Dr. Dr. h.c. mult. Klaus J. Hopt fragte nach den speziellen Auswirkungen des Lieferkettensorgfaltsgesetzes auf Banken und interessierte sich zudem für den Ablauf der Zusammenarbeit von EBA, EZB und BaFin. *Bliesener* stellte im Zusammenhang mit der ersten Frage fest, dass das Lieferkettensorgfaltsgesetz auch für den Finanzsektor gelte, weshalb es darauf ankomme, mit welchen Lieferketten Banken arbeiteten. Hier gebe es sicher eine Reihe von international ausgerichteten Banken, die auch mit Callcentern im Ausland arbeiteten. Outsourcing sei für solche Banken ein großes Thema. Dies gelte insbesondere für den IT-Bereich der Banken. Die Auswirkungen des Lieferkettensorgfaltsgesetzes auf Banken sei daher nicht zu unterschätzen. Mit Blick auf die zweite Frage stellt *Bliesener* fest, dass die EBA die Regulierungsbehörde sei; dennoch beobachte man, dass die EZB eigene Verwaltungsvorschriften und Handreichungen entwickle, sodass nach *Bliesener* eine erhebliche Überlappung entstehe. Ein Abstimmungsbedarf sei auf alle Fälle zu konstatieren. Dieser trete besonders im Fall von Regelungswidersprüchen offen zu Tage.

4 Abschluss

Zum Abschluss des Bankrechtstags dankte *Univ.-Prof. Dr. Peter O. Mülbert* allen Beteiligten, den Referenten, Teilnehmern und Helfern. Außerdem wies er auf den nächsten Bankrechtstag hin, welcher am 24.6.2022 voraussichtlich in Präsenz stattfinden wird.

Register

https://doi.org/10.1515/9783110790191-009

www.ingramcontent.com/pod-product-compliance
Lightning Source LLC
LaVergne TN
LVHW021127300926
849160LV00010B/898